Khola Maryam Hübsch
Unter dem Schleier die Freiheit

Khola Maryam Hübsch

Unter dem Schleier die Freiheit

Was der Islam zu einem wirklich emanzipierten
Frauenbild beitragen kann

Patmos Verlag

VERLAGSGRUPPE PATMOS
PATMOS
ESCHBACH
GRÜNEWALD
THORBECKE
SCHWABEN

Die Verlagsgruppe
mit Sinn für das Leben

Für die Schwabenverlag AG ist Nachhaltigkeit ein wichtiger Maßstab ihres Handelns. Wir achten daher auf den Einsatz umweltschonender Ressourcen und Materialien. Dieses Buch wurde auf FSC®-zertifiziertem Papier gedruckt. FSC (Forest Stewardship Council®) ist eine nicht staatliche, gemeinnützige Organisation, die sich für eine ökologische und sozial verantwortliche Nutzung der Wälder unserer Erde einsetzt.

Bibliografische Information der Deutschen Nationalbibliothek Die Deutsche Nationalbibliothek verzeichnet diese Publikation in der Deutschen Nationalbibliografie; detaillierte bibliografische Daten sind im Internet über http://dnb.d-nb.de abrufbar.

1. Auflage 2014
Alle Rechte vorbehalten
© 2014 Patmos Verlag der Schwabenverlag AG, Ostfildern
www.patmos.de

Umschlaggestaltung: Finken & Bumiller, Stuttgart
Umschlagfoto: Daliah Immel, Wiesbaden
Druck: GGP Media GmbH, Pößneck
Hergestellt in Deutschland
ISBN 978-3-8436-0473-4 (Print)
ISBN 978-3-8436-0507-6 (eBook)

Inhalt

In Erinnerung an meinen geliebten Vater

»Dass wir zu Wachhunden werden
Inmitten der Schlafenden,
Die nicht wissen,
Was Liebe bewirken kann.«

H.H.

Prolog

»*Richtest du aber, so richte zwischen ihnen nach Gerechtigkeit. Wahrlich, Allah liebt die Gerechten.*« Koran, 5:43

Liebe fragt nicht:
»Wie alt bist du?«
Liebe fragt:
»Wann stirbst
du endlich?«

Liebe fordert nicht:
»Gib dich mir hin!«
Liebe sagt:
»Ich verzeihe dir, dass du bist!«

Liebe fragt nicht:
»Wie schön bist du?«
Liebe fragt:
»Wann verlässt du deinen Spiegel?«

Hadayatullah Hübsch

Warum scheitert Liebe? Während die meisten Menschen nach wie vor an die große Liebe glauben[1], wird jede dritte Ehe in Deutschland geschieden, und Trennungen gehören zum Alltag. Wenn die Kluft zwischen dem Ideal der großen Liebe und der gesellschaftlich erlebten Realität immer weiter wächst, führt das zu einer kollektiven Dissonanz. Die metaphysische Vorstellung von der ewigen, romantischen Liebe existiert noch, liegt jedoch auf dem Krankenbett der Moderne und kämpft ums Überleben. Die lebenslange Liebe scheint unrealistisch, etwas für verklärte Romantiker, die die Realität nicht wahrhaben wollen und der Zweifel an dem Ideal einer Liebe für´s Leben wächst.

In einem Sprichwort heißt es dazu treffend: »Wer nicht lebt, wie er denkt, wird bald so denken, wie er lebt.« Die Tatsache, dass immer weniger Paare für immer zusammenbleiben und einander treu sind, führt in der Konsequenz dazu, dass sich die Vorstellung durchsetzt, dies sei auch nicht wirklich erstrebenswert.

Doch wieso gelingt Liebe oft nicht? Fragt man nach den Gründen für das Zerbrechen von Liebesbeziehungen, sind die häufigsten Antworten: Man habe sich auseinandergelebt, man sei zu unterschiedlich, die Beziehung sei nicht ausgeglichen, sie rentiere sich nicht (mehr), und in vielen Fällen geht der Trennung eine außereheliche Beziehung voraus. Eine derartige Umorientierung wird oft als Folge interpretiert: Weil die Partnerschaft nicht erfüllend war, kam es zur Untreue und Trennung. Kurzum, das Scheitern soll etwas mit den betroffenen Individuen zu tun zu haben. Studien und Paarratgeber thematisieren die Persönlichkeitsmerkmale der Partner, den Umgang mit Stress und die Kommunikationsfähigkeit als Risikofaktoren für eine Scheidung, und sie suchen in den Beziehungsmustern der Herkunftsfamilien Erklärungsansätze, die relevant sein mögen und eine gewissen Rolle spielen.

Ich behaupte jedoch, dass die Hauptgründe für das Scheitern von Beziehungen nicht bei den Einzelnen allein liegen. Ich glaube, Liebe funktioniert vor allem deswegen nicht mehr, weil sie nicht geschützt wird. Es gibt einen egozentrischen, tyrannischen Markt, der im Namen der Freiheit wütet. Die moderne Liebe ist dabei trotz augenscheinlicher sexueller Autonomie so wenig frei wie noch nie, gehorcht sie doch einem ungezügelten Markt, an dem sie zu zerbrechen droht.

Die Thesen, die ich in diesem Buch verfolge, sind folgende: Die Kriterien der Partnerwahl haben sich, beeinflusst von einer aggressiv sexualisierten Massenkultur, ungünstig verschoben. Der Wille zur Liebe und die Entscheidung für sie fallen angesichts der endlosen Wahlmöglichkeiten in einer hypersexualisierten Gesellschaft immer schwerer. Ich gehe in diesem Buch davon aus, dass sich unsere Einstellung bezüglich der Liebe grundlegend gewandelt hat. Wir investieren nicht mehr in die Liebe, wir haben vergessen, dass der Weg der Liebe ein anstrengender, aber schöner ist. Liebe verkommt immer mehr zur Ware, die auf dem gewaltigen Markt der Wahlmöglichkeiten ihren inneren Kern verloren hat. Es geht schon lange nicht mehr um

Qualität, in die nachhaltig investiert werden muss – über Jahrzehnte hinweg! –, sondern um Quantität und eine schnelle Rendite. Das jedoch führt zu einer Akkumulation von belastenden Erfahrungen und zu einer Reizüberflutung, die die Liebe seelenlos werden lässt. Liebe gehorcht den Gesetzen des kapitalistischen Marktes, der die Ego-Befriedigung zur Maxime des Handelns erklärt hat.

Ich denke, der wesentliche Grund, warum Liebe heutzutage scheitert, ist, dass der Wille und die Einsicht fehlen, Liebe möglich zu machen, indem man für sie kämpft und sie schützt. »Trink, was in dem Glas ist«, sagte der islamische Mystiker Rumi einmal, um darauf hinzuweisen, dass der innere Kern der Dinge wesentlich ist. Wenn im Glas Liebe ist, so benötigen wir doch den schützenden Rahmen, die Form, das Glas, um die Liebe kosten zu können, möchte sie uns nicht wie Wasser in den Händen zerrinnen. Der moderne Mensch sieht jedoch keine Notwendigkeit, die Liebe zu schützen oder einen Rahmen zu schaffen, der es möglich macht, sie zu lernen und ein Leben lang zu erleben.

Meine Hauptthese in diesem Buch lautet, dass die Rahmenbedingungen der Liebe heute stärker denn je destruktiv sind. Wir haben das Glas abgeschafft und meinen, die Liebe fliegt uns von selbst in die Seele. Es ist schwer, Inhalt ohne Form zu genießen. Es gelingt in Ausnahmefällen, aber das Kollektiv scheitert. Ich behaupte, dass der heutige Mensch nicht mehr in die Liebe investiert, dass er sich von Ersatzbefriedigungen ablenken lässt, weil die fehlenden Rahmenbedingungen der Liebe ihm das Gefühl geben, es lohne sich nicht, für die Liebe zu kämpfen, weil sie zum Scheitern verurteilt sei. Der wahrgenommene sexuelle Überfluss und die schiere Anzahl von Wahlmöglichkeiten und Gelegenheiten in unserer Multioptionsgesellschaft geben ein Liebesversprechen ab, das sie gleichzeitig torpedieren. In einer vom kapitalistischen Ethos umgebenen Leistungsgesellschaft wird auch in Liebesdingen eine sofortige Steigerung erwartet, eine Maximierung des Glücksgefühls mit schneller Gewinnerzielung – doch ethische Regeln und nachhaltiges Denken zahlen sich auch hier aus. »Moral ist weniger ein Gegenspieler, als ein Mitspieler des Glücks«, weiß der Philosoph und Glücksforscher Tilo Wesche.

Das Problem unserer Zeit ist jedoch, dass wir immer stärker daran zweifeln, dass Liebe gelingen kann. Wir sind nicht bereit, den mühseligen Weg der Liebe zu gehen, weil uns vorgegaukelt wird, es gebe pragmatisch gesehen kaum Aussicht auf Erfolg; Liebe müsse ja nicht, ja, sie könne gar nicht ein Leben lang halten –, es lohne sich also nicht, in sie zu investieren. Und darin ähnelt der Glaube an die Liebe dem Glauben an Gott. Denn im Kern liegt dieser Denkweise eine bestimmte Wahrnehmung der Dinge zu Grunde, eine Einstellung, die sich besonders gut entwickelt, wenn Gott keine Prämisse mehr ist, also nicht mehr vorausgesetzt wird oder zumindest keine tragende Rolle mehr spielt. Und das ist das Besondere unserer Zeit: Die metaphysische und spirituelle Dimension des Menschen wird immer häufiger verleugnet. Das ist in der Tat ein Bruch mit der bisherigen abendländischen Kulturgeschichte, bei der bisher stets die Vervollkommnung der unsterblichen Seele angestrebt wurde. Der Glaube an Gott gilt heutzutage jedoch zunehmend als reaktionär, altmodisch und vormodern. Der Mensch glaubt immer seltener daran, in einen höheren, kosmologischen Zusammenhang eingebettet zu sein: Er glaubt immer seltener an einen lebendigen Schöpfer, der spricht und sich offenbart. Er glaubt nicht mehr, in erster Linie ein spirituelles Wesen zu sein. Er glaubt vor allem an seinen Körper, an sich, an das Hier und Jetzt. Diese Form des gelebten Atheismus ist in Europa längst mehrheitsfähig, auch wenn der diffuse und abstrakte Glaube an eine höhere Macht noch existieren sollte – und auch das immer seltener –, erscheint alles religiös Behaftete ein Nischenprodukt für naive Esoteriker zu sein. Wissenschaftler wie Darwin oder Freud, Philosophen wie Marx und Nietzsche waren Wegbereiter für den heutigen Mainstream, der zu einer in der Geschichte der Menschheit beispiellosen Konzentration auf das Materielle und Körperliche geführt hat.

Doch was passiert, wenn der Mensch sich nicht mehr als Wesen mit spiritueller Dimension und metaphysischer Tiefe begreift? Was passiert, wenn das Vollkommenheitsideal einer Kultur sich nicht mehr auf den Geist bezieht? Wenn der Geist nicht mehr für unsterblich gehalten wird? Es kommt zu einer unverhältnismäßigen Fixierung auf das, was ist: den Körper. Die Optimierung des eigenen äußeren Erscheinungsbildes, der Wunsch, sich selbst ästhetisch zu designen und größtmöglichen »Spaß« und Lust über den Körper zu erzielen, zeigen, dass der Mensch alles versucht, sich vordergründig auf der körperlichen Ebene zu »vervollkommnen«. Wenn es kein Jenseits mehr gibt, dann muss das Optimum im Diesseits erreicht werden. Glück hängt dann in erster Linie vom diesseitigen Körper, vom Hier und Jetzt ab und muss schnell erreicht werden können. Es bleibt ein krampfhafter Versuch, ein Stückchen unsterblich zu werden, seine Sterblichkeit zu reduzieren, indem man sein Leben zu intensivieren glaubt. Es ist die Angst des Menschen vor dem Tod, die ihn dazu antreibt, das kurze und vergängliche Leben so eindringlich wie möglich auskosten zu wollen und die ihn damit zu einem Spielball seines Körpers auf der Suche nach Glück macht.

Mit dem Glauben an Gott ist auch der Glaube an die Liebe bedroht. Denn auch für die Liebe gilt, dass sie immer mehr verdinglicht wird und ihre metaphysische, ur-romantische Dimension verleugnet wird – in einer säkularisierten Welt war ihre Entzauberung die Konsequenz. Ihr Auftreten und Verschwinden wird wissenschaftlich erklärt als ein Zusammenspiel chemischer Hormoncocktails, die evolutionsbedingt mit der Zeit wieder abflauen. Liebe hat ihre Erhabenheit verloren, sie wird profan begründet. Die Entzauberung der Welt durch die Wissenschaft, die Tatsache, dass unser Denken von Rationalismus, Materialismus, Utilitarismus und Kapitalismus geprägt wird, nagt an der Wunschvorstellung von der echten, großen Liebe.

»Monogamie, Monotheismus und grand amour sind Wahlverwandte«[2], schreibt Eva Illouz, auf deren soziologische Erklärung über das Scheitern der Liebe in Zeiten des Kapitalismus sich dieses Buch stützt.[3] Illouz wurde von der deutschen Wochenzeitung DIE ZEIT nicht ohne Grund zu einer der zwölf Intellektuellen gezählt, die das Denken der Zukunft verändern werden. Ihr Buch »Warum Liebe weh tut« beschreibt grundlegende Mechanismen über die Transformation der Liebe in der Moderne.

Ich glaube nicht, dass Liebe nur deswegen häufiger scheitert, weil wir heutzutage freier geworden sind hinsichtlich der Möglichkeiten, sie scheitern zu lassen. Das mag eine Rolle spielen, vor allem bei leichtfertig beendeten Beziehungen. Wir haben heutzutage glücklicherweise die Wahl, uns frei für einen Partner entscheiden zu können, zu dem wir uns hingezogen fühlen. Warum gelingt Liebe dann bei freier Partnerwahl nicht viel besser als zu Zeiten, in denen arrangierte Ehen noch üblich waren? Natürlich spielen veränderte Normen eine Rolle, denn es ist nicht nur leichter geworden, sich scheiden zu lassen, es ist auch gesellschaftlich akzeptiert, niemand muss sich mehr vor sozialer Ächtung fürchten. Wesentlich ist jedoch, dass immer öfter vergessen wird, dass Liebe etwas mit Hingabe zu tun hat und ein Akt des Willens ist, der uns herausfordert und Anstrengung abverlangt.

Auch ohne Anstrengung ist Glück erfahrbar: Es ist eine plötzliche Veränderung der eigenen Situation, die intensive Gefühlsveränderungen mit sich bringen kann. Eine völlig neue Erfahrung wird möglich. Diese Form des Glücks ist von neuen, wechselnden, äußeren Reizen abhängig; sie ist nicht beständig. Anders ausgedrückt ist es das Glücksgefühl, das durch einen plötzlichen Lotto-Gewinn, durch Drogenerfahrungen oder ein erotisches Abenteuer ausgelöst werden kann. Das Problem bei dieser Form von äußerlich ausgelösten Glückserfahrungen ist, dass das Glücksempfinden nicht von Dauer ist, sondern abhängig bleibt vom äußeren Reiz, der jedoch durch Wiederholung immer weniger wirksam ist. Erreicht wird eben nicht unbegrenzt eine Besserung des Zustandes, vielmehr verliert der Reiz durch Gewöhnung an Faszination und wird fade. Der Mensch begibt sich dann auf die Suche nach einem neuen, stärkeren Reiz, um wieder ein ähnliches Glücksempfinden wie anfänglich zu erfahren. Die Suche nach dem »Kick« wird jedoch immer schwerer, die Ansprüche immer höher. Vor allem wird der Zustand zwischen dem Erfahren der kurz-kickenden Reizeinwirkungen als trostlos und niederschlagend erlebt. Diese Mechanismen spielen auch eine Rolle, wenn Menschen dazu neigen, ihren Partner häufig zu wechseln und nicht an der inneren Qualität der Beziehung arbeiten.

Letztlich wird der Mensch damit zu einem unfreien Spielball auf der Suche nach der Befriedigung bestimmter Triebe, die ausgelöst durch äußere Reize illusionäre Sehnsüchte erzeugen. Der Koran warnt vor einem solchen vergänglichen, kurzfristigen Genuss, der Menschen langfristig unzufrieden macht, wenn sie sich ihr »eigen Gelüst zum Gott« nehmen (45:24) mit folgenden Worten: »Und richte deine Blicke nicht auf das, was Wir einigen von ihnen zu (kurzem) Genuss gewährten – den Glanz des irdischen Lebens –, um sie dadurch zu prüfen. Denn deines Herrn Versorgung ist besser und bleibender.« (20:132) »Allahs Wohlgefallen aber ist das größte. Das ist die höchste Glückseligkeit.« (9:72)

Wenn ich in diesem Buch vom Islam spreche, meine ich damit nicht eine starre Gesetzesreligion, die einzig und allein aus Ge- und Verboten besteht. Der Islam ist eine Religion, der es in erster Linie darum geht, den Menschen zu seinem Schöpfer zu führen und ihm eine lebendige Beziehung zu Gott zu ermöglichen. Der Koran gilt als eine Offenbarung über die Natur und Psyche des Menschen, der den Einzelnen als Individuum und die Gesellschaft als Ganze zum Frieden führen möchte. Alle Gebote und Weisheiten, die im Koran erwähnt sind, haben das Ziel, den Menschen zu vervollkommnen, indem er die Attribute Gottes in sich verwirklicht und Gott erkennt. Öffnet sich der Mensch für Gott und befreit sich von egoistischen Motiven, wirkt der Wille Gottes durch ihn. Dann manifestiert sich die Liebe und Barmherzigkeit des Schöpfers im Menschen und er wird zu einem Gottergebenen (arabisch: *Muslim*) und in der Konsequenz zu einem Diener der Schöpfung Gottes. Der Prophet Muhammad erklärte einmal: »Bei Ihm, in dessen Hand meine Seele ruht. Niemals werdet ihr das Paradies erlangen, solange ihr nicht wahrhaft glaubt. Und niemals werdet ihr wahrhafte Gläubige sein, solange ihr Euch nicht liebt.« Es geht also im Islam nicht darum, erstarrten Ritualen blind zu folgen und sich in geistloser Obsession mit Äußerlichkeiten aufzuhalten, um dann einer buchstabengläubigen Lesart zufolge im Paradies von 72 Jungfrauen erwartet zu werden.

Der Islam beschreibt vielmehr einen Weg nach Innen jenseits von äußerlicher Bedürfnisbefriedigung und postuliert, dass Liebe ohne den Ich-Tod nicht vollkommen ist. Dass wahre Zufriedenheit erst durch vollständige Hingabe in der Liebe zu Gott erfahren wird. Der größte *Jehad* ist der Kampf gegen das niedere Selbst, erklärte der Prophet Muhammad (Hadith: Al-Bayhaqi). Mit *Jehad* beschreibt der Islam eine Anstrengung, ein Streben auf dem Wege Allahs, auf dem Wege der Liebe. Es werden unzählige Liebesbeweise von uns abverlangt, die der moderne, säkulare Mensch aus den Augen verloren hat. Im Koran heißt es: »Wahrlich, Wir werden euch prüfen mit ein wenig Furcht und Hunger und Verlust an Gut und Leben und Früchten; doch gib frohe Botschaft den Geduldigen.« (2:156) Wer Gottes Liebe erlangen will, wird hinsichtlich seiner Treue und seines Vertrauens geprüft – die Geschichte um den Stammvater der monotheistischen Religionen, den Prophet Abraham, thematisiert dies. Dasselbe gilt für die Liebesbeziehung zwischen Mann und Frau. Gerechtigkeit, Geduld, Standhaftigkeit, Opferbereitschaft und Dankbarkeit sind Eigenschaften, von denen es im Koran immer wieder heißt, dass Allah sie liebt. Diese Grundtugenden sind wichtige Kernkompetenzen, wenn Liebe gelingen soll. Sie sind Mittel, um Liebe erlernen zu können. Die schönste Form der Liebe erlangt derjenige, der den Zustand der *unio mystica* erfährt, dem es gelingt, sich zu vereinigen mit dem Objekt der Liebe: »Mithin wird deutlich, dass der Mensch seine höchste Vollkommenheit darin erlangt, dass er eins wird mit Gott. Das wahre Ziel des menschlichen Lebens liegt also darin, dass sich das Fenster seines Herzens gegen Gott öffnet«[4], erklärte der Messias, Mahdi und Reformer im Islam, Hazrat Mirza Ghulam Ahmad.

Der Weg dahin ist kein leichter Weg. Dem modernen Menschen fehlt jedoch immer häufiger die Motivation, diesen Weg zu gehen. Denn wenn es kein Ziel zu geben scheint, wenn es keinen Gott gibt, kein Leben nach dem Tod, dann geht es eher darum, den schnellen, maximalen Glücksfaktor rauszuholen, denn morgen könnte es vorbei sein. Konsumwelten lullen ihn ein und halten ihn davon ab, sich ernsthaft auf die Suche und auf den Weg zu machen. Der moderne Mensch glaubt, intensive Glückserfahrungen erleben zu können, ohne sich spirituell anstrengen zu müssen. Er sieht nicht ein, warum er den scheinbar trockenen Weg zu Gott auf sich nehmen sollte. Doch wie geht man diesen Weg überhaupt? Hazrat Mirza Ghulam Ahmad erklärt dazu in seinem bahnbrechenden Werk »Die Philosophie der Lehren des Islams«: »Es geziemt uns daher, den Weg der Entwicklung und des Fortschritts unseres Geistes zu suchen, so wie wir uns Tag und Nacht mit dem beschäftigen, was unseren körperlichen und materiellen Wohlstand fördert. Aber die Frage ist, ob wir diesen Weg bloß durch die schwachen Bestrebungen unseres Verstandes entdecken können und ob wir lediglich durch die Kraft unseres Scharfsinns eine erfolgreiche Vereinigung mit Gott erzielen können. Ist es möglich, dass nur unsere Logik und Philosophie uns die Türen aufmachen können, die nur durch die mächtige Hand Gottes geöffnet werden? Wisset mit Sicherheit, dass dies nicht stimmt. Menschliche Vorrichtungen können uns niemals zu dem Lebendigen und Ewigen führen. Der einzige gerade Weg zu Erlangung dieses Zieles besteht darin, dass wir vor

allem unser Leben samt unseren Fähigkeiten und Kräften völlig der
Sache Gottes widmen und dann unaufhörlich und unerschütterlich die
Verbindung mit Ihm erflehen, um so Gott durch Ihn selbst zu finden
… Die Wahrheit ist, dass wir den lebendigen Gott unmöglich sehen
können, ehe nicht eine Art Tod uns ereilt. Der Tag des Sterbens unserer
körperlichen Begierden ist der Tag der Manifestation Gottes.«

Ahmad betont die Wichtigkeit des Handelns und der spirituellen
Praxis. Die menschliche Vernunft und ethische Überlegungen sind
Mittel, die ohne eine Umsetzung im guten Tun öde Theorie bleiben, denn Gott erlangt man nicht durch Lippenbekenntnisse und
theologische Erkenntnisse, sondern nur durch die spirituelle Praxis,
durch die vollkommene Hingabe in den Willen Gottes, indem das Ego
überwunden wird. Das ist und bleibt die Grundvoraussetzung – auch
für die Liebe zwischen Mann und Frau.

In diesem Buch wird es nun darum gehen, die Rahmenbedingungen
der Liebe zu beschreiben und dabei gleichzeitig für mehr Geschlechtergerechtigkeit zu plädieren. Die Leserinnen und Leser bitte ich um
Unvoreingenommenheit, vor allem wenn sie zu der Mehrheit der Deutschen gehören, die im Islam eine bedrohliche Religion sehen.

Zu den Rahmenbedingungen der Liebe gehört das »Prinzip Kopftuch«, das für Mann und Frau gleichermaßen gilt. Vergessen Sie jedoch
alles, was Sie bisher über das Kopftuch gehört haben. Wenn ein Mensch,
ein Mann, eine Mode oder eine politische Ideologie der Grund für das
Tragen eines Kopftuchs ist, dann ist es nicht das Kopftuch, das ich meine. Ich rede vom Kopftuch, das für Freiheit, Emanzipation und Liebe
steht. Mit dem »Prinzip Kopftuch« beschreibe ich eine Haltung, die die
Einzigartigkeit der Liebe festigt. Wenn in diesem Buch vom »Kopftuch«
die Rede ist, meine ich meistens die dahinter stehende Philosophie, die
einen würdevollen und gerechten Umgang der Geschlechter zueinander betrifft. Mit dem »Prinzip Kopftuch«, das eine innere und äußerliche Dimension hat und das für Mann und Frau gleichermaßen gilt,
beschreibe ich dabei Folgendes:

Das »Prinzip Kopftuch« meint den *Jehad der Liebe*, das heißt, es geht
um eine Einstellung, die das Überwinden des Egos als Voraussetzung
für die Liebe begreift. In erster Linie betrifft das die Beziehung zu Gott

und den Wunsch, seine Liebe zu erlangen. Doch für die Beziehung zum Partner heißt dies, dass Liebe erlernt werden muss, in dem man sich selbst zurückstellt und in Hingabe daran arbeitet, frei davon zu werden, vor allem an sich zu denken. Es ist diese Form der Freiheit, die liebesfähig macht.

Das »innere Kopftuch« meint eine Einstellung, die gedankliche und praktische Treue als Wert begreift, der angestrebt wird und als umsetzbar gilt. Das »innere Kopftuch« besteht darin, sich innerlich von Gedanken und Gelegenheiten zu befreien, die die Liebe zerstören können und gleichzeitig gesellschaftlich Verantwortung zu übernehmen. Alles, was dazu führen kann, dass wir uns von unserem Liebesobjekt entfernen, wird gemieden. Auch und gerade dann, wenn die Liebesbeziehung besonders schwierig ist.

Das »äußere Kopftuch« bezeichnet eine Form des äußeren Erscheinens, das die innere Haltung ausdrückt und bekräftigt. Darunter wird unter anderem ein Auftreten und ein Kleidungsstil begriffen, der reizfrei oder zumindest so reizarm wie möglich ist. Auch dies gilt für beide Geschlechter gleichermaßen. Es ist allerdings die Frau, die in weitaus größerem Maße sexualisiert und zum Objekt degradiert wird. Die Dimensionen sind völlig andere als bei der Sexualisierung des Mannes. Die Wahrnehmung der Frau als Objekt korreliert mit der zunehmenden Enthüllung der Frau, wohingegen leicht bekleidete Männer nicht als Objekt wahrgenommen werden, wie Studien zeigen.[5] Eine reizarme Kleidung verhindert dies und ermöglicht Geschlechtergerechtigkeit.

Sexueller Überfluss mindert den Wert der Liebe; das »Prinzip Kopftuch« stellt diesen Wert wieder her, indem es die Knappheit und Exklusivität der Liebe betont und der gierigen Suche nach »mehr« und »besser« den Respekt vor der Einzigartigkeit der »großen Liebe« entgegensetzt. Das Kopftuch kann ein Symbol der Liebe sein, das aus Liebe zu Gott getragen wird. Wer an Gott nicht glaubt, wird diese Liebe nicht verstehen können und damit auch nicht alle Beweggründe, das Kopftuch zu tragen.

»Der, der es nicht erlebt, der wird es nicht erfahren«, dichtete der Mystiker Rumi. Erst ein Muslim, der an Gott glaubt und ihn erfahren hat, kann soweit gehen, die religiöse Dimension des Kopftuchs und die dahinter stehende Philosophie für sich zu akzeptieren. Derjenige, der wirklich an Gott glaubt, ist jemand, der nicht mehr an ihn *glaubt*. Es ist jemand, der Gott bereits erfahren hat, der ihn gesehen hat, der ihn kennt –, der weiß, dass Gott existiert, spricht und lebendig ist. Es ist die erlebte Vereinigung mit Gott, die keinen Raum mehr lässt für Zweifel und die alle anderen Formen der Befriedigungen schal und öde erscheinen lässt, angesichts der Zufriedenheit und des Genusses, den eine lebendige Beziehung zu Gott möglich macht.

Allah betont im Koran auch die Wichtigkeit der Vernunft (10:101). Das ist für manche Muslime ein Grund zu denken, die spirituelle Praxis diene lediglich dem eigenen Wohlfühlfaktor und die Beziehung zu Gott sei auf die Bearbeitung emotionaler Zustände wie Trauer, Tod oder Dankbarkeit reduziert. Rahmenbedingungen, die im Koran beschrieben und auf den ersten Blick womöglich als unangenehm empfunden werden, werden dann historisierend als reaktionär abgetan. Das Kopftuch sei heutzutage obsolet und nur historisch bedingt im Koran erwähnt, heißt es. Ich behaupte, dass das »Prinzip Kopftuch« gerade heutzutage eine wichtige Rolle spielt und womöglich eine bedeutendere Funktion hat als zur Zeit der Offenbarung des Korans. Ich behaupte, dass es eine Vielzahl an rationalen Gründen dafür gibt, das Kopftuch und die dahinter stehende Philosophie im 21. Jahrhundert mitzutragen. Der Grund für das Tragen eines Kopftuchs wird immer eine Herzensentscheidung bleiben, die auf der Liebe zu Gott basiert. Aber Liebe beißt sich nicht mit Vernunft, und Glaube steht nicht im Widerspruch zur Ratio und einem aufgeklärten Denken. Im Gegenteil. Mir geht es darum aufzuzeigen, warum die muslimische *Haltung* des Kopftuchs, die für Männer und Frauen gleichermaßen gilt, moderner ist denn je. Freiheit und Emanzipation können da verborgen sein, wo der erste Blick nicht hinlangt. Es mag Liebe auf den zweiten Blick werden.

Das rote Tuch

»Legt das Kopftuch ab«, fordert die Soziologin Necla Kelek regelmäßig mit großem Tamtam in den überregionalen Medien. Das Kopftuch unterdrücke die Frau, sei wahlweise vergleichbar mit dem »Judenstern« (Alice Schwarzer) oder einem »Konzentrationslager« (Alexandra Schewtschenko, Mitbegründerin der Feministinnen-Gruppe »Femen«). Kein Vergleich scheint zu hoch gegriffen, wenn es darum geht, das Kopftuch als ein Symbol der Unterdrückung und Sklaverei der Frau auszumachen. Von »Geschlechterapartheid« ist die Rede (Necla Kelek), von Zwang sowieso. Kopftuchtragende Frauen können noch so häufig beteuern, sie trügen das zum roten Tuch gewordene Stück Stoff freiwillig: keine Chance. Was nicht sein soll und darf, kann nicht sein. Das Kopftuch wird gedeutet als ein Symbol für Intoleranz und für die Herabsetzung der Frau und ist damit gesellschaftlich geächtet. Fast alle Bundesländer mit einem nennenswerten Anteil an muslimischer Bevölkerung haben mittlerweile das Kopftuchverbot für Lehrerinnen erlassen und immer wieder fordern Alice Schwarzer und Konsorten mit großer Vehemenz ein Kopftuchverbot auch für Schülerinnen, ohne sich dabei vor rhetorischem Extremismus zu scheuen. Schließlich gehe es um ein »politisches Symbol«, das in einem Zug mit der Burka genannt wird. Unterstellt wird beiden Kleidungsstücken, sie stünden für ein Menschenbild, nach dem die Frau dem Mann nachgeordnet und unrein sei. Eine unverschleierte Frau gelte Muslimen als prinzipiell »würdelos«, eine Frau müsse den Schleier tragen, um ihre Würde wiederzuerlangen. Der Schleier ist im öffentlichen Diskurs nicht nur ein Zeichen für die Unterdrückung der Frau und ein frauenverachtendes Menschenbild, nein es steht auch für eine unterstellte religiöse Arroganz und herablassende Umgangsweise mit Andersgläubigen. Was glauben muslimische Frauen eigentlich, wer sie sind? Der Vorwurf, sich für die besseren, »anständigeren« Frauen zu halten, liegt nicht selten in der Luft. Besitzt eine Frau, die kein Kopftuch trägt, etwa weniger Würde? Hat ein Mann etwa eher das Recht, eine leicht bekleidete Frau zu belästigen, als eine Kopftuchtragende? Wenn dann noch der Kopftuchzwang in einigen sogenannten islamischen Ländern thematisiert wird und von den dort verhängten barbarischen Strafen für ein verrutschtes oder nachlässig gebundenes Kopftuch die Rede ist, wird der Schleier vollends zum »Vorposten der weltweiten Gewalt gegen Frauen«[6]. Wer das Kopftuch erlaubt, so die Logik, der beschädigt das Recht auf Gleichheit und ignoriert die Menschenrechte, ja er gefährdet sogar die Demokratie. Es ist verständlich, dass angesichts dramatisch geschilderter Fälle von Zwangsverschleierung muslimischer Mädchen, angesichts von Ehrenmorden und Zwangsehen das Kopftuch zum Schreckgespenst schlechthin avanciert ist. Aber, mit Verlaub, die radikalen und außergewöhnlich emotionalen Reaktionen auf dieses Kleidungsstück dürften tiefergehende Ursachen haben. Während die Schwarzers, Keleks und Ates' der Nation die Endlosschleife von der Unterdrückung der Frau durch das Kopftuch abspielen und die Mehrheit der Gesellschaft die teilweise absurde Argumentationsweise der Kopftuchgegner als konstantes Hintergrundrauschen gar nicht mehr wahrnimmt, scheint der Kampf um Deutungshoheit abgeschlossen zu sein. Wenn etwas oft genug wiederholt wird, sind laut Thomas-Theorem zumindest die Konsequenzen real – unabhängig davon, wie irreal die Situationsdefinition war. Wir haben mittlerweile Gesetze in unserem Land, die der verqueren Interpretation des Kopftuchs durch Islamkritiker folgen und das Kopftuch zumindest für Lehrerinnen verbieten. Der Kampf um Deutungshoheit sei hiermit wieder eröffnet. Schwarzer, Kelek und Co. haben sich lange genug ohne nennenswerte Gegnerschaft ausgetobt, es wird Zeit, dass muslimische Frauen in Deutschland den Kampfplatz betreten und sich die paternalistischen Dreistigkeiten ihrer selbsternannten Befreierinnen nicht mehr gefallen lassen. Es wird Zeit, dem Stier das rote Tuch zu zeigen.

Drei Thesen

Dieses Buch beschäftigt sich im Kern mit drei Thesen, die ich im Laufe der Kapitel eingehend zu belegen versuchen werde:

21

1. Das Kopftuch ist ein Symbol der Emanzipation der Frau. Die Kopftuchträgerin wehrt sich gegen die Sexualisierung einer Gesellschaft,
in der Frauen zum verfügbaren Sexualobjekt erzogen werden und
Männer die emotionale Vorherrschaft einnehmen.
2. Das Kopftuch ist das Symbol der Liebe schlechthin. Es steht für die
allesüberragende Liebe des Menschen zu Gott und für die exklusive
Liebe zwischen Mann und Frau. Es ist ein Symbol der romantischen
Liebe und der praktischen Treue.
3. Eine Kopftuchträgerin in Deutschland ist oft eine selbstbestimmte,
charakterstarke Persönlichkeit, die nicht abhängig ist von der Anerkennung anderer. Das Kopftuch steht für die Freiheit des Geistes und
das Selbstbestimmungsrecht des Körpers. Es steht für eine spirituelle
Haltung der Demut und drückt die Liebe zu Gott aus.

Ich vermute, dass die Leserinnen und Leser mir nicht folgen können.
Nach jahrelangem Kopftuchbashing dürfte es ziemlich schwierig sein,
diesem Kleidungsstück etwas Positives abzugewinnen. Bitte verstehen
Sie mich nicht falsch: Mir geht es nicht darum, Sie davon zu überzeugen,
dass jede Frau ein Kopftuch tragen sollte, um Gottes Willen! Das Kopftuchgebot ist auch im Koran nur für muslimische Frauen formuliert
worden. Ich hoffe jedoch, es gelingt Ihnen, die Perspektive zu wechseln
und die Thematik mit den Augen muslimischer Frauen in Deutschland
zu sehen – und vielleicht ist auch die eine oder andere interessante Erkenntnis für Sie mit dabei.

Ein Großteil der kopftuchtragenden Frauen dürfte alles andere als er-
freut sein über den Bärendienst der kopftuchkritischen Frauenbefreie-
rinnen. Vielen hängt die Diskussion um das Kopftuch längst zum Hals
heraus. Diejenigen, die sich versuchen einzumischen, stolpern regelmäßig über die stark anti-islamisch getönte Brille nicht-muslimischer
Rezipienten. Islamisten haben Hand in Hand mit Islamkritikern ganze Arbeit geleistet, wenn es darum ging, die Deutungshoheit an sich
zu reißen: Welche Stellung die muslimische Frau habe und warum das
Kopftuch getragen werde, wussten sie nur allzu gut. Auf die angebliche Nachordnung der Frau im Islam werden wir noch ausführlich zu
sprechen kommen. Lassen Sie uns zunächst beim Kopftuch bleiben. Ich
versuche meine drei Kopftuch-Thesen zu präzisieren. Aber bevor ich

das tun kann, sei die unbedingte Vorbedingung für die Gültigkeit der Thesen genannt. Absolute Prämisse ist: *Freiwilligkeit.*

Prämisse: Freiwilligkeit

Wenn das Kopftuch freiwillig getragen wird, kann es die in den Thesen beschriebene Wirkungen entfalten (falls diese beabsichtigt sind) und nur dann hat die kopftuchtragende Frau möglicherweise die oben beschriebene Motivation, das Kopftuch zu tragen. Betont sei: Es gibt viele, sehr unterschiedliche Gründe, warum das Kopftuch getragen wird. Wir werden später darauf eingehen. Mittlerweile gibt es repräsentative Studien, die die Motive kopftuchtragender Frauen umfassend analysiert haben. Eines ist deutlich geworden: Die überwältigende Mehrheit der kopftuchtragenden Frauen in Deutschland gibt an, das Kopftuch aus religiösen Gründen zu tragen (92 Prozent), so das Ergebnis der repräsentativen Studie »Muslimisches Leben in Deutschland«, die erst 2009, also sechs (!) Jahre nach dem sogenannten Kopftuchurteil, veröffentlicht wurde. Nur um die sechs Prozent der Musliminnen erklären, sie würden das Kopftuch tragen, um den Erwartungen ihres Partners, ihrer Familie oder ihrer Umwelt zu entsprechen. Denjenigen Muslimen, die offen oder subtil Formen von (physischem oder physischen) Zwang oder Druck ausüben, sei aus islamischer Perspektive gesagt: Sie begehen damit womöglich einen Fehler, indem sie Menschen in die Heuchelei treiben. Was nützt es einer Frau, ein Kopftuch zu tragen, wenn sie die damit einhergehende Motivation nicht in ihrem Herzen trägt? Sie wird jede Gelegenheit nutzen, die gewünschte Wirkung zu unterwandern, weil sie nicht dahintersteht. Der Glaube ist grundsätzlich eine Angelegenheit zwischen Mensch und Gott. Was bringt etwa ein formal erfülltes rituelles Gebet, wenn es nur verrichtet wird, um den Erwartungen der Gemeinschaft gerecht zu werden oder wenn es gar erzwungen ist? Es ist nichts als Heuchelei, die im Gewand einer Gymnastikübung für den Körper daherkommt. Der Koran warnt: »So wehe denen, die Gebete sprechen/ Doch ihres Gebetes uneingedenk sind,/ Die nur gesehen sein wollen/ Und die kleinen Dienste nicht erweisen.« (Koran, Sure 107, Verse 5–8). Der Koran warnt immer wieder vor Heuchelei und betont wiederholt den übergeordneten Wert der Glaubensfreiheit. Berühmte Verse wie »Es soll kein Zwang sein im Glauben!« (2:257) oder »Lass den gläubig sein, der will und den ungläubig sein, der will« (18:30) verweisen auf dieses allgemeingültige Prinzip. Besonders eindrücklich wird es, wenn Gott selbst erklärt: »Und hätte dein Herr Seinen Willen erzwungen, wahrlich, alle, die auf der Erde sind, würden geglaubt haben insgesamt. Willst du also die Menschen dazu zwingen, dass sie Gläubige werden?« (10:100) Wenn Gott als Allmächtiger seinen Willen nicht erzwingt und Pluralität akzeptiert, wie kann dann der Mensch sich dazu erdreisten, andere Menschen in Glaubensdingen zu zwingen? Kurzum, es gibt keinerlei Grundlage im Koran, in der Wahl des Glaubens Zwang anwenden zu dürfen – jeder kann laut islamischer Lehre aus dem Islam austreten und in eine andere Religion eintreten oder zum Atheisten werden, wenn er dies für richtig hält. Entscheidet sich jemand jedoch aus freien Stücken dafür, dem Islam beizutreten, wird von ihm selbstverständlich erwartet, die Gebote des Korans zu befolgen und seine Lehre mitzutragen. Jeder Verein hat schließlich eine Satzung, deren Regeln gelten, wenn man Mitglied werden möchte. Aber das bedeutet natürlich nicht, dass die Umsetzung der Gebote bei Muslimen zwangsweise durchgesetzt werden darf.

Ein häufig angeführtes Argument für die Unvereinbarkeit der UN-Menschenrechtserklärung mit dem Islam ist die verbreitete Vorstellung, der Islam schränke die Religionsfreiheit ein, weil er die Todesstrafe für Apostasie vorschreibe. Tatsächlich wird diese Ansicht innerhalb der islamischen Welt vertreten, wobei in der Praxis manchmal auch die Meinungsfreiheit für Nicht-Muslime dadurch eingeschränkt wird, weil Kritik am Islam gleichgesetzt wird mit der Anstachelung zur Apostasie und Nicht-Muslimen das offene Missionieren aus diesem Grunde verboten wird. Der Gelehrte und vierte Khalif der islamischen Reformbewegung Ahmadiyya Muslim Jamaat, Hazrat Mirza Tahir Ahmad hat sich dazu schon früh positioniert: Er verfasste eine ausführliche Argumentationsstruktur basierend auf einer Analyse des Korans und der Überlieferungen des Propheten, die ihn zum Ergebnis führt, dass Apostasie und Blasphemie im Koran mit keinerlei weltlichen Strafen sanktioniert werden dürfen.[7] Ahmad resümiert, dass es keinen einzigen Hinweis auf eine diesseitige Strafe für

Apostasie im Koran gebe. Er ist mit dieser Meinung mittlerweile nicht mehr allein, auch wenn es ein konservatives Gelehrtenestablishment in der sogenannten islamischen Welt gibt, das eine andere Auslegung des Korans propagiert.

Prinzipiell kann ich es angesichts solcher Ansichten innerhalb des heutigen Mainstream-Islam verstehen, wenn das Argument der Freiwilligkeit zu emotionalen Reaktionen bei Nicht-Muslimen führt. Vor dem Hintergrund des Kopftuchzwangs in einigen sogenannten islamischen Ländern dieser Welt klingt das wie Hohn auf Kosten unterdrückter Frauen. Aber lassen Sie uns gerecht bleiben. Bloß weil Frauen im Iran oder in Saudi-Arabien aus nicht plausibel islamisch legitimierbaren Gründen zum Kopftuch gezwungen werden, ist das noch lange kein Grund, Frauen in Deutschland dazu zu zwingen, das Kopftuch abzulegen. »Zwangsbefreiung« führt unter Umständen zu derselben Reaktionen wie »Zwangsbedeckung«. Ein Schleierverbot ist ebenso eine Menschenrechtsverletzung wie ein Schleierzwang. Das Verbot der einen, das Kopftuch abzulegen, rechtfertigt noch lange nicht ein Verbot, das Kopftuch anzulegen. Mit diesem Einwand werden Kopftuchkritiker immer wieder konfrontiert. Was antworten sie darauf? »Der freie Wille ist eine komplizierte Angelegenheit«, entgegnet Femen-Aktivistin Schewtschenko: »Mich irritiert, dass man von Kopftuchträgerinnen dieses Argument akzeptiert, obwohl jeder einigermaßen politisch bewusste Mensch weiß, dass der freie Wille gerade unter orthodoxen religiösen Gruppierungen weder gewollt noch gefördert wird.« Kopftuchtragende Frauen seien demzufolge fremdbestimmt, weil von klein auf indoktriniert. Die Islamkritikerin Seyran Ates führt aus: »Ich finde es besorgniserregend, wenn immer mehr Mädchen das Kopftuch anlegen. Angeblich freiwillig. So einfach ist das aber nicht. Werden diese Mädchen dazu angehalten, einen freien Willen zu entwickeln? Oder wird ihnen gesagt, was sie wollen sollen?«[8]

Was Frauen wollen sollen

Ganz abgesehen davon, dass Studien[9] zeigen, dass nicht »immer mehr Mädchen das Kopftuch anlegen«, sondern die Zahlen für Deutschland rückläufig sind und solche Behauptungen lediglich dazu dienen, durch das konstruierte Bedrohungsszenario einer schleichenden Islamisierung Deutschlands rassistisch angelegte Ängste zu aktivieren, geht es hier um etwas anderes. Es geht um den freien Willen von Mädchen. Es geht darum, dass ihnen gesagt wird, was sie wollen sollen!

Das ist ein Verhalten, das mich dann doch verdächtig stark an Lord Cromer erinnert. Kennen Sie Lord Cromer? Er lebte von 1841 bis 1917. Der erste britische Generalkonsul in Ägypten hat es dank Leila Ahmed, der Autorin des Buches »Women and Gender in Islam«, zu zweifelhafter Berühmtheit gebracht.

Die islamische Feministin Ahmed argumentiert, dass die Unterdrückung der Frau im Orient nicht auf den Islam zurückzuführen sei, sondern mit der patriarchalen Interpretationen des Islam zu tun habe. Lord Cromer dient ihr schließlich als köstliches Beispiel für Kolonialisten, die den Schleier ägyptischer Frauen mit aller Gewalt abzuschaffen versuchten, indem sie ihn zum Symbol der Rückständigkeit und Frauenunterdrückung erklärten –, wobei er ägyptischen Frauen gleichzeitig den Zugang zu höherer Bildung erschwerte. Cromer instrumentalisierte dabei den feministischen Diskurs, der in seinem Heimatland geführt wurde, um im Namen einer eigens definierten »Frauenbefreiung« Zwangsentschleierungen zu rechtfertigen. Interessant an der Geschichte ist nun, dass dieselben Kolonialisten, namentlich Lord Cromer, nicht im Traum daran dachten, feministische Forderungen in Großbritannien zu unterstützen. Im Gegenteil: Lord Cromer war Gründungsmitglied und Präsident der »Männerliga gegen das Frauenwahlrecht«. Er bekämpfte mit allen Mitteln eine zentrale Forderung der Frauenbewegung seiner Zeit, während er sich in Ägypten zum Frauenbefreier aufspielen durfte. Was mag Lord Cromer zu diesem heuchlerischen Verhalten bewogen haben? Es dürfte zum einen eine koloniale Arroganz sein, die die muslimische Zivilisation im Zuge der damals üblichen Kolonialzeitrhetorik als Negativfolie nutzte. »Über die Geschlechterstellung wurden und werden … in hohem Maße kulturelle Identitäten, mehr aber noch kulturelle Hierarchien verhandelt«, schreibt die Islamwissenschaftlerin Irene Schneider.[10] Dem Anderen und Fremden werden Rückständigkeit und unzivilisierte Primitivität attestiert, um ihnen dann hin »im Gestus des pädagogischen Wohlmeinens« (Navid Kermani) bekämpfen zu können und sich selbst in Abgrenzung dazu als höherwertig definieren zu können.

Es gehörte schon immer zum anti-muslimischen Ressentiment, den Islam als frauenverachtend zu stigmatisieren und sich vor dieser Projektionsfläche seiner eigenen Überlegenheit zu versichern. Noch heute funktioniert Lord Cromers Argumentationslogik und ähnelt bis ins Detail den heutigen rhetorischen Mustern im Kampf gegen den Schleier. Lord Cromer bezeichnete den Schleier als die eigene Ästhetik störend. Das ist ein sehr häufig vorgebrachtes Argument und nicht selten sind es gerade die Männer unter den Islamkritikern, die sich über die »sackartige Verhüllung« muslimischer Frauen empören. Was sie stört, ist, dass der männliche Blick nicht bedient wird. Heute weiß man zumindest über die Kolonialherren des 19. Jahrhunderts, dass Frauen der kolonialisierten Völker häufig auf ihre sexuelle Verfügbarkeit reduziert wurden. Das Kopftuch, so viel dürfte klar sein, wurde da als unschöne Barriere empfunden. Unter dem Vorwand, ein selbstloser Frauenbefreier zu sein, versuchte Lord Cromer seine eigenen Interessen zu befriedigen und das im Namen einer zivilisierten Überlegenheit. Dass die Frauen auf diese Zwangsbefreiung nichts gaben und gänzlich unkooperativ waren, schien ihn ebenso wenig zu interessieren, wie es die prominent gewordenen Islamkritiker unserer Zeit interessiert. Auch wenn wir diesen nicht unterstellen möchten, sie hätten ein persönliches, vielleicht biografisch motiviertes Interesse daran, Frauen das Kopftuch vom Kopf zu reißen, fällt doch eine gewisse Doppelmoral auf. »Werden diese Mädchen dazu angehalten, einen freien Willen zu entwickeln? Oder wird ihnen gesagt, was sie wollen sollen?«, fragt Seyran Ates. Ja, diese Frage ist berechtigt. Allerdings in beide Richtungen. Was ich damit meine? Bisher ist mir jedenfalls nicht bekannt, dass Ates Mitglied bei »PinkStinks« ist, einer von Genderforscherinnen initiierten Kampagne »gegen Produkte, Werbeinhalte und Marketingstrategien, die Mädchen eine limitierende Geschlechterrolle zuweisen«. Und damit kämen wir zum Thema: Freiwilligkeit angesichts der Übermacht der Sozialisation.

Persuasive Sozialisation

Eine der häufigsten Antworten auf die Aussage muslimischer Frauen, sie trügen das Kopftuch freiwillig oder hätten sich aus freien Stücken für den Islam entschieden, ist der Vorwurf: Das glaubt ihr vielleicht! Oft nur latent, wird er immer häufiger auch offen geäußert, und unzählige Male wurde ich damit auf öffentlichen Veranstaltungen konfrontiert – , auch wenn es vielleicht nicht immer so platt formuliert wird, ist die Frage, die dahinter steckt: »Sind sie sicher, dass sie das Kopftuch freiwillig tragen? Wirklich sicher? Sie sind schließlich so aufgewachsen.« Das erzählt man mir, einer Frau, die seit über 30 Jahren in Deutschland lebt, hier geboren wurde, hier studiert hat und von einem Alt-68er alles andere als autoritär erzogen wurde. So wird mir implizit oder offen gesagt, ich sei Opfer meiner patriarchalischen Sozialisation und damit nicht fähig, frei zu entscheiden. Ich sei indoktriniert von einer bestimmten Vorstellung, wie Frauen zu sein hätten. Es steckt in diesem Anwurf, so meine ich, nicht selten eine ordentliche Portion Herablassung.

Dabei habe ich keine Schwierigkeiten, die Tatsache zu akzeptieren, dass wir beeinflusst sind von unserer Umwelt und den soziokulturellen Rahmenbedingungen, die unsere Persönlichkeit, unser Denken und Handeln prägen. Problematisch wird es, wenn es nur muslimische Frauen sein sollen, die in einem ganz besonderem Maße beeinflusst worden sind. Sie sind sozusagen persuasiver, stärker beeinflussbar, manipulierbarer, sozialisierter als nicht-muslimische deutsche Frauen. Man bestätigt sich seiner eigenen feministischen Überlegenheit, indem man muslimische Frauen zu Wesen erklärt, die die Emanzipation nach westlichem Vorbild noch zu durchlaufen hätten, um wahrhaft frei sein zu können. Die stigmatisierende Darstellung der muslimischen Frau als Opfer eines frauenverachtenden Systems dient nicht selten der Vergewisserung der eigenen Fortschrittlichkeit im Zuge der Frauenbewegung unter Ausblendung von immer noch dominant patriarchalen Strukturen in der eigenen Mehrheitskultur. Im rhetorischen Extremismus einer Necla Kelek heißt es: »Wenn Menschen sich freiwillig zu einem faschistischen System bekennen, dort glücklich und davon überzeugt sind, dann kritisieren wir das doch auch und sehen den gesellschaftlichen Kontext ... Und eine Frau, die Kopftuch tragen will, flaggt für eine islamistische Partei. Auch wenn sie sich selbst dafür entschieden hat, sagt sie damit, dass die Frauen Sexualwesen sind. Das tut sie vielleicht nicht bewusst, weil sie keine Soziologin ist. Meine Aufgabe und die von Alice Schwarzer ist es deshalb, einen gesellschaftlichen Kontext herzustellen.« Kelek behauptet ferner: »Mit dem Tragen eines Kopftuchs werden Frauen zu sexualisierten Wesen reduziert, anstatt gleichberechtigte Menschen zu sein.«[11]

Die eklatante Schwachstelle dieser Argumente besteht darin, dass unsere gesamte Gesellschaft durchzogen ist von Postulaten, die die Frau zu einem sexualisierten Wesen degradieren. Es wirkt vor diesem Hintergrund lächerlich zu behaupten, eine Frau werde ausgerechnet durch ein Kopftuch zu einem sexualisierten Wesen. Den »gesellschaftlichen Kontext«, den Kelek und Schwarzer so fürsorglich für die muslimische Frau aufzeigen möchten, hat für eine in Deutschland lebende Frau herzlich wenig mit der politischen Entwicklung im Iran seit 1979 zu tun. Es ist für eine Muslimin außerhalb diktatorischer Regime nicht nachvollziehbar, warum ihr Kopftuch irgendetwas mit dem Missbrauch des koranischen Kopftuchgebots durch Fundamentalisten zu tun haben sollte. Johannes Rau, der ehemalige deutsche Bundespräsident erklärte in diesem Zusammenhang: »Der mögliche Missbrauch einer Sache darf ihren Gebrauch nicht hindern.«[12] Man kann ein Messer durchaus zum Töten verwenden – das bedeutet jedoch nicht, dass mein Buttermesser per se eine Mordwaffe ist. Ebenso wenig avanciert das Kopftuch, das nicht nur von der Heiligen Mutter Maria auf unzähligen Abbildungen, sondern seit Jahrhunderten von Frauen aller Nationen getragen wird und vor einigen Jahrzehnten auch in Deutschland noch verbreitet war, innerhalb kürzester Zeit zu einem politischen Symbol des Islamismus, bloß weil Fanatiker in diktatorischen Regimen Frauen neuerdings dazu zwingen, das

Kopftuch zu tragen. Es muss unterschieden werden zwischen der Lehre des Islam, die seit über 1400 Jahren existiert, und dem aktuellen, politischen Missbrauch durch Muslime. Für die Sozialisierung einer muslimischen oder nicht-muslimischen jungen Frau in Deutschland spielen ganz andere Faktoren eine viel einflussreichere Rolle. Wenn es um Geschlechtergerechtigkeit geht, scheint das Kopftuch zu stören, denn es heißt, es betone den Unterschied zwischen den Geschlechtern. Gleichstellung könne man nur erreichen, indem man Geschlechterdifferenzen überwinde. Nun schaue man sich die Sozialisation eines in Deutschland geborenen Mädchens an!

Was die junge Frau von heute zu einem auf ihre Sexualität reduzierten Wesen macht, ist gewiss nicht das Kopftuch. Es ist eine vom Kapitalismus und Patriarchat befeuerte Vermarktung von Frauenkörpern, die permanente sexuelle Verfügbarkeit suggeriert. Und diese Form der Sozialisierung fängt im Westen schon früh an.

Ein postfeministischer Albtraum

Ein Mädchen, das im Jahr 2014 geboren wird, trägt häufig rosa, hat ein rosa Deckchen, ein Zimmer mit rosafarbenen Accessoires und lernt schnell, dass Rosa die Farbe der Mädchen ist und es Unterschiede zwischen den Geschlechtern gibt, denn Jungen tragen Blau. Rosa steht für süß und niedlich, für gefügig und gefällig. Es steht nicht für kompetent, selbstbewusst und selbstbestimmt. Auf der Kleidung des Mädchens sind Feen, Schleifen, Herzen, Schmetterlinge oder Prinzessinnen –, ganz sicher aber keine Autos, Hubschrauber oder Hammer, wie bei den Jungs. Bereits für ein Baby ist Mädchenkleidung figurbetont geschnitten, Jungenkleidung dagegen sitzt leger. Mädchenhosen sind eng, Jungenhosen locker. Mädchen werden von klein auf dazu angehalten, figurbetonte, unbequeme, feminine Kleidung zu tragen, die sie als Mädchen klassifiziert. Adieu, Geschlechtergerechtigkeit, hier werden gerade die Geschlechtsunterschiede betont, die Geschlechterdifferenz wird quasi in die Wiege gelegt. Auf die Frage, was uns davon abhält, die massive Regulierung der Geschlechter zu durchbrechen, antwortet die Erziehungswissenschaftlerin und

Genderforscherin Melanie Groß: »Dass uns die Gesellschaft sozial kontrolliert oder sanktioniert. Wenn sie Ihr Baby nicht rosa oder blau kleiden, werden die Leute fragen: Ist das ein Mädchen oder ein Junge? Warum ist es so angezogen? Sie müssen sich ständig erklären, wenn sie gegen die geschlechtsspezifische Kleiderordnung verstoßen.«[13]

Die australische Autorin Monica Dux spricht ferner von einem Pink-Princess-Phänomen: Mädchen lernen von klein auf, sich über äußerliche Optimierung Aufmerksamkeit zu verschaffen. Sie lernen, dass das Ziel einer Frau sein muss, äußerlich zu gefallen, schön wie eine Prinzessin oder eine Barbie zu sein. Es gibt klare Konventionen hinsichtlich des Spielzeugs sowie der Farbe, der Symbole und Form der Kleidung für Mädchen. Mädchen werden durch die Werbeindustrie, die Millionen von Dollar in die Vermarktung der pinkfarbenen Topmodel-Prinzessinnen-Glitzerwelt steckt und durch elterliche Erziehung oder allgemein gesprochen durch ihre Sozialisation darin bestärkt, einem weiblichen Schönheitsideal zu entsprechen und gefallen zu wollen.

Der Einfluss sexualisierter Kleidung und Spielsachen kommt laut einer Studie des Amerikanischen Fachverbands für Psychologie deutlicher zutage, sobald Mädchen die Pubertät erreichen. Die Sexualpsychologin Deborah Tolmann berichtet von psychischen Problemen und Depressionen bei Mädchen, die der Druck, Schönheitsnormen zu entsprechen, belastet.

Schon die dreijährigen Mädchen lieben das harmlos anmutende Rosa, verkleiden sich als Prinzessin oder Fee. Problematisch ist dabei weniger die Farbe Rosa an sich als vielmehr die Verengung auf ein bestimmtes Rollenmodell, das häufig mit der Fixierung auf die Farbe einhergeht. Gespielt wird mit Barbie, einer perversen Ausgeburt männlicher Phantasie über die »idealen« Proportionen eines Frauenkörpers, der in der Wirklichkeit nicht einmal gehen könnte; Barbie würde wegen ihrer überdimensionalen Oberweite und den zu kleinen Füßen umfallen. Sie stellt dabei neuerdings die harmlose Variante dar, denn mittlerweile gibt es die aufreizenderen »Bratz-Puppen«, die mit Schmolllippen, dunklem Lidschatten, Highheels und Miniröcken daherkommen. Eine Steigerung davon stellen die »Monster High«-Puppen dar. Hochsexualisiertes Spielzeug im Kinderzimmer, empfohlen ab sechs Jahren.

Es verwundert nicht, dass bereits Dreijährige mit Leichtigkeit die Bedeutung bestimmter Kleidung, Symbole und Farben für die Geschlechtszugehörigkeit encodieren. Die Neurowissenschaftlerin Cornelia Fine resümiert: »Die gesamte Umgebung des Kindes, sämtliche Gegenstände, mit denen es in Berührung kommt – Kleidung, Schuhe, Bettwäsche, Vesperdosen, sogar Geschenkpapier und schließlich auch sein weiterer Umkreis – trägt eindeutig Gendermarkierungen.«[14] In einer US-amerikanischen Studie von 2011 untersuchte das Forscherteam um Sarah Murnen die Bedeutung sexualisierter Mädchenkleidung auf das Rollenverständnis junger Mädchen. Darunter wurde Kleidung verstanden, die bestimmte Körperteile besonders betont und mit »sexuell suggestiven Aufdrucken« versehen war. Murnen stellt fest, dass sexualisierte Mädchenkleidung auf eine Weise sozialisiert, die die Selbstwahrnehmung der Mädchen beeinflusst: Diese begreifen sich eher als Objekt und internalisieren somit frühzeitig ein fragwürdiges Rollenmuster. Die Verbindung von Elementen, die einerseits kindlich sind, andererseits aber das Geschlecht betonen, verunsichere viele Eltern. Der pinkfarbene Minirock mit Schleife werde dann eben doch gekauft, auch wenn er sexualisierend wirke. Und auch das Playboy-Häschen, ein Symbol für männliche Phantasien und weiblicher Verfügbarkeit ist immer häufiger auf T-Shirts von jungen Mädchen zu sehen, es gilt als cool. »Wir glauben, dass diese Art, sich zu kleiden, dazu beitragen könnte, dass sehr junge Mädchen in die Rolle eines Sexualobjekts gedrängt werden«, resümiert Murnen.

Angesichts solcher weit verbreiteter Betonungen der Geschlechtszugehörigkeit scheint es grotesk zu sein, dass Necla Kelek und Alice Schwarzer von einer Geschlechtersegregation durch das Kopftuch sprechen. Sie argumentieren, das Kopftuch reduziere Mädchen auf ihr Geschlecht, weil nur Frauen und Mädchen ein Kopftuch trügen. Es verwundert schon, dass die großen und kleinen Feuilletons dieses Landes diese Position über Jahre hinweg immer wieder aufgreifen, ohne dass irgendjemand auf die offensichtliche Doppelmoral hinweist, denn schon die kleinsten Mädchen werden mit der Macht gesellschaftlicher

Normen zu einer Identifikation mit ihrem Geschlecht erzogen. Der wesentliche Unterschied hinsichtlich dieser Identifikation ist, dass eine junge Frau, die ein Kopftuch trägt, dazu angehalten wird, sich *nicht* über ihre äußerliche Attraktivität zu definieren. Ihre Persönlichkeit, ihr Charakter und humane Werte stehen im Vordergrund. Und das ist längst nicht unbedingt mehr eine Selbstverständlichkeit. Die Kommunikationswissenschaftlerin Susannah Stern problematisiert dies im Rahmen der Fernseh-Dokumentation »Vom Strampler zu den Strapsen – Jugend ohne Kindheit«: »In unserer Gesellschaft schreit alles danach, sich darzustellen. Wenn junge Leute diese Botschaft nicht verstehen, überhören sie die wichtigste Botschaft ihrer Generation.« Immer stärker zählt vor allem die körperliche Attraktivität, das lernen junge Mädchen früh. Und die britische Soziologin und Aktivistin Gail Dines erklärt dazu: »Eine 13-Jährige, die heutzutage herausfinden will, was es bedeutet, eine Frau zu sein und all das wahrnimmt, hat nur die Chance, eine Frau zu werden nach dem Vorbild von Britney Spears, Paris Hilton, der hypersexualisierte Typ. Entweder sie glaubt an dieses Bild, oder sie entscheidet sich dafür, unsichtbar zu sein. Für eine Heranwachsende wäre es aber mehr als ungewöhnlich, sich für die Unsichtbarkeit zu entscheiden.« Necla Keleks Forderung, muslimischen Mädchen ihre Kindheit zu lassen[15] muss diese Realität entgegengehalten werden.

Mädchen in Deutschland sind vermutlich weitaus weniger dadurch bedroht, von fundamentalistischen Eltern genötigt zu werden, ein Kopftuch zu tragen (wobei das Tragen eines Kopftuch erst frühestens ab der Pubertät aus religiösen Gründen relevant wird), als von der zunehmenden Sexualisierung der Kinderzimmer, die Kindern und Jugendlichen tatsächlich immer häufiger eine unbeschwerte Kindheit nimmt. Die erfolgreiche amerikanische Autorin Mary Millers schreibt in ihrem Debütroman über das Erwachsenwerden junger Mädchen: »Mädchen zu sein war schrecklich. Ich hatte ständig nur einen Gedanken im Kopf: Ob er mich hübsch fand, und falls er mich hübsch fand, wie hübsch.« Ihre Rezensentin kommentiert diese Passage in der Frankfurter Allgemeinen Sonntagszeitung folgendermaßen: »Insofern ist Mädchensein natürlich absolut schrecklich. Weil immer wieder und ganz leise beigebracht wird, man sei etwas zum Angucken und Gut- oder Schlechtfinden, das andere, dessen Existenz dadurch legitimiert wird, dass es gefällt, und das seine eigene Lust nur spürt, indem es begehrt wird.«[16] Hier werden zutiefst patriarchalische Denkstrukturen sichtbar, die junge Mädchen von klein auf internalisieren.

Mittlerweile haben dagegen auch in Deutschland die ersten Kosmetiksalons für Fünfjährige aufgemacht. Einer englischen Statistik zufolge möchten die meisten Mädchen Model werden und nicht Kanzlerin oder Premierministerin. Das Aussehen zählt, nicht die Kompetenz oder Charakterstärke. Eine ganze Generation junger Frauen und Mädchen hat nicht zuletzt wegen frauenverachtender Sendeformate wie »Germany´s next Topmodel« den männlichen Blick internalisiert. Die oberste Maxime lautet: Gefallen wollen. Hundertausende von jungen Frauen streben krampfhaft und verzweifelt nach Anerkennung, indem sie ihren Körper einsetzen.

Wer an einem beliebigen Sommertag durch eine der großen Fußgängerzonen Deutschlands geht, bekommt einen grotesken Jahrmarkt der Eitelkeiten und Absurditäten zu sehen. Bei sengender Hitze laufen Frauen in hautenger Kleidung auf High Heels über die Straße. Ihre Körper sind mit teuren Bräunungsmitteln eingecremt, um schlanker und attraktiver auszusehen, die Gesichter aufwendig geschminkt. Die mit einem Glätteisen modellierten Haare werden offen getragen, weil es besser aussieht, ein verschwitzter Hals und Rücken werden in Kauf genommen. Teilweise ist es ein so ungeheurer Aufwand, den einige Frauen regelmäßig betreiben, dass man sich durchaus die Frage stellen kann, was das alles noch mit Freiheit zu tun hat. Eine ganze Armee an jungen Frauen ist permanent damit beschäftigt, gut auszusehen. Die Autorin Birigt Kelle schreibt dazu in einem Kommentar: »Regelmäßig bekomme ich dann das Argument zu hören: Ich mache das nur für mich. Ja, sicher, und die Erde ist eine Scheibe. Wir Frauen putzen uns nur für uns selbst raus. Wir verbringen Stunden im Fitnessstudio, vor dem Spiegel, beim Friseur und bei der Kosmetikerin, weil wir das alles nur für uns machen und nicht etwa deswegen, weil wir gerne gut aussehen. Damit uns die Männer sehen. Ich bitte all diese Frauen, einmal kurz die Frage zu beantworten, wann sie sich zuletzt für einen gemütlichen Fernsehabend mit Chips und Cola light alleine zu Hause geschminkt, frisiert und in Schale geworfen haben? So ganz allein, nur für sich selbst.«[17] Auch das wäre noch nicht ganz so problematisch, wenn das Bestreben, gut auszusehen, nicht eine fast schon sinnstiftende Dimension erlangt hätte.

Die Verengung und Konzentration der großen Frauenzeitschriften auf Themen, die sich mit Diäten, Sportübungen, der aktuellen Mode und Schönheitsprodukten beschäftigen, hat auch etwas damit zu tun, dass junge Frauen von klein auf dazu erzogen werden, sich vor allem über ihr Äußeres zu definieren. Es ist gut möglich, dass Frauen in allen Kulturen und zu allen Zeiten einen gewissen Aufwand auf sich genommen haben, um ihr äußeres Erscheinungsbild zu optimieren – dagegen spricht auch nichts. Doch haben die Ausmaße dieser Bemühungen heutzutage durch Globalisierung, Kapitalismus und effizienter Werbung eine neue Dimension erreicht. Die durchschnittlich fünftausend Anzeigen, die wir alltäglich sehen, hinterlassen ihre Spuren. Abgebildet werden überwiegend zur Perfektion retuschierte Frauenkörper, die ständige sexuelle Verfügbarkeit suggerieren. Das Frauenbild, das dabei transportiert wird, setzt sich hartnäckig in junge Frauen- und Männerköpfe fest. Frauen treibt es in eine andauernde Unzufriedenheit mit ihrem Körper. Sie verschwenden ihre Ressourcen damit, sich abzuhungern, zu kasteien und Zeit sowie Lebensfreude damit zu vergeuden, einem Schönheitsideal näherzukommen. Doch auch mit optimiertem Gesicht und flachem Bauch, stellt sich kein Gefühl der Zufriedenheit ein. Es gibt einfach Tausende von Frauen, die doch schöner sind, die perfekter sind. Ein Blick in die Werbung der Frauenzeitschriften genügt. Was die Werbung verkauft, ist ein Traum, der nicht erreicht werden kann, der unerreichbar bleiben wird und deswegen immer weiter Anreiz für fortdauernden Konsum schaffen wird. Die Illusion, es gebe eine Anti-Falten-Creme, eine Diätpille, eine Schönheitskur, einen chirurgischen Eingriff, der schön und damit glücklich macht, bleibt. Das Streben nach Schönheit und Jugendlichkeit ist längst zum Goldenen Kalb geworden. Schön ist, wer aus männlicher Sicht begehrenswert ist. Es sind durchweg männliche Phantasien, die von den retuschierten Bildern der Topmodels bedient werden. Eine Frau hat verfügbar, lasziv, sexy zu sein –, egal welche Torturen und Einschränkungen sie dafür aufzunehmen hat. Das

Groteske dabei ist, dass junge Frauen sich freiwillig männlichen Schönheitsvorstellungen entsprechend anbiedern, sich freiwillig für Männermagazine ausziehen, sich freiwillig in teuflisch unbequeme Schuhe zwängen.

Während dies als Selbstbestimmungsrecht der Frau gefeiert wird, wird die muslimische Frau bemitleidet. Bei sengender Hitze mit einem Kopftuch und langem Mantel! Dass diese muslimischen Frauen keinen Gedanken auf ihre Frisur verschwenden müssen, ihren Körper nicht aufwendig in Szene zu setzen haben, sich keine quälenden Gedanken um Cellulite, Krampfadern oder überflüssige Pfunde machen müssen, ganz einfach nicht unter Konkurrenzdruck stehen, wird gar nicht wahrgenommen. Eine muslimische Frau ist die klassische Aussteigerin. Sie macht nicht mit auf dem Jahrmarkt der Eitelkeiten um die Gunst des männlichen Blickes. Sie hat sich ausgeklinkt. Sie muss Männern nicht gefallen, sie muss sich nicht an von Männern gemachten Mode- und Körpernormen orientieren. Ganz zu schweigen von dem Vorteil, den eine Bedeckung bei Hitze für die Hautgesundheit mit sich bringt. Sonnenbrand und Hautkrebs ade! Wallende, leichte Kleidung, die den Körper umspielt und nicht hauteng an ihm klebt, schützt vor Hitze, das wissen schon die Wüstenbeduinen. Zwar muss theoretisch keine Frau sich an den omnipräsenten Konventionen über Schönheit orientieren und kann sich frei fühlen, so zu sein, wie sie is(s)t. Aber auf den Pausenhöfen dominiert der Minderwertigkeitskomplex junger Mädchen und das Konkurrieren darum, wer schöner ist, Verbalattacken bei nicht Beachtung der gängigen Modevorgaben inklusive. Körperliche Makel gelten als großes Unglück und sind gesellschaftlich geächtet – sie dürfen nicht unverhüllt präsentiert werden, das darf nur der schöne Körper.

Die anhaltende Konditionierung schon kleiner Mädchen lässt den Körper zu einem Objekt der Begierde erscheinen, der optimiert werden muss. Der Frondienst am eigenen Leib ist ein Ritus einer Ersatzreligion, die Befriedigung durch die Optimierung des äußeren Erscheinungsbildes verspricht, wie die Schriftstellerin Juli Zeh anmerkt. Dass die Konsumenten und Nutznießer der physischen Attraktivität eines zur Schau gestellten weiblichen Körpers und einer suggerierten sexuellen Verfügbarkeit von Frauenkörpern in erster Linie Männer sind, lässt Frauen zu Sklaven männlichen Begehrens werden. Eine Frau, die ihren Körper nicht öffentlich sichtbar macht, die ihren Körper zum Privateigentum und ihre Haut zur nicht verfügbaren Intimsphäre erklärt, entzieht sich dem männlichen Blick. Sie schiebt einen Riegel vor das männliche Starren. Sie demonstriert selbstbestimmt, nicht verfügbar zu sein. Und bedient damit ganz sicher keine männlichen Interessen.

Der männliche Blick

Der Koran ermahnt Männer, »ihre Blicke zu Boden« zu schlagen (24:31). Es ist daher in muslimischen Milieus eigentlich völlig unüblich, einer Frau länger eindringlich direkt in die Augen zu sehen, vielmehr dominiert ein respektvoller, zurückhaltender Umgang –, auch wenn Erfahrungen mit dem Machogehabe muslimischer Pubertierender im Kiez anderes nahelegen mögen.

Von einem respektvollen Umgang sollte gemäß der koranischen Lehre die Beziehung eines muslimischen Mannes zu allen Frauen, unabhängig von ihrer Religion oder ihrem Kleidungsstil geprägt sein. Wenn pubertierende Jungs, die über ihre Religion nicht das geringste Basiswissen verfügen, unverschleierte Frauen wie Freiwild behandeln, dann ist das ein Problem. Minderwertigkeitskomplexe, Machogehabe, eine patriarchale Kultur mögen Ursachen sein. Es ist aber auch die Aufgabe der Moscheegemeinden und der Imame, diese jungen Männer zu islamischem Verhalten zu erziehen und ihnen den koranisch gebotenen Respekt vor Frauen von klein auf anzuerziehen.

Ich muss zugeben, dass ich muslimische Männer, die Frauen belästigen, vor allem aus Medienberichten kenne. Meine persönliche Erfahrung ist eine andere. Eine »Gentlemen-Kultur«, die hierzulande im Zuge der Emanzipationsbewegung konsequenterweise auszusterben scheint, ist in islamisch geprägten Milieus häufig noch anzutreffen. Eine Freundin berichtete mir, wie sie im Libanon mit vielen Koffern unterwegs war und ihr Gepäck nie selbst tragen musste, weil umstehende Männer es als ihre Pflicht ansahen, ihr die Koffer zu tragen. Kaum war sie in Deutschland angekommen, musste sie zusehen, wie sie mit ihrem Gepäck allein zurechtkam – Emanzipation sei Dank! Unzählige Überlieferungen des Islam ermahnen Männer zu einem respektvollen, hilfsbereitem Umgang mit Frauen. Eine bekannte Überlieferung (Hadith) erzählt, wie der Prophet seine Begleiter auffordert, Frauen mit Rücksicht zu behandeln, weil sie »wie Glas« seien. Das Prinzip des berühmten Kommandos »Frauen und Kinder zuerst«, das erstmals 1852 auf einem Schiff der Königin Viktoria fiel, führte der Prophet im 7. Jahrhundert in Arabien ein: In der misogynen Kultur des damaligen Arabiens erklärte er nach einem Karawanenunfall, dass zuerst den Frauen zu helfen sei und nicht ihm, dem auserwählten Propheten Gottes, der im Koran als »Barmherzigkeit für alle Welten« (21:108) beschrieben wird. Die für uns heute selbstverständlich gewordene Losung »Ladies first«, die wohl nicht einmal von strengen Gleichstellungsbeauftragten ernsthaft angezweifelt wird, ist eine ur-islamische Regel.

Dennoch müssen wir zusehen, wie die Moderatorin während einer Talkshow zum Thema »Kopftuch und Koran – hat Deutschland kapituliert?« den eingeladenen Muslim für seine Unterbrechung einer Kontrahentin mit den Worten »Bei uns heißt es Ladies first« maßregelt. Bei »euch«, also »den Muslimen« anscheinend nicht, wird hier suggeriert. Ungünstigerweise gehörte der eingeladene Muslim zur extremistischen Gruppe der Salafisten. Doch auch die Salafisten gilt es mit ihren eigenen Waffen zu schlagen. Das arabische Wort »Salafiyyah« bedeutet schließlich »die frommen Altvorderen«. Salafisten behaupten, sich auf den Frühislam zu berufen. Auch für Salafisten muss also das prophetische »Ladies first« gelten – es ist die Praxis des Propheten Muhammad, seine »Sunna«, an der sich Muslime orientieren. Wenn die Moderatorin aber von vornherein davon ausgeht, bei Muslimen sei das anders und eine auch in den gediegenen Talkshows häufig vorkommende Unterbrechung als Anlass sieht, die angebliche Unzivilisiertheit der Muslime in ihrem Umgang mit Frauen ganz nebenbei an den Pranger zu stellen, zeigt sich darin die Tendenz, den Islam abzuwerten. Die große Unkenntnis über die Lehre des Islam macht dies möglich. Es gehört zur essentiellen Bringschuld der Muslime, sich über ihren eigenen Glauben zu informieren, ihr Verhalten entsprechend anzupassen und aufzuklären. Es muss eine der wichtigen Aufgaben der Imame sein, jungen Männern diesen islamisch respektvollen Geist gegenüber Frauen einzuprägen. Wir werden abschließend zeigen, dass es eine Reihe von Koranversen und islamischen Überlieferungen gibt, die eine solide Argumentationshilfe für einen solchen Erziehungsauftrag liefern.

Wenn sich muslimische Männer Frauen gegenüber respektlos verhalten oder diese belästigen, dann haben sie ein eindeutiges Bildungsdefizit in Bezug auf ihre Religion. Viele dieser Machos dürften elementare Grundlagen ihrer Religion weder kennen noch umsetzen. Dies wird immer wieder deutlich, wenn das Missverhalten junger Männer mit muslimisch geprägter Herkunft für Empörung sorgt – seien es Belästigungen oder anderweitige physische Aggressionen.

Viel Aufmerksamkeit erregte die vom Kriminologen Christian Pfeiffer geleitete Studie über die Gewaltbereitschaft junger muslimischer Männer.[18] »Jung, muslimisch, brutal« titelte etwa der Spiegel irreführend, als die Studie veröffentlicht wurde. Immer wieder wurde die Beziehung zwischen der Gewalttätigkeit junger Männer und ihre Zugehörigkeit zum Islam problematisiert und damit suggeriert, es gebe einen monokausalen Zusammenhang. Und das, obwohl die Autoren der Studie betonten, dass die Ergebnisse es nicht erlauben, den Islam als Ursache der Gewalt heranzuziehen, weil es sich um eine Querschnittstudie handelte: »Der Großteil der muslimischen Jugendlichen bezeichnet sich zwar als sehr religiös, geht aber höchstens zum Freitagsgebet und lebt ansonsten einen hedonistischen Lebensstil, in dem der Islam wenig Einfluss auf den Alltag hat«, erklären die Autoren der Studie. »Was sie für islamische Werte halten, kennen sie vor allem von ihren Familien, die oftmals patriarchalische Strukturen aus ihren Heimatdörfern mitgebracht haben und sowohl schulisch als auch religiös wenig gebildet sind«, stellt DIE ZEIT treffend fest, das »religiöse Bekenntnis vieler junger Muslime ist im Übrigen häufig nur eine Leerformel, die nicht mit gelebter Religion einhergeht«, heißt es weiter.[19] Die vielfältigen sozialen und familiären Faktoren wurden jedoch bei der Berichterstattung ausgeblendet, ebenso wie die die Tatsache, dass kein signifikanter Zusammenhang festgestellt werden konnte. Der ZEIT-Journalist Jörg Lau spricht daher von einem »journalistischen Desaster«, weil die »Ergebnisse ungebührlich aufgeblasen« worden seien, um antimuslimische Ressentiments zu bedienen.

Der häufig vernachlässigte Befund ist also, dass junge Männer sich zwar selbst als gläubige Muslime verstehen, aber ihre Religion weder kennen noch praktizieren. Würde man untersuchen, wie viel Wissen, ganz konkretes Faktenwissen, sie über die Quellen ihrer Religionen haben, wäre es sicherlich schwierig, die Ursache für ihre Gewaltbereitschaft dem Islam zuzuschreiben, wie durchweg in den Medien geschehen. Für die meisten der untersuchten, überdurchschnittlich gewaltbereiten Jugendlichen dürfte der Islam nur eine formale Hülle sein, ein provokatives Etikett, mit dem sie sich zu schmücken meinen, während sie gleichzeitig die Lehre des Islam unterwandern. Die Ursachen für ihr Fehlverhalten dürften in sozio-ökonomischen Rahmenbedingungen zu suchen sein und haben wahrscheinlich weniger mit Religion oder Kultur zu tun, als mit Struktur und Migration.

Trotzdem, ich denke nicht, dass das Problem einer in Deutschland aufwachsenden jungen Frau sie belästigende, gewaltbereite Machos mit muslimischen Hintergrund und großem Wissensdefizit bezüglich ihrer Religion sind. Diese Männer dürften eine Minderheit in der Gesamtgesellschaft darstellen, die allerdings überproportional häufig thematisiert wird. Wenn die Literatur-Journalistin Iris Radisch in der ZEIT beschreibt, wie sie als junge Frau in Neukölln flanierend von »türkischen Familienvätern, deren Töchter zu Hause eingesperrt waren«[20] für eine Prostituierte gehalten und entsprechend angesprochen wurde, dann darf man sich zu Recht empören. Wenn Radisch allerdings in der Konsequenz verlangt, man müsse Alice Schwarzer unbedingt in ihrer Forderung nach einem Kopftuchverbot auch für Schülerinnen unterstützen, gerät einiges durcheinander. Es mag extrem schlecht integrierte Männer mit unverschämten Manieren geben, die Frauen, die leichter bekleidet sind, als sie es aus ihrem anatolischen Dorf in der Türkei gewöhnt sein mögen, als verfügbare Ware betrachten. Das fundamentale Problem an einem solchen Verhalten ist jedoch nicht der Islam, der Prostitution in der Regel scharf ablehnt. Mit einem Kopftuchverbot kommt man gegen eine solche Denkweise daher auch nicht an. Das viel grundlegendere Problem ist, dass Frauen immer häufiger und in immer mehr Kontexten als Ware verstanden werden. Sie gelten als sexuell verfügbar.

Und zwar nicht, wie Radisch oder Schwarzer fälschlicherweise schluss-
folgern, weil die nicht bedeckte Frau Muslimen als Freiwild gelte. Das
ist eine absurde Behauptung, für die es keinerlei Grundlagen in den
Quellen des Islam gibt. Keuschheit, Treue und die Ehe sind wichtige, im
Koran verankerte Prinzipien, die für Männer ebenso verbindlich gelten.

Oberflächlich betrachtet wird hier ein Integrationsdefizit sichtbar,
im Kern betrifft das Problem jedoch die gesamte Gesellschaft. Vereinfacht gesehen hat der von Radisch beschriebene türkische Mann nur
nicht begriffen, dass er in ein Land eingewandert ist, in dem auch leicht
bekleidete Frauen keine Prostituierten sein müssen – er geht von den
vielleicht üblichen Rahmenbedingungen seines Heimatdorfes aus und
hat daher nicht gelernt, dass diese Frauen nicht als Ware anzusprechen
sind. Ein integrierter Mann dagegen kennt sich aus und weiß, welche
Frauen an welchen Orten ihre Körper »eindeutig« anbieten. Das heißt,
die Wahrnehmung, wie viel Haut und welche Reize eine Frau bieten
oder wie eine Frau sich kleiden sollte, um als Prostituierte »erkannt« zu
werden oder wahrgenommen zu werden, ist eine andere, die Grenzen
mögen im Westen fließend sein. Daraus aber abzuleiten, dass sämtliche
Kleidungsstücke verboten werden müssen, die den Körper stärker
bedecken und für manche Menschen eine gewisse Signalwirkung
haben, die also wahrgenommen werden als Merkmale für eine Frau,
die ihren Körper nicht anbietet, ist grotesk. Wir haben es hier vielleicht
mit einem Missverständnis zu tun, einem Kommunikationsproblem
bei der visuellen Wahrnehmung. Natürlich muss eine Frau das Recht
haben, alles zu tragen, was sie tragen möchte. Und natürlich ist es nicht
das Kopftuch, das als Symbol fungiert, um zwischen einer verfügbaren
und nicht verfügbaren Frau zu unterscheiden. Das dichotome
Weltbild einer Ordnung aus »Heiligen und Huren« verfolgen nur
Fundamentalisten. Aber auch in einem nicht-muslimischen Kontext
wird ein bestimmter Kleidungsstil eher als Einladung verstanden,
unabhängig davon, ob die Trägerin diese Einladung bewusst oder
unbewusst aussendet. Diese Einladung rechtfertigt keine verbale
Belästigung und keine physische Übergriffe, soviel ist Konsens.
Sie kann jedoch individuell unterschiedlich interpretiert werden, je
nachdem wie man sozialisiert ist. Das verlangte Kopftuchverbot geht
daher völlig am Gegenstand der Problematik vorbei. Es gleicht einem

Herumdoktern an Symptomen. Möchte man die Wurzel anpacken, muss man erkennen: Das grundlegende Problem ist eine wegen der Globalisierung umfassende Massenkultur, die den Menschen dazu konditioniert, Frauen als Ware zu begreifen!

Die sexualisierte Massenkultur

Es ist eine Massenkultur, die sämtliche Bemühungen um mehr Geschlechtergerechtigkeit torpediert und nicht das Kopftuch, das das Gegenteil fördert. Die Aktivistin Gail Dines beklagt zu Recht, dass die Pop-Kultur immer mehr zur Porno-Kultur verkommt. Es erscheint naiv zu glauben, man könne durch Feuilletondebatten und einem Aufschrei in sozialen Netzwerken die Mentalität im Umgang der Geschlechter in Deutschland nachhaltig verändern, solange sich lasziv räkelnde und den stereotypen Schönheitsnormen des Sexualobjekts »Frau« entsprechende Darstellungen omnipräsent sind. Sogar wenn wir wollten, könnte unser Unterbewusstsein sich dieser Dauerstimulierung nicht erwehren. Irgendetwas wird davon hängen bleiben. Möchten wir, dass Frauen in diesem Land nicht wie Objekte behandelt werden, dann müssen wir verhindern, dass sie überall als Objekte dargestellt werden. Alles andere ist Symptombekämpfung.

Angesichts der Dauerkonditionierung einer hypersexualisierten Gesellschaft, die Männer *und* Frauen dazu erzieht, den Menschen auf seine Sexualität und seine sexuelle Fitness zu reduzieren, ist es erfreulich und bemerkenswert, wenn im Zuge der Sexismusdebatte 2013 wieder einmal dafür gestritten wurde, dass sexistische Bemerkungen selbst von namhaften Politikern inkorrekt und nicht akzeptabel sind. Während die christliche Sozialisation des in die Kritik geratenen FDP-Politikers Rainer Brüderle dabei allerdings nie thematisiert wurde, weil sie schlichtweg nicht relevant ist, wird die Religion im Kontext sexistischer Ausfälligkeiten seitens pubertierender muslimischer Machos gar als Ursache für ihr Missverhalten ausgemacht. Statt darüber nachzudenken, dass wir uns an eine extrem frauenverachtende, hochsexualisierte Massenkultur gewöhnt haben, wird das islamische Kopftuch gescholten. Während die Diskussion um das Kopftuch bereits viele Jahre andauert, ist die Sexismusdebatte längst verhallt. Wundern muss dies nicht, wurde die Debatte doch größtenteils darauf reduziert, den Missbrauch von Macht zu problematisieren und strukturelle Defizite zu diskutieren. Landauf, landab wurde durchdiskutiert, wie sexistisch Deutschland ist und warum – erstaunlicherweise stand der problematische Einfluss der Massenkultur dabei nicht auch nur annähernd zur Debatte. Was kann die damals im Fall Brüderle hochgeschwappte Welle an Empörung bewirken, wenn die Ursachen für eine sexualisierte Atmosphäre nicht thematisiert wurden? Wenn eine ganze Generation den männlich penetrierenden Blick internalisiert hat, indem sie mit der Muttermilch aufsaugt, dass die weibliche Brust omnipräsent verfügbar ist, wirkt es geradezu scheinheilig, sich dann entsetzt über den weitverbreiteten Alltagssexismus zu verwundern. Es dürfte in Zukunft immer schwieriger sein, überhaupt noch einen pubertierenden Jungen zu finden, der nicht bereits unzählige Pornofilme im Internet gesehen hat, in denen Frauen in erster Linie als Mittel zur Triebbefriedigung dargestellt werden. Der Druck auf Mädchen steigt, derartig generierten Rollenmodellen zu entsprechen.

Wenn ich das Kopftuch als ein Mittel sehe, um der Sexualisierung unserer Gesellschaft entgegenzuwirken, dann verlange ich nicht, dass jede Frau ein Kopftuch anlegt, denn das ist eine persönliche Entscheidung, die grundlegend etwas mit der Liebesbeziehung des Gläubigen zu Gott zu tun hat und eine tiefe spirituelle Dimension in sich birgt. Ein Anfang wäre schon gemacht, hätte das Ansinnen der von Kultur-, Gender- und Medienwissenschaftlerinnen initiierten Kampagne »PinkStinks« für ein Verbot sexistischer Außenwerbung zum Schutz von Kindern Erfolg. Ihr Appell ist ein vernünftiger Vorschlag für eine nachhaltige Lösung des Sexismus-Problems und das nicht nur zum Wohl der Kinder. Doch wer unterstützt sie neben »terre des femmes« und anderen Frauenorganisationen? Es müsste einen Aufschrei der gesamten Gesellschaft gegen eine von kapitalistischem Ethos befeuerte Massenkultur geben, die derart penetrant an die primitivsten und ursprünglichsten Triebe des Menschen appelliert und damit ein Menschenbild offenbart, dass den homo sapiens zum hormongesteuerten Affen degradieren möchte. Denn die Werbeindustrie glaubt anscheinend felsenfest, die Aufmerksamkeit des Konsumenten nur dadurch erlangen zu können, dass sie ihn erregt. Die moderne Frau, die in der westlichen Welt 80 Prozent der Kaufentscheidungen für Produkte und Dienstleistungen trifft und immer noch das letzte Wort hat, wenn es darum geht, zu bestimmen, welche Möbel und Lebensmittel, welches Kinderspielzeug und welche Pflege- oder Haushaltsprodukte gekauft werden, ist offensichtlich nur durch den Traum zu reizen, selber begehrenswert zu sein. Die Werbung baut darauf, dass sie vor allem dann zum Kauf zu animieren ist, wenn das beworbene Produkt verspricht, ihre erotische Attraktivität zu steigern. Gekauft wird das Gefühl, sich mit der erotisch posierenden Frau identifizieren zu können, attraktiv zu sein. Das scheint das sinnstiftende Ziel einer Frauenexistenz sein zu müssen. Männer dagegen werden durchweg als die Begehrenden inszeniert. Doch was passiert in Männerköpfen, die von klein auf daran gewöhnt werden, Frauen in aufreizenden Posen zu begutachten?

Es kann nicht sein, dass die systematische sexuelle Stimulation durch Bilder, die junge, retuschierte, allzeit verfügbare Frauenkörper wie Frischfleisch feilbieten, zu einem normalen Teil des Alltags gehört und keine Spuren hinterlässt. Jedes dieser Bilder ist eine Visualisierung der sexistischen Sprüche Brüderles. So lange solche persuasiven Bilder unsere Wahrnehmung dominieren, erscheint die Empörung über verbale Äußerungen lächerlich. Aus der Psychologie wissen wir längst, dass Bilder ein viel stärkeres Beeinflussungspotential haben und direkt wirken – man kann sich gegen ihr Eindringen und Einbrennen in die eigene Gedankenwelt schlecht wehren. Verbote allein können keine Lösung sein, das sieht man sehr gut an dem Tugendterror der Taliban.

Ohne wirklichen Respekt vor Frauen, ohne eine entsprechende innere Einstellung funktioniert ein Verbot im öffentlichen Raum nicht. Ganz ohne Regeln für das Zusammenleben kann eine Gesellschaft, die Sexismus, Antisemitismus und jede Form des Rassismus prinzipiell ablehnt, allerdings nicht auskommen. Der Widerstand gegen prohibitive Maßnahmen dürfte immens sein. Schließlich verwendet die Werbewelt Mittel, die sich bewährt haben. »Sex sells« funktioniert allerdings auch deswegen so gut, weil der moderne säkulare Mensch nach der Absage an alles Metaphysische in eine Orientierungslosigkeit verfällt, die ihn empfänglich macht für die Anbetung der Göttin Sex. Wenn es nichts Höheres gibt, dann wird das höchste der bekannten Gefühle vergöttert. Heilig ist allerdings nur noch das eigene Ego, das Objekt der Begierde dagegen, so wird suggeriert, ist optimierbar, austauschbar und damit seelenlos – und in der Regel eine Frau. Wir leben anscheinend in einer Welt, in der der Mann nur mehr »ein Ziel« hat und der »siebte Himmel« nur eines sein kann, wie nicht zuletzt die Werbung für ein Deodorant uns verheißt: Geschlechtsverkehr. Die Missbrauchsforscherin Anita Heiliger warnt vor einem solchen Männerbild: Unsere Gesellschaft sei völlig »unaufgeklärt – denn sie definiert männliche Sexualität als Verfügung über Objekte. In diesem Sinne werden Jungen anhand pornografischer Bilder sexuell sozialisiert. Und dann wundern wir uns, wenn sie darauf konditioniert sind, sich an Schwäche und Unterlegenheit zu erregen.« Das ist für sie der Kern des Problems, wenn es um sexuelle Gewalt geht.

Vielleicht wird es Zeit, dieser geistigen Verrohung mehr entgegenzusetzen als das Lamentieren über das Kopftuch.

Wir sollten uns überlegen, warum die popkulturellen Vorbilder für das Verweigern einer sexuellen Verfügbarkeit nicht existieren. Eine Frau, die das Kopftuch trägt, widersetzt sich möglicherweise allen kapitalistischen Interessen und torpediert die Bemühungen der Werbeindustrie, die sie mit einem Schlag ins Gesicht quittiert. Vielleicht ist das der Grund, warum sich kaum jemand noch über die Enthüllung der Frau empört, bei der Verhüllung der Frau jedoch die Emotionen kochen.

Die versklavte Göttin

Wenn sich im Anhimmeln von Schönheitsikonen die Abgründe einer ganzen Generation manifestieren und man doppelmoralisch die entblößte Frau hofiert, während die verhüllte drangsaliert wird, kann Freiheit dort verborgen sein, wo der oberflächliche Blick nicht hingelangt.

»Sie ist schwarz, sie ist willig, sie ist bemitleidenswert – eine Sklavin. Ja es gibt sie, auch heute noch, mitten in Europa, im hochzivilisierten, demokratischen Abendland, wo die Würde des Menschen unantastbar ist. Es ist ein Skandal. Ihr Körper wird benutzt, verkauft, instrumentalisiert für die Interessen einiger wildgewordener Fanatiker. Sie wird unter dem Deckmantel einer menschenverachtenden Ideologie unterdrückt, und hat nie gelernt, sich zu wehren, weil sie schon immer entsprechend indoktriniert und sozialisiert wurde. Sie braucht unsere Hilfe – wir müssen sie befreien! Verbieten wir, ›Germany´s next Topmodel‹.« Oh, sorry, falscher Film, so geht es nicht – das ist übertrieben. Das können wir nicht bringen, das bringt keinen Gewinn, das wird nicht akzeptiert – bitte ersetzen Sie im eben gelesenen Absatz, erste Zeile,»schwarz« mit »Türkin« und verbieten am Ende anstelle von »Germany´s next Topmodel« das Kopftuch. Sache geritzt, das geht selbstverständlich. Das lesen wir 1000fach in den Feuilletons deutscher Zeitungen – das ist Integrationspolitik.

»Politiker wollen Rechte muslimischer Frauen stärken«[21], schreibt die F.A.Z. auf der Titelseite, ja, wir haben was erreicht, jubeln Kopftuchverbieter und selbst ernannte Musliminnenbefreier. »Unterm-Schleier«-Aktivisten plakatieren undercover die Innenstädte Deutschlands mit einer blaugeschlagenen Pippi-Langstrumpf und dick gedruckten Koranversen, die angeblich den Beweis dafür antreten sollen, dass die Unterdrückung der Frau dem Wesen des Islam inhärent ist. Schließlich kann man nicht tatenlos zusehen, wie Männer Frauen zwingen, das zu tun, was Männer wollen –, ohne dass die Frauen es merken.

»Reveal the Goddess in you« – »Erwecke die Göttin in dir« haucht uns »Germany´s next Topmodel« im Werbespot für einen Damenrasierer entgegen. Sei jung, hübsch und sexy und die Welt liegt dir zu Füßen. Tausende von hoffnungserfüllten Mädchen pilgern zu den Castings, um ihrer heidnischen Göttin Heidi zu huldigen und um so zu werden, wie sie meint zu sein: Schönheitsikone, erotisch und begehrenswert. Verehrt und angebetet. Wer schön ist, ist göttlich glücklich – nein, wer von anderen als schön erkoren wird, meint glücklich zu werden. Und ist dabei so wenig göttlich, wie nie zuvor.

Immer wieder lächeln uns makellose Gesichter mit aalglatten Körpern an, ihre Botschaft ist ebenso konturlos wie die Gesichter selbst: Werde so schön wie ich, dann hast du dein Lebensziel erreicht – oder als Pendant für Männer: Besitze so etwas Schönes wie mich und du wirst wahrlich zufrieden sein. Das ökonomisch Reizvolle daran ist: Ans Ziel kann man gar nicht gelangen, die zur Perfektion retuschierte Scheinwelt muss Illusion bleiben und kann daher ewig als Projektionsfläche der eigenen Sehnsüchte und Optimierungsversuche fungieren. Wer meint, sich dieses primitiven Einflusses entziehen zu können, erhaben zu sein über die Persuasionsmechanismen, die die Omnipräsenz der sich räkelnden Schönheiten freisetzten, ist bereits verloren.

Seltsam ist es ja schon: Wenn eine Schauspielerin wie Julie Delpy sich in einem Boulevardblättchen darüber empört, dass »Frauen von unserer Konsumgesellschaft unter Druck gesetzt« werden, indem »man ihnen vorschreibt, jung und schön zu sein« und das als eine andere, moderne »Form der Sklaverei« bezeichnet, dann wird darüber berichtet. Mehr aber auch nicht. Sind es nicht ewig schnoddrige Kulturpessimisten, die meinen, die Gegenwart sei einem Schönheitswahn verfallen? Letztlich haben sich Menschen schon zu allen Zeiten nach Schönheit, Attraktivität und Jugend gesehnt. Und auch der Islam lehrt: Gott ist schön, er liebt die Schönheit.[22] Fragt sich nur, was die Schönheit eines Menschen ausmacht. Und ob es schön ist, wenn man Körperlichkeiten bis ins Obsessive präsentiert, zur Schau stellt und vermarktet. Ganz abgesehen davon, dass Formate wie »Germany´s next Topmodel« Abgründe charakterlicher Unschönheiten auftun, die nicht gerade von erstrebenswerten menschlichen Eigenschaften strotzen: Zickenterror, Lästerattacken, peinlich zwanghafte Selbstinszenierung, unreifes Profilieren und sich Anbiedern sowie egoistisches Ellenbogendenken – das waren nur einige wenige Macken der Anwärterinnen in der Castingshow der vordergründig Schönen. Wen wundert es? – das wichtigste bisherige Ziel im Leben der Kandidatinnen scheint das Streben nach dem Thron des Supermodels zu sein. Dieser Eindruck entsteht vor allem dadurch, dass sich die Möchtegernmannequins so sehr vor der Vorstellung, nicht die Auserwählte zu sein, fürchten, dass Heultattacken nach der Selektion mindestens das abschließende Ritual einer jeden Sendung sind.

Spätestens nach diesem Blick in die Tiefen menschlicher Hässlichkeiten wird klar, dass wir hier nicht selten eher unreife Seelen vor uns haben. Verkümmerte kleine Opfer einer Welt im Fegefeuer der Eitelkeiten.

Ohne Körper, Hülle und Fassade ziemlich unansehnlich. »Wahrlich, wir haben den Menschen in schönstem Ebenmaß erschaffen. Wirkt er dann aber Böses, so verwerfen wir ihn als den Niedrigsten der Niedrigen.« (Koran 95:5–6)

Die Quoten für solche Werbeformate steigen kontinuierlich, genauso wie die Bewerberzahlen. Die Zuschauer mögen es, Charakterschwächen zu sehen, eingenommen vom wohligen, pharisäischen Gefühl, nicht so zu sein wie die Entblößten in der Castingshow –, denn dann fühlt er sich wohl in seinem eigenen Sumpf, die anderen sind schließlich noch schlimmer. Und Fleischbeschau ist der ideale Zusatz eines gelungenen Trashmenüs für den müden Geist am Abend. Das wissen die Macher und selektieren ihre Mädchen nach genau diesen Kriterien: ein bisschen Zickenkrieg kombiniert mit langen Beinen und viel Haut, so bekommt man alle vor die Mattscheibe. Dass völlig nebenbei eine ganze Generation junger Mädchen den »männlichen Blick« einübt, sich an die Vermessung und Vermarktung von Körpermaßen gewöhnt und so quasi nebenbei patriarchalische Strukturen internalisiert, wie die Medienwissenschaftlerin Tanja Thomas kritisiert, regt nicht einmal die Emanzipationseliten wirklich auf. Schließlich haftete schon der PorNo-Kampagne der Alice Schwarzer der antiquierte Geruch von Zensur und Prüderie an. Die postfeministische Frau von heute hat vollends verinnerlicht, dass ihr Körper ihr Kapital ist. Die britische Soziologin Catherin Hakim äußert unverblümt ihre Verwunderung darüber, dass Frauen den Wert von erotischem Kapital nicht gezielter einsetzen: »Erotisches Kapital verschafft Frauen auf dem Arbeitsmarkt einen Vorsprung«, so Hakim. Dass dieses Kapital in der Regel vergänglich ist und vielleicht keine 15 Jahre lang ausgeschöpft werden kann, scheint nicht problematisch. Spätestens mit Anfang Vierzig wird deutlich, wie wenig nachhaltig es ist, sich auf die äußerliche Attraktivität zu konzentrieren. Hat man dies getan und verpasst, an der Entwicklung der Persönlichkeit zu arbeiten, kommt es zur Sinnkrise. Dann gelingt es nicht mehr, in Würde zu altern, frau wird vielmehr zu einer peinlichen Figur, die von Männern mit Desinteresse gestraft wird. Das kann sehr bitter sein, so bitter, dass alles versucht wird, um der eigenen Vergänglichkeit nicht ins Gesicht sehen zu müssen, trotz Botox und Schönheits-OP.

Die Abwehrhaltung der jüngeren Generation von Frauen gegen die realitätsfremde, männerfeindliche Paranoia des alten Radikalfeminismus mag verständlich sein, aber wenn Frauen heute auch bei Klassikern der Emanzipationsgeschichte nur selten einen Aufschrei tun, muss das zu denken geben. Es scheint so zu sein, dass eine Laissez-faire-Haltung überwiegt, weil sexistische Mythen derart omnipräsent sind, dass sie selbstverständlich zu sein scheinen und nicht mehr als solche wahrgenommen werden. Eine Bundeskanzlerin reicht dann als vordergründiger Beweis für die Emanzipation der Frau. Schließlich leben wir nicht in Saudi-Arabien. Dort wurde jüngst der Versuch unternommen, die »moralische Schönheitskönigin« zu küren, die anhand von psychologischer, sozialer und kultureller Untersuchungen gefunden werden sollte –, wenngleich man darüber rätseln darf, wie innere Schönheit gemessen werden soll. Ist innere Schönheit so plakativ, dass man sie ausstellen kann? Die Masse scheint das zu lieben, was sie greifen kann, was sie sehen kann, was quantifizierbar ist und vor allem: was vorzeigbar ist.

Seltsam ist es ja schon. Wenn in Paris im Sommer ein überdimensional großes Werbeplakat an fast jeder Metro-Station hängt, das eine unbekleidete Frau zeigt, die mit Mühe ihre Scham bedeckt und Millionen Augen von Fahrgästen keine Chance haben, diesem Blickfang auszuweichen, dann nimmt man das stillschweigend hin. Debattiert wird stattdessen über ein Burkaverbot, weil eine vollends bedeckte Frau eine zu große Zumutung darstellt. Zwar kann man tagelang in Paris unterwegs sein, ohne auf eine Burkaträgerin zu stoßen, aber es vergeht im Sommer praktisch keine Minute, in der man in der Pariser Innenstadt nicht dazu genötigt wird, weibliche Geschlechtsmerkmale mehr oder weniger unverhüllt zu betrachten. Dennoch ist die verhüllte Frau Objekt der empörten Debatten und nicht die entblößte.

Noch seltsamer ist, dass auf der einen Seite mit dem Selbstbestimmungsrecht der Frau argumentiert wird: Wenn sich 16-Jährige freiwillig unter den voyeuristischen Blicken einer ganzen Fernsehnation ausziehen und in einem Rosenbett räkeln wie bei »Germany´s next Topmodel«, »dann tun sie das ja freiwillig, es zwingt sie doch keiner«, heißt es ähnlich anmutend wie die Kampfparole »Mein Bauch gehört mir« der altvorderen Oberemanzipierten. Aber wenn Musliminnen ein Selbstbestimmungsrecht über ihren Kopf fordern, gilt das nur als Argument gegen die Verschleierung: Schließlich könnte durch die Erlaubnis, das Kopftuch in der Schule zu tragen, Druck ausgeübt werden auf diejenigen Musliminnen, die sich nicht verschleiern wollen. Und was ist mit dem permanent aufgebauten Druck auf alldiejenigen, die sich vielleicht unabhängig von Religion nicht entblößen mögen?

Mit großer Selbstverständlichkeit werden Frauenkörper entkleidet, Scham dagegen gilt als prüde, antiquiert und verklemmt. Mädchen lernen von klein auf, dass, wer sich verhüllt, von gestern ist. Die Kopftuchtragende, sich verhüllende Frau ist der Anti-Held schlechthin. Sie gilt als die personifizierte Rückständigkeit. Von morgen ist, wer möglichst viel Haut zeigt, wer sein erotisches Kapital einzusetzen weiß.

Es ist auch diese offensiv verbreitete Einstellung, die dazu führt, dass sexuelle Übergriffe von Männern gegenüber Minderjährigen in der Modelbranche in möglicherweise größerem Maße vorkommen, als gedacht, wie die prämierte Dokumentation »Picture me« zeigt – die Grenzen zwischen Arbeit, sexueller Belästigung und sexuellen Übergriffen sind fließend, sagt die Macherin des Films, Sara Ziff, ein erfahrenes Model. Jede zweite Frau ist Opfer von sexueller Belästigung am Arbeitsplatz. Laut einer Studie des Bundesfamilienministeriums gaben 58 Prozent der Frauen an, in den vergangenen 12 Monaten einmal belästigt worden zu sein. Auch eine Untersuchung der Internationalen Arbeitsorganisation ILO stellt fest, dass 40–50 Prozent der Frauen in der Europäischen Union von sexueller Belästigung betroffen sind. Frauen, die in technischen Berufen arbeiten, sind laut dem Athena-Factor-Report sogar zu 69 Prozent Opfer von sexueller Belästigung.

Das Bekanntwerden von sexuellen Übergriffen während der Aufstände in Ägypten war vielen ein Hinweis darauf, wie man in sogenannten islamischen Ländern systematisch versuche, muslimische Frauen aus der Öffentlichkeit zu drängen, indem man sie belästigt. Dieses Phänomen ist jedoch nicht auf eine bestimmte Kultur beschränkt. Wenn Cornelia Fine in ihrem Buch »Die Geschlechterlüge« ausführlich beschreibt, wie Frauen beruflich systematisch ausgegrenzt werden, indem wichtige Kundengespräche in Striplokalen oder Lap-Dance Clubs stattfinden, offenbart sich darin ebenfalls der Versuch, Frauen fernzuhalten, indem man männliche Domänen schafft, in denen Frauen durch Sexualisierung degradiert werden. Die Politologin Sheila Jeffreys vermutet sogar, dass »womöglich bis zu 80 Prozent der Männer aus der Finanzbranche in London für Geschäftsverhandlungen Stripteaselokale aufsuchen«[23] und folgert, dass gerade diese Form der Kundenpflege die Karriere von Geschäftsfrauen behindert.

Sexuelle Belästigung von Frauen ist in allen Ländern und Kulturen der Welt ein Problem. Aber Schlagzeilen machen besonders grausame Fälle, wie die Massenvergewaltigung in Indien 2013, die Demonstrationen im ganzen Lande auslöste und weltweit für Entrüstung sorgte. Bei der internationalen Berichterstattung spielte die hinduistische Religion meist nicht die entscheidende Rolle, wenn es darum ging, die Ursachen für die frauenverachtenden Traditionen und Praktiken auszumachen. Im Kontext islamisch geprägter Kulturen wird die Unterdrückung der Frau jedoch oft als religiöses Problem definiert. Wenn muslimische Männer Frauen in sogenannten islamischen Ländern belästigen, offenbart das, wie wenig der Islam dort aus Überzeugung praktiziert wird und wie wenig von seinem Geist verinnerlicht wurde.

Ge- und Verbote können die Geisteshaltung eines Menschen nur begrenzt beeinflussen, auch wenn sie eine wichtige Richtlinie darstellen, die beachtet werden muss. Hat der Mensch eine innere Haltung angenommen und sich aus freien Stücken für diese entschieden, können äußere Rahmenbedingungen einen bestärkenden Effekt haben. Insofern kann eine von erotischen Reizen freie, öffentliche Kultur, in der visuelle Reize ihren Platz in der häuslichen Privatsphäre haben, für viele Menschen befreiend sein. Der Mensch reagiert in der Regel auf visuelle Reize. Beim Anblick einer Werbewand mit leicht bekleideten Frauen lässt das den Hormonspiegel in der Regel nicht unbeeinflusst. Doch scheint nicht jedem gleichermaßen zu gelingen, die Reaktionen zu kontrollieren, auch wenn dies selbstverständlich sein sollte.

Die kontinuierliche Enttabuisierung der Sexualität, ihre Dauerpräsenz in der Öffentlichkeit, in der Werbung und in den Medien hat natürlich einen Einfluss auf das Liebesleben der Menschen – ihnen vergeht regelrecht die Lust. Sexualwissenschaftler wie Peter Fiedler gehen soweit, Tabus zu fordern, weil sie eine »notwendige Voraussetzung für eine Kultur der Lüste« seien. Das natürliche

Bedürfnis, nackte Haut zu bedecken, gilt als prüde, verklemmt, hoffnungslos anachronistisch – und das im günstigsten Falle. In der Regel folgt der Vorwurf, nicht integrationswillig zu sein, fanatisch und unterdrückt obendrein. Freiheit bedeutet aber auch, frei zu sein vom Blick der anderen. Frei zu sein, sich anhand von Äußerlichkeiten zu messen und bewerten zu lassen. Nacktheit kann auch ein Zeichen von Unterdrückung sein, von billiger Käuflichkeit, die davon zeugt, wie wenig man ein Gefühl für seine eigene Würde besitzt. Weibliche Nacktheit versklavt sich mitunter dem männlichen Blick. Wer das Recht auf Nacktheit verteidigt, der darf dem Recht auf Verhüllung nicht abschwören. So manche scheinbare Göttin ist nichts anderes als eine Sklavin und umgekehrt.

Frau als Geschlecht

»Das christliche Kreuz und die Buddha-Figur steht für mich für was ganz anderes. Wir können nicht das Kopftuch mit der Buddha-Figur oder mit dem Kreuz in einen Topf werfen. Das Kreuz betrifft Sie körperlich nicht persönlich als Mann oder als Frau, das Kopftuch weist Sie aber aus als ein Geschlecht, nämlich als Frau, das sich verhüllen soll«[24], erklärt Seyran Ates in einem Interview. Es gibt zwei Punkte, die diese Aussage angreifbar machen. Zum einen wird zum Ausdruck gebracht, dass das Kopftuch Frauen auf ihr Geschlecht reduziere. Zum anderen wird vermutet, die Frau solle sich verhüllen, damit der Mann nicht von »sexuellen Lüsten« übermannt über sie herfalle, wie es häufig auch explizit in der Islamkritik formuliert wird. Beide Argumente reduzieren die umfassende Philosophie hinter der Verschleierung zu einer absurden Groteske. Der Islam wird dabei als Religion skizziert, die ein Menschenbild pflege, demzufolge der Mann ein lüsterner Primitiver sei, der seine Triebe nicht kontrollieren könne. Es gehört seit jeher zur anti-islamischen Propaganda, den Muslim als rückständigen und irrationalen Barbaren darzustellen, um sich selbst seiner Aufgeklärtheit und Zivilisiert zu versichern. Schon der bereits erwähnte Kolonialherr Lord Cromer sprach von der »Minderwertigkeit des moslemischen Mannes« und erklärte im Gegenzug das Christentum zur frauenfreundlichen Religion, die den Respekt vor Frauen lehre, was der Islam offensichtlich nicht tue.

Die Islamkritikerin Seyran Ates schlägt nun wieder in dieselbe Kerbe, wenn sie das Kreuz für unproblematisch hält, im Kopftuch aber ein reaktionäres Symbol sieht. Zu meinen, der Islam selbst pflege ein derartiges Männer- oder Menschenbild, offenbart eine grundlegende Unkenntnis über diese Weltreligion. Ich werde darauf im Folgenden noch eingehen. Bleiben wir zunächst noch kurz bei dem oben bereits skizzierten Kritikpunkt, das Kopftuch reduziere die Frau auf ihr Geschlecht, weil es nur von Frauen getragen werde. Das ist ein Argument, das sehr häufig angeführt wird. Ich habe bereits nachgezeichnet, wie widersprüchlich und moralisch fragwürdig eine solche Argumentation ist, wenn zugleich ganze Generationen von Frauen durch die Massenkultur und eine längst nicht mehr nur subtile Sozialisation unter Einsatz von pinkifiziertem Spielzeug, von Mode und Konventionen, auf ihre Geschlechtszugehörigkeit als relevantes Merkmal hingewiesen wird. Während einer Podiumsdiskussion im Rahmen eines interreligiösen Trialogs zur Rolle der Frau in den Religionen wurde ich gleich von drei Teilnehmerinnen mit einer so gearteten Kritik am Kopftuch konfrontiert. Alle drei Teilnehmerinnen trugen zufällig einen in femininen Farben und Mustern gehaltenen Schal um den Hals. Eine trug Pumps, zwei hatten Ohrringe an, eine trug einen Rock und hatte Lippenstift aufgetragen. Natürlich können auch Männer Pumps, Ohrringe, Lippenstift und pinkfarbene Schals mit Blümchenmuster oder Röcke tragen. Genauso wie auch Männer ein Kopftuch tragen und ihre Körper bedecken können. Es gibt islamisch geprägte Kulturen, in denen das Kopftuch oder eine Kopfbedeckung für Männer zur traditionellen Kleidung gehört, auch wenn das Kopftuch dann manchmal etwas anders gebunden wird. Der Punkt ist, dass dies sehr viel seltener vorkommt – wenn überhaupt –, ebenso wie man größere Schwierigkeiten haben wird, einem High Heels tragenden Mann jenseits des Christopher Street Days zu begegnen. Als ich die drei Kopftuchkritikerinnen darauf aufmerksam machte, war eine vermutlich Alt-68erin (die mir allein aus biografischen Gründen eigentlich sehr sympathisch sein könnte) sichtlich empört, dass ich diese meist von Frauen getragenen Accessoires als »typisch weiblich«

bezeichnet hatte. Was denn bitteschön typisch weiblich sei, wollte sie wissen. Ich machte mich also dem Bedienen von Stereotypen schuldig –, dabei trugen diese Frauen selbst Kleidungsstücke, die vermutlich weltweit, zumindest aber in der westlichen Kultur, als feminin identifiziert werden. Ist das Ziel die komplett geschlechtslose Androgynität? Ist der keinem Geschlecht zuteilbare Mensch das neue Vorbild? Müssen Männer und Frauen gleich aussehen, damit wir von einer gendergerechten Gesellschaft sprechen können? Wenn das Ziel darin besteht, dass jeder die Möglichkeit der Wahl hat, dann ist dies theoretisch bereits der Fall, in der Praxis jedoch regulieren Geschlechterstereotype die Auswahl unserer Kleidungsstücke. Darf eine Frau, die sich den Normen entsprechend kleidet und sich damit fügt, dann noch monieren, dass sie als »typisch weiblich« klassifiziert wird?

Im Zuge des Kampfes um Geschlechtergerechtigkeit wird manchmal über das Ziel hinausgeschossen, so scheint mir. Der ZEIT-Journalist Jens Jessen fragt ebenfalls nach der »modischen Spätfolge der Gender-Diskussion, die in der Festlegung auf männlich oder weiblich schon einen gesellschaftlichen Gewaltakt sieht«[25], und der Kolumnist Harald Martenstein macht sich in einer Titelgeschichte des ZEIT-Magazins[26] in aller Genüsslichkeit lustig über die Absurditäten einer über die Strenge schlagenden Genderforschung.

Dass Männer und Frauen nun einmal abgesehen von Konventionen und sozialen Konstrukten allein schon aufgrund ihrer biologischen Unterschiede ein wenig anders aussehen, kann wohl kaum geleugnet werden. Ich sehe auch keinen nennenswerten Vorteil darin, wenn Frauen und Männer physisch gleich aussehen. Erotik lebt bekanntlich in der Regel von der Anziehung durch Merkmale, die geschlechtsspezifisch sind. Auch im Islam hat diese Anziehung ihren Platz und ist gewünscht, wenn auch im Rahmen einer Ehe. Wenn der heutige Mensch der Androgyne, geschlechtlich nicht spezifizierbare sein soll und sich darin die Gleichheit der Geschlechter ausdrücken soll, ist dies ein grotesker Ansatz in einer individualistischen Gesellschaft, in der so viel Wert darauf gelegt wird, individuell, besonders und einzigartig zu sein. Die Idee dahinter mag sein, dass das Geschlecht keine relevante Kategorie mehr ist und absolute Wahlfreiheit möglich wird. Dies scheint aufgrund biologischer Unterschiede allein schon unrealistisch, zumindest sind wir davon noch sehr weit entfernt. Die Frage ist auch, ob es nicht möglich ist, Geschlechtergerechtigkeit zu erzielen, ohne die geschlechtliche Identität abzuschaffen. Denn erst das wäre ein wirklicher Fortschritt. Den anderen in seiner Andersartigkeit zu akzeptieren, Vielfalt anzuerkennen, ohne alle gleichschalten zu wollen, darum sollte es gehen. Wenn alle weiß sind, kann man nicht davon sprechen, rassistisch motivierte Diskriminierung überwunden zu haben.

Fragwürdig ist zudem wiederum die Doppelmoral in der Herangehensweise vieler Islamkritiker. Während nämlich die äußerliche Gleichheit der Geschlechter als erwünscht deklariert wird und das Kopftuch als eine Gefährdung dieses Ideals diagnostiziert wird, stößt man sich gleichzeitig an dem angeblich gleichförmigen Erscheinungsbild der Kopftuchträgerinnen. Große Entrüstung regelmäßig auf Veranstaltungen zum Thema Islam, weil die kopftuchtragenden Frauen alle so »gleich« aussehen würden. Das Kopftuch lasse die Frauen uniformiert wirken, wird beklagt. Dass es völlig unterschiedliche Arten gibt, wie muslimische Frauen sich verhüllen, unterschiedliche Bindungstechniken, verschiede Stoffe und Farben, das wird nicht wahrgenommen. »Die sehen irgendwie alle gleich aus«, ist im schlimmsten Fall Indiz für eine rassistisch gefärbte Wahrnehmung oder zeugt von einer Überforderung angesichts der Konfrontation mit dem Fremden.

Dagegen wird nicht problematisiert, wenn uns Frauen, die uns von einem Werbeplakat oder einem Zeitschriftencover aus anlächeln, bekannt vorkommen und alles andere als Individualität ausstrahlen, weil sie durch das digitale Retuschieren der Haut, der Körpermaße und Gesichtszüge alle mehr oder weniger gleich aussehen. Die durch die moderne Fotografie verbreitete aggressive Standardisierung von Schönheit hat in der Tat zu einer Entindividualisierung geführt, die eine Uniformierung und Normierung des äußeren Erscheinungsbildes zur Folge hat. Diese Form der gravierenden Gleichschaltung scheint nicht zu stören, aber die Ästhetik des Kopftuch stört massiv, denn »die sehen alle so gleich aus« gehört zum Standardrepertoire der Stammtischrhetorik gegen das Kopftuch.

Das Menschenbild im Islam

Der eingangs angerissene, gewichtigere Kritikpunkt lautet jedoch, das Kopftuch offenbare ein Männerbild, demzufolge der Mann sich nicht kontrollieren könne, weswegen Frauen sich verhüllen müssten. Die Islamkritikerin Necla Kelek erklärt immer wieder, der Islam gehe von einer schwer zu bändigen Triebhaftigkeit des Mannes aus, der »nach islamischer Auffassung nicht in der Lage ist, seinen Trieb durch Vernunft zu steuern«, weswegen die Frau sich verhüllen müsse. Völlig diskreditiert hat sich die von der SÜDDEUTSCHEN ZEITUNG als »Hasspredigerin« bezeichnete Kelek mit einer Aussage während eines skandalträchtigen ZDF-Interviews, in dem sie behauptete, das islamische Menschenbild gehe davon aus, der muslimische Mann könne seine Triebe nicht beherrschen und müsse sich ständig entleeren, notfalls bei einem Tier.[27] Diese steile These ignoriert Grundprinzipien des Islam.

Die gesamte Lehre des Islam zielt darauf ab, den Menschen zu vervollkommnen, ihn von einem primitiven Zustand in einen moralischen zu erheben und ihn von einem moralischen Zustand in einen geistig-spirituellen zu führen. Alle Gebote und Weisheiten, die im Koran erwähnt sind, haben das Ziel, den Menschen zu wahrer Gotteserkenntnis zu verhelfen, indem er sein Ego überwindet, die Attribute Gottes in sich verwirklicht und eine lebendige Beziehung zu Gott führt. Öffnet sich der Mensch für Gott und befreit sich von egoistischen Motiven, wirkt der Wille Gottes durch ihn. Dann manifestiert sich die Liebe und Barmherzigkeit des Schöpfers im Menschen und er wird zu einem Gottergebenen (arabisch: *Muslim*) und in der Konsequenz zu einem Diener der Schöpfung Gottes. Im Koran werden die Propheten Abraham, Lot und Noah als Muslime bezeichnet, ebenso die Gefolgschaft des Propheten Jesu (vgl. 3:68 sowie 51:37; 10:73; 5:112), weil alle von Gott gesandten Propheten »Gottergebene« waren, die im Kern dieselbe Botschaft brachten. Sie wollten den Menschen zur Liebe und Barmherzigkeit Gottes einladen und Frieden verbreiten.

Auf dem Weg zur Vervollkommnung des Menschen beschreibt der Koran drei Zustände des Menschen, die seine stufenweise Entwicklung skizzieren.[28] Im natürlichen Zustand des unbeherrschten Triebes (*nafs-e-ammara*) neigt der Mensch dazu, anfällig für eigennütziges, ich-zentriertes Verhalten zu sein. Es heißt im Koran: »der natürliche Trieb (*nafs-e-ammara*) gebietet (dem Menschen) oft Böses«. (12:54) In diesem primitiven Zustand der Zügellosigkeit folgt der Mensch seinen natürlichen Trieben wie Essen, Trinken, Schlafen, Zorn, Reizbarkeit oder Sexualität unbeherrscht. Gelingt es ihm, die natürlichen Triebe durch seinen Verstand und Gotteserkenntnis zu leiten, erreicht er einen Zustand der Moral, der im Koran als *nafs-e-lawwama,* das sich selbst anklagende Selbst (oder Gewissen) bezeichnet wird (75:3). In diesem Zustand ist er seinen sinnlichen Trieben nicht ausgeliefert und bereut Fehler und moralische Vergehen. Er bemüht sich stetig um Besserung und kämpft gegen niedere Versuchungen an, doch gelingt es ihm noch nicht, seine Leidenschaften völlig zu beherrschen. Erst die beruhigte Seele (*nafs-e-mutmainna*) hat einen Zustand des Friedens in Gott erlangt, die durch vollkommene Gotteserkenntnis die Kraft entfaltet, hohe moralische Eigenschaften in sich zu entwickeln (vgl. Koran, 89:28–31). Auf dem Weg zu diesem Zustand kämpft der Mensch den großen *Jehad* (arabisch: Anstrengung), d. h. er strebt danach, sich von Üblem zu lösen und kämpft einen inneren, spirituellen Kampf gegen schlechte Charaktereigenschaften wie Hochmut, Zorn, Wut, Neid, Missgunst und Egoismus. Der Prophet Muhammad bezeichnete diesen inneren Kampf als den großen und eigentlichen *Jehad* (Hadith: Al-Bayhaqi).

Der Mensch ist von Gott edel erschaffen worden und hat die Verantwortung und Freiheit erhalten, sich für das Böse oder Gute zu entscheiden. Diese Freiheit ist die Voraussetzung für eine wirkliche Überzeugung, ohne die er keine wirkliche spirituelle Entwicklung gehen kann.[29] Wenn der Koran den Menschen als *ʿabd* (arabisch: Diener Gottes) bezeichnet, bedeutet dies nicht, dass der Mensch keinen freien Willen hat, sondern dass er sich selbst erst vervollkommnen kann, indem er zu einem Medium des göttlichen Willens und frei davon wird, bloß Spielball seiner Triebe und egoistischen Wünsche zu sein. Das Wort Islam bedeutet »Frieden finden durch die Unterwerfung in den Willen Gottes«. Der Mensch erreicht demgemäß vollkommenen Frieden erst dadurch, dass er Gott erkennt und annimmt und all sein Handeln auf Gott hin ausrichtet. Der Messias und Reformer des Islam Hazrat Mirza Ghulam Ahmad[30] definierte Islam daher folgendermaßen: »Was ist Islam? Es ist das brennende Feuer, das all unsere niederen Wünsche verzehrt. Der Tag des Sterbens unserer körperlichen Begierden ist der Tag der Manifestation Gottes.« Der einzige Weg, seine sinnlichen Begierden vollends beherrschen zu können und dadurch wirklich frei zu werden ist laut Ahmad ein reales Wissen über Gott: »Es besteht ein großer Unterschied zwischen einem Glauben an Gott und einem Wissen von Gott. Ich denke nicht, dass einem, der lediglich an Gott glaubt, die Kraft gewährt wird, Sünden zu überwinden. Solche Kraft wird dem gewährt, der ein gründliches Wissen von Gott hat und der beides gekostet hat, Gottesfurcht und Gottesliebe. Der an Gott Glaubende gibt einfach zu, dass ein Gott existiert, aber einer, der ein gründliches Wissen von Gott hat, sieht in Wirklichkeit, was der andere einfach aufgrund von Wahrscheinlichkeit nicht zurückweist.«[31] Es gibt also auch hier wieder einen wesentlichen Unterschied: zwischen der Zugehörigkeit zu einem Glauben und realer Gotteserfahrung, zwischen Glauben und Wissen. Während der Glaube allein noch anfällig sein lässt für unmoralisches Verhalten oder Ungerechtigkeit, lässt sich ein Mensch, der weiß, dass Gott existiert, dazu immer weniger hinreißen. Jemand, der weiß, dass er schädliches Gift in den Händen hält und sich über die Konsequenzen bewusst ist, wird es kaum zu sich nehmen.

Das Menschenbild des Islam geht davon aus, dass es das Ziel der menschlichen Existenz ist, frei davon zu werden, ein Spielball niederer Triebe zu sein, was nur durch wahre Gotteserkenntnis gelingt. Ahmad erklärt: »Mithin ist klar, dass der Mensch seine höchste Vollkommenheit darin erlangt, dass er eins wird mit Gott.«

Der Koran unterscheidet ferner zwischen formaler Glaubenszugehörigkeit und Erkenntnis: »Die Wüstenaraber sprechen: ›Wir glauben. Sprich: Ihr glaubet nicht; saget vielmehr: Wir haben den Islam angenommen, denn der Glaube ist noch nicht eingezogen in eure Herzen.‹« (49:15)

Vor diesem Hintergrund ist auch einzuordnen, dass Menschen unterschiedliche Entwicklungsstufen bezüglich ihrer Spiritualität und eines gelebten Glaubens einnehmen. Es erscheint daher unangebracht, die Religion des Islam verantwortlich zu machen für das Handeln von Muslimen, die der Lehre des Islam entgegengesetzt agieren. Wobei es natürlich auch unterschiedliche Lesarten des Korans gibt und unterschiedliche Lehrmeinungen sowie Gruppierungen innerhalb des Islam. Es gibt zum einen also eine offensichtliche Diskrepanz zwischen dem Verhalten von Muslimen und der Lehre des Islam. Nehmen wir etwa die Prostitution: Wenn diese auch in islamisch geprägten Ländern vorkommt, dann dürfte deutlich sein, dass sie ebenso wenig vom Islam gedeckt ist, wie die bereits legalisierte Prostitution in Deutschland durch das Christentum begründet werden kann. Das andere Problem ist die Interpretation islamischer Quellen. So gibt es beispielsweise unter der schiitischen Minderheit aufgrund einer mir nicht plausiblen Interpretation des Verses 4:25 die Lehrmeinung, dass eine Zeitehe (sogenannte Mut´a) erlaubt sei, bei der die Ehe auf eine bestimmte Zeit begrenzt ist. Der Zeitraum, für den die Ehe geschlossen wird, kann eine halbe Stunde oder viele Jahre betragen. Damit hat man ein Mittel geschaffen, die Prostitution zu legalisieren und widerspricht damit grundsätzlich dem Geist der islamischen Lehre, wie andere Muslime sie verstehen. Es ist neben ambivalenten Interpretationsmöglichkeiten jedoch auch der Versuch von Menschen, die fleischlichen Begierden und Leidenschaften verhaftet sind, sich die Religion ihren eigenen Interessen entgegenkommend zurechtzuschustern. Es fehlt dann die Erkenntnis darüber, dass die Abhängigkeit von triebhaften Leidenschaften in eine geistige Sklaverei führen kann. Während diese Form der Abhängigkeit im Westen bisweilen unter dem Etikett Freiheit läuft und damit vom repressiven und entwürdigen Charakter menschlicher Leidenschaften ablenkt, versuchen Muslime ihr Gewissen zu beruhigen, indem sie eine religiöse Legitimation konstruieren.

Das Paradies der Necla Kelek

Besonders plastisch wird dies an der völlig irrigen, aber dennoch verbreiteten Meinung, den gläubigen Muslim erwarte nach einem Leben der Entbehrungen im Diesseits ein Paradies der fleischlichen Wonnen. Hazrat Mirza Ghulam Ahmad stellt fest: Wer das Paradies »als einen Ort ansieht, wo die irdischen Dinge in Menge zu bekommen wären, der hat kein einziges Wort des Heiligen Qur-ans verstanden.«[32] Der Koran selbst betont immer wieder, dass es sich bei den Paradiesvorstellungen um »Gleichnisse« und Bilder handelt (vgl. 47:16).

Es ist offensichtlich, dass die Vorstellung des Paradieses als ein Ort, in dem 72 Jungfrauen und Bäche von Milch und Honig auf den Gläubigen warten, in höchstem Maße infantil ist und bar jeglichen Wissens über die spirituelle Lehre des Islam. Sie zeugt von einer buchstabengläubigen Lesart des Korans in der Logik fundamentalistischer Fanatiker, die nichts vom Islam begriffen haben. Wenn Islamkritiker diese perverse Interpretation angreifen würden, wäre das legitim. Sie verurteilen jedoch den Islam als Religion und suggerieren damit, eine bestimmte Lesart sei gleichzusetzen mit der Lehre des Islam selbst. Das macht die Kritiker so gefährlich, denn sie reichen damit Fanatikern die Hand. In dem eingangs erwähnten ZDF-Interview echauffiert sich Kelek über die Vorstellung, der Koran sehe das Paradies nur für Männer vor, Frauen werde nur ein »Schattenplatz« gewährt. Damit hegt Kelek dasselbe primitive Islamverständnis, wie die von ihr kritisierten Islamisten.

Der Islam geht davon aus, dass die Seele kein Geschlecht hat, ebenso wie Gott kein Geschlecht hat und gleichzeitig betont der Koran immer wieder explizit, dass Männer und Frauen gleichermaßen von Gott belohnt werden: »Allah hat den gläubigen Männern und den gläubigen Frauen Gärten verheißen, die von Strömen durchflossen werden, immerdar darin zu weilen, und herrliche Wohnstätten in den Gärten der Ewigkeit. Allahs Wohlgefallen aber ist das größte. Das ist die höchste Glückseligkeit.« (72:9) oder »Wer aber gute Werke tut, sei es Mann oder Frau, und gläubig ist: sie sollen in den Himmel gelangen, und sie sollen auch nicht so viel Unrecht erleiden wie die kleine Rille auf der Rückseite eines Dattelkernes.« (4:125)[33] Wenn Kelek in dem Interview darauf hingewiesen wird und dennoch behauptet, es gebe diese Koranstellen nicht, entlarvt sie sich tatsächlich als eine »Meisterin der unbelegten Behauptung, der sinnentstellenden Paraphrase und des aus dem Kontext gerissenen Zitats«[34], wie die Journalistin Hilal Sezgin es formuliert.

Der Koran geht davon aus, dass es der *fitra*, also der natürlichen Veranlagung des Menschen (unabhängig vom Geschlecht) entspricht, seine Vervollkommnung anzustreben und nach Gott zu suchen.[35] Findet der Mensch Gott, dann spricht der Koran davon, dass er als beruhigte und befriedigte Seele »zurückkehrt« zu seinem Schöpfer, was ihm bereits im Diesseits gelingen kann. (89:28f.) Der Zustand des Menschen nach dem Tod hängt davon ab, wie weit der Mensch in seinem Streben vorangekommen ist und ob er in der Lage war, die vielfältigen Opfer und Liebesbeweise zu erbringen, die ihn in seiner Erkenntnis über Gott voranschreiten lassen. Entsprechend ist »der Zustand des Menschen nach dem Tod nicht ein völlig neuer; er ist vielmehr eine vollkommene Wahrnehmung und ein volles und klares Abbild der Zustände im irdischen Leben.«[36] Der innere Zustand des Menschen wird offenkundig und die geistigen Zustände werden sichtbar. Die im Koran gebrauchten »Gleichnisse« (vgl. 39:28; 47:16; 18:55; 17:90) zur metaphorischen Beschreibung des Jenseits dienen der Veranschaulichung des menschlichen Lebens im Diesseits. Der Zustand im Jenseits, der als »Paradies« oder »Hölle« erfahren wird, spiegelt das Abbild menschlicher Taten wider und verkörpert die Entwicklungsstufe des Menschen in seinem Streben nach Gott. Die Hölle ist somit das schmerzliche Erfahren der eigenen Unreife und das Nachholen von moralischer und spiritueller Entwicklung; sie ist nicht ewig. Der Theologe Mouhanad Khorchide, Leiter des Zentrums für Islamische Theologie an der Universität Münster, ist unter anderem mit dieser Vorstellung in derart heftige Kritik von Salafisten und Islamverbänden geraten, dass Bundespräsident Joachim Gauck ihm bei einem Besuch in Münster den Rücken stärkte. Auch Khorchide vertritt die Ansicht, dass das Jenseits »ein Ort der Transformation sei« und auch für Nicht-Muslime nicht ewig sei. Diese Lesart stellt in der islamischen Theologie allerdings kein Novum dar. Mein Vater, Hadayatullah Hübsch, veröffentlichte bereits 2003 ein Buch über Jenseitsvorstellungen im Islam[37], in dem er derartige Interpretationen, die in der Geschichte des Islam von verschiedenen Gelehrten diskutiert wurden, ausführlich nachzeichnet. Dass nun zehn Jahre später eine solche Lesart als neue islamische Theologie gefeiert und gleichzeitig innerislamisch kritisiert wird, zeigt, wie wenig Kenntnis auch Muslime über den Islam besitzen. Deutlich wird aber auch, dass eine solche Lesart derzeit im Mainstream-Islam nicht genügend Aufmerksamkeit erfährt.

Seine höchste Vollkommenheit erlangt der Mensch, indem er Eins wird mit Gott, ihn erkennt und sein Wohlgefallen erlangt: »O die ihr glaubt, fürchtet Allah und suchet den Weg der Vereinigung mit Ihm und strebet auf Seinem Weg, auf dass ihr Erfolg habt.« (5:36, vgl. 51:57) Diese Form der Vervollkommnung gilt für Mann und Frau gleichermaßen. Es zeugt von einem verkürzten Koranverständnis, wenn behauptet wird, die im Koran verwendeten Bilder für die Schönheiten des Paradieses seien allein auf Männer gemünzt; es ist im Koran sogar explizit auch von Jünglingen und nicht nur von Jungfrauen die Rede, die auf die Gläubigen im Paradies warten (52:25; 56:18; 76:20).

Prominent gewordene Islamkritiker wie Kelek gehen mit ihren undifferenzierten Pauschalisierungen und Vorverurteilungen des Islam einen unheilvollen Teufelspakt mit Islamisten ein. Beide sind sich in ihrer Vorstellung darüber, was der Islam lehre, relativ einig. Sie hat nur wenig mit der Theologie des Islam zu tun, wovon sich ein vernunftbegabter Mensch nach dem Studium islamischer Quellen und nach eingehender Beschäftigung mit islamischen Gelehrten jenseits des orthodoxen Mullahtums überzeugen kann. Es ist richtig, dass im derzeitigen Mainstream-Islam skurrile, unvernünftige Deutungen koranischer Verse weit verbreitet sind. Dagegen ankämpfen können wir jedoch nicht, indem wir den Islam per se zum Problem erklären, sondern mit Wissen über die religiösen Quellen zu einem Gebrauch der Vernunft mahnen.

Nehmen wir etwa das Fasten im für die Muslime heiligen Monat Ramadan, das zu den fünf Säulen des Islam gehört und eine wichtige Grundlage des islamischen Glaubens ist. Das Fasten lehrt den Menschen, Hunger auszuhalten, Kontrolle über seinen Körper zu gewinnen, es lehrt ihn Geduld und Solidarität mit den Armen und Hungrigen. Es hat vor allem zum Ziel, die Seele zu schulen, deren Triebe zu disziplinieren, um frei zu werden für Transzendenzerfahrungen. Das Defizit an körperlicher Nahrung soll kompensiert werden durch spirituelle Nahrung. Der Gläubige widmet sich in diesem Monat ganz besonders dem Gebet, dem Studium des Korans, der Mediation und ist angehalten, großzügig zu spenden. Es gilt sich zu schulen für Genüsse jenseits des Körpers. Der Ramadan ist also eine Art Simulation des Jenseits, eine Vorbereitung auf einen Zustand, in dem Genuss nicht mehr über Materie erfahren werden kann. Die gesamte Lehre des Islam bereitet den Menschen darauf vor, jenseits von kurzfristigen körperlichen Genüssen wahre Zufriedenheit durch eine Beziehung zu Gott zu erfahren. Der Koran warnt an unzähligen Stellen vor dem Zustand, den die menschliche Seele erfährt, wenn sie stirbt, aber nicht vorbereitet ist auf ein spirituelles Dasein – es ist dieser Zustand einer unreifen Seele, der als Hölle bezeichnet wird. Der Fastende dagegen schult seine Seele, indem er sie empfänglich macht für eine spirituelle Entwicklung, die nicht erst im Jenseits möglich ist. Der Islam ist keine Religion, die den Menschen auf ein »imaginäres Jenseits« vertröstet, wie Karl Marx es in seiner Religionskritik formuliert. Es gilt bereits im Hier und Jetzt Erfahrungen mit Gott zu machen: »Allahs Wohlgefallen aber ist das größte. Das ist die höchste Glückseligkeit.« (9:72)

Der Fastende ist demzufolge angehalten, grundlegende körperliche Triebe wie den Hunger- und Sexualtrieb zu kontrollieren, um spirituelle Genüsse im Diesseits zu erfahren und sich auf den Zustand der Seele im Leben nach dem Tod vorzubereiten. Jenseits von körperlichen Genüssen gilt es dann, Lust und Zufriedenheit durch innere Seelenarbeit wahrnehmen zu können. Muslimische Fanatiker und Islamkritiker verstehen offensichtlich diese Zusammenhänge nicht. Dass die gesamte koranische Lehre darauf ausgerichtet ist, den Menschen jenseits primitiver Affekthandlungen zu durchdachtem, selbstbestimmtem und moralischem Handeln zu erziehen, kann nicht darin münden, dass ein so geschulter Gläubiger dann im Jenseits seinen fleischlichen Begierden exzessiv frönen darf, während ihm im Diesseits Reglementierungen vorgegeben waren. Diese primitive Vorstellung der islamischen Lehre sieht im Verzicht nichts als einen quälenden Prozess ohne Lerneffekt. Entscheidend für eine moralische Handlung ist, wie Ahmad erklärt, dass sie bewusst begangen wird und nicht bloß einer natürlichen Neigung oder Veranlagung entspricht. Ist ein Mensch von Natur aus geduldig, kann man ihn nicht dafür rühmen, ein besonders moralischer Mensch zu sein. Ein Mensch mit einer jähzornigen Veranlagung, der zu Wutausbrüchen neigt, dann aber lernt, seinen Zorn zu zügeln und geduldig zu sein, hat eine Entwicklung vollzogen, die ihn zu mehr Freiheit und Selbstbestimmung führt.

Moral bedeutet, die richtige Handlung zum passenden Zeitpunkt bewusst zu vollziehen, auch wenn es der eigenen innere Veranlagung oder dem natürlichen Trieb nicht entspricht. Ein natürlicher Zustand verwandelt sich in einen moralischen, wenn natürlich vorhandene Neigungen bewusst und durchdacht eingesetzt werden. Erst die Möglichkeit, sich auch anders zu entscheiden, macht eine moralische Handlung aus. Für unseren hier diskutierten Fall der Sexualität bedeutet dies etwa, dass die im Koran von Männern und Frauen geforderte moralische Eigenschaft der Treue und Keuschheit nur derjenige erlangen kann, der diese praktiziert, dabei aber im vollen Besitz der Triebe, Neigungen und Möglichkeiten wäre, anders zu handeln.[38] Es ist der Kampf gegen innere Leidenschaften, der eine moralische Eigenschaft auszeichnet.

Zu solch einem philosophischen Grundgerüst passt ein Menschenbild nicht, das den Mann als triebgesteuert diskriminiert. Es gibt keine Rechtfertigung für die Belästigung der Frau, die mit der »Natur des Mannes« argumentieren kann. Ebenso wenig wie sich ein Pädophiler mit seiner »Veranlagung« für einen Missbrauch von Kindern rechtfertigen kann. Die gesamte islamische Philosophie ist darauf angelegt, die menschliche Natur zu vervollkommnen, indem Triebe und Leidenschaften kanalisiert werden. Sie werden nicht abgelehnt oder unterdrückt, es geht vielmehr darum, ihnen nicht ausgeliefert zu sein, sondern sie kontrolliert und selbstbestimmt einzusetzen. Während also das Zölibat abgelehnt wird – »Das Mönchstum jedoch, das sie sich erfanden – das schrieben Wir ihnen nicht vor« (57:28) –, heißt es im Koran, dass die Gläubigen ihre Sinnlichkeit im Zaum halten sollen, außer in der Ehe, »denn dann sind sie nicht zu tadeln« (70:30). Sexualität in der Ehe ist im Islam positiv konnotiert und in Überlieferungen des Propheten ist tradiert, dass er dazu anmahnte, auf die Erfüllung weiblicher Bedürfnisse besondere Rücksicht zu nehmen.[39]

Es gilt jedoch, eine wilde Natur zu zügeln. Ähnlich wie ein wildgewachsener Dschungel durch »zivilisierende Maßnahmen« zu einem schönen Garten werden kann, der Erholung und Frieden ausstrahlt, gilt es, die triebhafte Natur des Menschen zu zivilisieren. Unter anderem deswegen verwendet der Koran für die Beschreibung des Paradieses so häufig die Gartenmetapher. Aus einer ungezähmten Wildnis entsteht aber nicht einfach ein einladender Garten, ohne dass man etwas dafür tun müsste. Der Koran formuliert in Bezug auf die Sexualität Rahmenbedingungen.

Er geht davon aus, dass Menschen sich auf unterschiedlichen Entwicklungsstufen befinden. Hätten wir lauter Menschen um uns herum, die der islamischen Philosophie zufolge eine hohe moralische Stufe erreicht haben, wären einige Maßnahmen sicherlich überflüssig. Auch wenn Islamkritiker suggerieren, die westliche Kultur sei mit Hinblick auf die Errungenschaften der Aufklärung die überlegenere, muss doch der Tatsache ins Auge gesehen werden, dass eine Reihe von Entwicklungen die Fundamente aufklärerischen Denkens torpedieren. Werte wie die Freiheit des Individuums sowie ein ausgeprägtes Moral- und Unrechtsbewusstsein werden mit Füßen getreten, etwa wenn Zwangsprostitution als selbstverständlich gewordenes, akzeptiertes Massenphänomen hingenommen wird. Es dominiert eine Massenkultur, die den Einzelnen nicht unbedingt als vernunftbegabtes Wesen begreift, sondern auf primitivste Weise an archaische Triebe anknüpft. Die von Islamkritikern vorgenommene Idealisierung des westlichen Individuums als ein rein vernunftgesteuertes Wesen erscheint also etwas naiv, bedenkt man seine Anfälligkeit für die Verheißungen der Werbe- und Konsumwelt. Nicht zuletzt sprechen auch die nicht zu bagatellisierenden Fälle sexueller Belästigung eine deutliche Sprache. Allein unter dem Hashtag #aufschrei berichteten innerhalb einer Woche etwa 15.000 Twitter-Nutzerinnen von ihren Erfahrungen, sie verschickten 49.000 Tweets, das war ein neuer Rekord. Es handelt sich ganz offensichtlich nicht um ein Randphänomen.

In einer Gesellschaft, in der alle Menschen vorwiegend moralische und vernünftige Beweggründe für ihr Handeln hätten und sich nicht über ihr Geschlecht identifizieren würden, wäre das »Kopftuch-Prinzip« und ein distanzierter Umgang der Geschlechter tatsächlich obsolet, wie Ahmad erklärt.[40] Bevor jedoch darüber nachgedacht werden kann, ob das Bedecken weiblicher Reize noch nötig ist, müsste sich die moralische Verfassung vieler Männer deutlich verändern. In einem SPIEGEL-Artikel, der Männer rückblickend zu ihrer Einschätzung der Sexismus-Debatte befragt, heißt es dazu offen und ehrlich: »Wer nachhakt, hört auch von diesen selbstkritischen Männern: Statt über die Typen zu schimpfen, sollten Frauen lieber ihren freizügigen Geschlechtsgenossinnen die Bluse zuknöpfen.« Und der in dem Artikel zitierte Journalist Christoph glaubt: »Männer ziehen Frauen eher mal im Geiste aus als umgekehrt. Und wenn eine Frau sehr hübsch und aufreizend ist, sehen wir Männer sie in erster Linie als Sexobjekt. Natürlich können und müssen wir uns zügeln, dürfen sie nicht anfassen oder bedrängen, aber die Gedanken sind nun einmal da.«[41] Unverblümt wird im selben Artikel von einem PR-Manager berichtet, der erklärt, junge und attraktive Kolleginnen strategisch einzusetzen, wenn es darum geht, einen neuen Auftrag zu gewinnen. Diese werden dann gebeten, beim Kundenbesuch »keinen Hosenanzug, sondern Rock und Stiefel« zu tragen. Solange also weibliche Reize eine derartige Wirkung haben, geht es nicht allein darum, sexuelle Übergriffe zu verhindern. Es geht auch darum, dass die Reize einer Frau nicht missbraucht werden sollen, weder für strategische Zwecke noch zur Aktivierung nicht gewünschter Phantasien.

Die Tatsache, dass ein bestimmter Teil der Gesellschaft mit bestimmten Situationen oder »Gelegenheiten« nicht angemessen umgehen kann, reicht aus, um die Notwendigkeit von Schutzmaßnahmen zu sehen. Der Islam schlägt daher Rahmenbedingungen vor, die der Mensch für sich als praktisch und förderlich akzeptiert, wenn er Stufen der geistigen Freiheit und Vervollkommnung erreichen möchte. Es erklärt sich von selbst, dass diese Rahmenbedingungen vor allem dann einen bestärkenden Effekt haben, wenn eine selbstbestimmte, innere Einstellung vorhanden ist, die eine derartige Wirkung wünscht.

Das Ideal der Liebe

Lassen Sie mich mit einem Beispiel einsteigen. Sie sind Autofahrer? Nun, dann haben Sie einen Führerschein gemacht und müssen sich beim Autofahren an Verkehrsregeln halten. Es gibt ein Verkehrssystem: Bei Rot müssen sie stehen bleiben, bei einem Stoppschild auch. Bei schwerwiegenden Verstößen gegen Regeln, durch die andere Verkehrsteilnehmer ernsthaft verletzt werden können, ist mit Bußgeld zu rechnen. Auch das nehmen Sie hin. Sie nehmen es hin, dass Sie eine Führerscheinprüfung ablegen müssen und sich penibel genau an eine Vielzahl unterschiedlicher Verkehrsschilder zu halten haben. Warum gibt es keinen Aufschrei, dass diese Übermacht an Regeln, die persönliche Freiheit des Einzelnen einschränkt? Weil es einen Konsens gibt, dass diese Regeln sinnvoll sind. Sie garantieren Mobilität, ein schnelles und sicheres Vorankommen. Und vor allem: Sie bemühen sich durch größtmögliche Vorsichtsmaßnahmen um den Schutz des Lebens! Der Erhalt menschlichen Lebens ist ein solch hohes Gut, dass dafür eine Vielzahl von Einschränkungen und Regeln selbstverständlich in Kauf genommen werden. Manche Regelungen scheinen uns im Einzelnen absurd oder im Detail übertrieben für eine bestimmte Situation. Wir müssen uns jedoch dennoch daran halten oder ignorieren die Regelung, indem wir ein gewisses Risiko in Kauf nehmen. Trotz der vielen Maßnahmen kommt es zu Unfällen. Die Wahrscheinlichkeit für Unfälle ist zwar geringer, aber täglich kommt es durch eine Vielzahl von Gründen dennoch zu unzähligen größeren und kleineren Unfällen. Wir stellen aber das Verkehrssystem als solches nicht in Frage, sondern überlegen, wie es zu optimieren ist. Wobei allen bewusst ist, dass es immer zu Unfällen kommen kann und wird, vor allem, weil eine Reihe von Verkehrsteilnehmern sich nicht an die Regeln hält, denken wir etwa an alkoholisierte Autofahrer.

Nun, wozu dieser Ausflug in die Welt der Autofahrer? Es gibt im Islam eine ähnliche Vorstellung darüber, wie die Liebe zwischen Mann und Frau zu schützen sei. Während man bereit ist, alles Mögliche zu tun und alle möglichen Einschränkungen in Kauf zu nehmen, um das Leben zu schützen, macht man sich kaum Gedanken darüber, dass die Liebe als eine der wichtigsten Werte der menschlichen Existenz überhaupt nicht ungeschützt bleiben darf. Für die meisten Menschen ist auch heute noch die Liebe und die Familie eines der zentralen Güter in ihrem Leben. Für viele, vor allem nicht religiöse Menschen ist sie Religionsersatz, sie ist Heimat und bietet Geborgenheit. Sie ist sinnstiftend. Der Beginn und Rahmen für eine Familie ist in der Regel eine Liebesbeziehung zwischen Mann und Frau. Liebe ist eines der wichtigsten Themen des Menschen. Es gibt kaum einen Song, kaum einen Film, der sich nicht um die Liebe dreht, indem es keine Liebeszene als tragenden Rahmen gibt. Dabei überwiegt das Gefühl, Liebe sei etwas kaum greifbares, etwas, das einen explosiv überfällt und plötzlich wieder weg sein kann. Etwas, für das man nichts tun muss, das über einen hereinbricht oder nicht. Unter dem Deckmantel einer falsch verstandenen Romantik wird hier ein jugendliches Gefühl von Verliebtheit mit reifer Liebe verwechselt. Das Verliebtsein überkommt einen ohne größere Anstrengung – viele Menschen jagen diesem Gefühl hinterher und geben dafür langjährige Beziehungen auf, gerade dann, wenn sie anfangen, anstrengend zu werden. Eine lang andauernde Partnerschaft erfordert hartes Arbeiten an seiner Persönlichkeit, Opferbereitschaft, Hingabe und vor allem das Zurückstellen seines Egos. Das ist ein mühevoller und beschwerlicher Weg –, aber er ist von unvergleichlicher Schönheit. Der Psychologe und Paartherapeut Jürg Willi erklärte dazu: »Nichts stimuliert die persönliche Entwicklung stärker als eine konstruktive Liebesbeziehung. Nichts schränkt die persönliche Entwicklung stärker ein und nichts verunsichert sie stärker als eine destruktive Liebesbeziehung. Der Mensch benötigt andere Menschen, allen voran den Liebespartner zur Entfaltung seines persönlichen Potentials.«[42]

Für Dschelaleddin Rumi und viele andere islamische Mystiker ist die irdische Liebe eine Vorstufe der göttlichen, wirklichen Liebe. Sie gilt als Vorbereitung auf dem Pfad der Liebe zu Allah. Auch die langjährige Liebesbeziehung zu unserem Partner schult uns neben anderen zwischenmenschlichen Liebesbeziehungen, die Eigenschaften zu erwerben, die wichtig sind, um der Liebe Gottes gewahr werden zu können. Im Koran wird die Liebesbeziehung zwischen Mann und Frau folgendermaßen beschrieben: »Und unter Seinen Zeichen ist dies, dass Er Partnerwesen für euch schuf aus euch selber, auf dass ihr Frieden fändet. Und er hat Liebe und Zärtlichkeit zwischen euch gelegt. Hierin sind wahrlich Zeichen für ein Volk, das nachdenkt.« (30:22) Mann und Frau gelten als ursprüngliche Einheit. Als Ziel und Sinn der Einheit zwischen Mann und Frau wird das Erreichen von »Frieden« genannt. Das arabische Wort *Islam* enthält in seiner Wurzel die Konsonanten s-l-m, die auch die Wurzel des arabischen Wortes für Frieden darstellen und auch »heil sein« oder »ganz sein« bedeutet. Es ist der Partner, der uns bei der Vervollkommnung helfen soll und den wir häufig brauchen, um uns ganzheitlich vollständig zu fühlen. Die mythologische Vorstellung, dass Mann und Frau ursprünglich eins waren und sich nach ihrem Gegenstück sehnen, um sich wieder zu vereinigen, klingt auch hier an.

Islam bedeutet übersetzt: Frieden finden durch die vollkommene Hingabe in den Willen Gottes. Ein Muslim (übersetzt: Gottergebener) ist demzufolge jemand, der Frieden hat und Frieden verbreitet. In Überlieferungen des Propheten heißt es, dass ein Muslim mit der Heirat den halben Glauben erfüllt hat (Hadith: Anas). Wichtig an einer langfristigen Beziehung zwischen Mann und Frau ist das Erreichen von Frieden durch Liebe. Die im Koran erwähnten Prinzipien der »Liebe und Zärtlichkeit« beschreiben Wege, um Frieden und Zufriedenheit zu erlangen. Deshalb ist das Ziel einer jeden Heirat das Finden von Frieden, was bedeutet, den ursprünglichen Zustand der Einigkeit zu erreichen, der durch die »Sehnsucht nach Einheit«, also der Liebe, geweckt wird und durch diese bedingt ist. Liebe als Motivation, Weg und Ziel, um mit dem Partner – wieder – eins zu werden. Wesentlich ist dabei, dass die zwischenmenschlichen Liebesbeziehungen den Menschen schulen, indem sie ihn lehren, wie die Pfade auf dem Weg zur Erlangung der Liebe zu beschreiten sind, und ihn dadurch für die Liebesbeziehung zu Gott reifen lassen. Gelingt es, wahrhaft Liebe zu erfahren und Liebe zu geben, ist der Mensch vorbreitet für den Weg, der ihm dem Ziel des menschlichen Daseins im islamischen Verständnis näherbringt: Der Vereinigung mit Gott. Das erklärt, warum eine langfristige, reife Liebesbeziehung im Islam einen immens hohen Stellenwert hat.

Ahmad erklärt dazu: »So wie Mann und Frau in gegenseitiger Beziehung stehen, ist auch das Verhältnis zwischen Gott und seinem Diener zu verstehen. Wenn eine Affinität zwischen Mann und Frau besteht und sie ineinander verliebt sind, so gilt ein solches Paar als besonders segenbringend und wertvoll ... So wie durch das Verlangen zwischen Mann und Frau die Fortpflanzung sichergestellt wird, existiert auch in der Beziehung zwischen Gott und dem Menschen ein Verlangen nach einem ewigen Gott. Den Sufis zufolge ist dieses Verlangen, wenn es denn jemand entwickeln kann, gegenüber allen anderen Verlangen der Welt und allem, was sie bietet, vorzugswürdig. Wenn der Mensch auch nur einmal in seinem ganzen Leben damit Bekanntschaft gemacht hat, so wird er sich für immer danach sehnen und sich darin verlieren. Das Traurige an der Sache ist indes, dass eine große Zahl der Menschen auf dieser Welt dieses Geheimnis noch nicht verstanden haben. Und ihre Pflichtgebete sind einfach bloße Auf- und Abbewegungen und erfolgen mit einem teilnahmslosen Herzen eher aus Zwang und Widerwillen heraus als bloße Formalität ... Mithin beobachte ich, dass die Menschen allein deswegen nachlässig und schwach in ihren Gebeten sind, da sie nicht von dem Genuss und der Freude wissen, die Allah in das Gebet gelegt hat.«[43] Die Parallelen zwischen der Liebesbeziehung von Mensch und Gott sowie Mann und Frau sind also zahlreich. Es fehlt immer häufiger an Erfahrungswerten: Es gibt anscheinend wenige Menschen, die wissen, welchen Genuss eine innige, treue Liebesbeziehung zu Gott bzw. zum Partner in sich birgt.

Die meisten Menschen träumen von einer überdauernden, tiefen, romantischen Liebe. Treue ist auch für den nicht religiösen Menschen ungebrochen ein großes Ideal. Mehreren Studien der Universität Göttingen zufolge erwarten 97 Prozent der Männer und Frauen von ihrem Partner, treu zu sein, ein Seitensprung hat für die meisten Betrogenen schwere psychische Probleme zur Folge, die sogar denen einer Vergewaltigung ähneln sollen. Nur etwa ein Prozent der Beziehungen sind »offene Partnerschaften«. Auch heute noch heiraten die meisten Menschen also mit der Absicht, ein Leben lang zusammenzubleiben, auch wenn sie wissen, dass die Chancen auf eine Liebe fürs Leben kleiner geworden sind. Sie hoffen, zu den Glücklichen gehören zu dürfen, denen Scheidung, Streit und die Katastrophen einer Trennung erspart bleiben. Jede dritte Ehe in Deutschland wird geschieden, so viel steht laut Statistischem Bundesamt fest. Dennoch glauben einer Befragung des Instituts für Demoskopie in Allensbach zufolge auch 2010 noch 59 Prozent der Deutschen an die große Liebe. Der Wunsch nach der einen, wahren Liebe für das Leben ist ungebrochen groß. Die Sehnsucht nach einem Seelenpartner, einem Gefährten, der mit einem durch dick und dünn geht, ist Antrieb für ungezählte Pop- und Schlagersongs, allen realen Erfahrungen zum Trotz. Doch wo gibt es diese Liebe in der Wirklichkeit? Partnerschaften, die nicht über kurz oder lang aufgelöst werden, sind mitunter von einem Arrangement geprägt, indem man einander aushält und sich damit abgefunden hat. Doch welches Glück und welch tiefes Gefühl der Liebe erlangen diejenigen, die sich füreinander immer weiter von ihrem Ego lösen? Es ist nicht zu vergleichen mit dem kurzfristigen und oberflächlichen Rauschgefühl einer kurzlebigen Verbindung, die dem Jauchzen eines Kindes gleicht, das mit Süßigkeiten überhäuft wird und hinterher Bauchschmerzen hat. Der islamische Mystiker Rumi sagte dazu: »Kluge Menschen wünschen sich Selbstbeherrschung, Kinder Süßigkeiten.«

Selbstbeherrschung kann man lernen, es ist eine Kunst wie die Liebe. Schon der Psychoanalytiker Erich Fromm postulierte in seinem Weltbestseller, dass die Liebe eine Kunst sei, die man erlernen müsse. Er empfiehlt Geduld, Disziplin, Demut und Übung. Für ihn ist die Liebe ein »Akt des Willens, des Entschlusses, sein Lieben völlig an das eines anderen Menschen zu binden«.[44] Er kritisiert das häufige Wechseln von Partnern als Ausdruck einer unreifen Persönlichkeitsentwicklung, bei der Intimität vor allem durch sexuelle Vereinigung erreicht wird und man einer oberflächlichen Vertrautheit wegen meint, den anderen zu kennen. Bleibt es dabei, verschwindet die Anziehungskraft mit der Zeit, so Fromm: »Die Folge ist, dass man nun bei einem anderen Menschen, bei einem neuen Fremden Liebe sucht. Wiederum verwandelt sich der Fremde in einen Menschen, mit dem man ›intim‹ ist, wiederum wird das Sichverlieben als ein anregendes, intensives Erlebnis empfunden, und wiederum flaut es allmählich mehr und mehr ab und endet mit dem Wunsch nach einer neuen Eroberung, nach einer neuen Liebe – immer in der Illusion, dass die neue Liebe ganz anders sein wird als die früheren Liebesbeziehungen. Zu diesen Illusionen trägt die trügerische Eigenart des sexuellen Begehrens weitgehend bei.«[45] Problematisch ist dabei, so Fromm, dass das sexuelle Begehren meist mit der Idee der Liebe verwechselt wird und man den Trugschluss begeht, jemanden zu lieben, den man nur körperlich begehrt. Eine solche Liebe bleibt eine vorübergehende Vereinigung.

Welche Tragweite diese Illusionen haben, zeigt sich an den Folgen einer Trennung. Fast die Hälfte der 2013 geschiedenen Paare hatte Kinder im Alter unter 18 Jahren. Wenn Familien zerstört werden, belastet dies nicht nur die betroffenen Partner in extremer Weise, die Konsequenzen für Scheidungskinder sind verheerend, wie Melanie Mühl in ihrer Streitschrift »Die Patchwork Lüge«[46] beschreibt: Neben dem transgenerationalen Erbe (Scheidungskinder haben ein beinah doppelt so hohes Risiko wie Nicht-Scheidungskinder, selbst eine Scheidung zu erleben) neigen sie stärker zu Depressionen und Jugendkriminalität. Sie haben ein deutlich höheres Risiko, nikotin-, alkohol- oder drogenabhängig zu werden und das auch im Erwachsenenalter. Zudem ist die Suizidrate bei Scheidungskindern höher. Die Scheidung wird fast immer als traumatisches Ereignis erlebt, das Selbstbewusstsein von Scheidungskindern leidet deutlich und die »Wahrscheinlichkeit für psychische Auffälligkeiten« steigt stark, wie die »Bella-Studie« des Robert Koch-Instituts feststellt. Melanie Mühle spricht angesichts der steigenden Zahl der Scheidungs- und emotional vernachlässigten Kindern aus nicht intakten Familien apokalyptisch von einer »tickenden Zeitbombe«. Und das ist nur ein kleiner Ausschnitt. Auf die problematische Situation Alleinerziehender sind wir noch nicht einmal zu sprechen gekommen.

Aus islamischer Sicht gibt es daher einen dringenden Bedarf, Rahmenbedingungen zu schaffen, die den Einzelnen dazu erziehen, für die Liebe zu kämpfen. Die Liebe zwischen Mann und Frau ist eben keine leichtfertige Angelegenheit, auch wenn das Gefühl des Verliebtseins so viel Leichtigkeit in sich birgt, dass viele sich vor der Verantwortung scheuen, die damit einhergeht, dass man sich für die Liebe entscheidet. Die Liebe zwischen Mann und Frau ist das Fundament einer Gesellschaft, die pathologisch wird, wenn sie ihren Respekt vor der Liebe verliert. Der Islam überlässt das Liebesglück nicht dem Zufall. Er sieht Vorkehrungen vor, die die Liebe zwischen Mann und Frau als überdauernde und exklusive Beziehung gedeihen lassen sollen. Dies ist nicht nur für die Persönlichkeitsentwicklung der Liebespartner wichtig, sondern auch für das Heranwachsen einer Generation von selbstsicheren, stabilen Individuen.

Die Rahmenbedingungen der Liebe

Sie erinnern sich an die Ausführungen zum Verkehrssystem? Nun, es gibt im Islam ein ähnliches System für den Umgang zwischen den Geschlechtern in der Öffentlichkeit. Es ist eben nicht egal, wie sich Mann und Frau begegnen, wenn davon so vieles abhängt. Und nicht alle Menschen handeln, denken und agieren immer so selbstbestimmt, souverän, reif und diszipliniert, dass man keine Regeln bräuchte. Das Kopftuch ist nur ein kleiner Teil einer Idee davon, wie sich Geschlechter in der Öffentlichkeit begegnen sollten. Die Philosophie dahinter ist, eine Atmosphäre zu schaffen, ein gesellschaftliches Klima zu erzeugen, das reizfrei ist. Mann und Frau sollen sich in der Öffentlichkeit als Persönlichkeiten begegnen, die sexuell nicht verfügbar sind. Und zwar gar nicht, auch nicht für einen Flirt. Dies mag für viele befremdlich und streng klingen, nicht jeder Flirt gefährdet unmittelbar eine bestehende Beziehung. Ein Flirt kann zunächst harmlos sein, muss es aber nicht, vor allem, wenn das Flirten zur Gewohnheit wird. Studien zeigen, dass Männer eher dazu neigen, eine sexuelle Motivation im Flirtverhalten von Frauen hineinzuinterpretieren, während Frauen häufiger andere Beweggründe attribuieren.[47] Eine Studie des Psychologen John Lydon zeigt zudem, dass Männer ihre Partnerin nach einem Flirt negativer beurteilen, während dies bei Frauen nicht so ist. Interessant an der Studie ist, dass sie auch zeigt, was geschieht, wenn Männer sich vorher einen Plan oder eine Strategie überlegen, ihre Beziehung zu schützen. Diese Männer distanzierten sich tatsächlich häufiger als andere Probanden von einer attraktiven Frau und waren weniger zu einem Flirt aufgelegt. »Obwohl Männer sich ihrer Partnerin fest verbunden fühlten, benötigten sie dennoch einen Plan, um anderen Frauen aus dem Weg zu gehen«, kommentiert Lydon das Ergebnis.[48] Bei der Begegnung zwischen Männern und Frauen schwingt sehr häufig die Möglichkeit eines Flirts mit, zumindest wird der andere auf seine sexuelle Attraktivität hin taxiert.

In einem Interview mit der FRANKFURTER RUNDSCHAU (FR) antwortete der Musiker Bon Jovi ganz unverblümt auf die Frage: Worauf achten Sie denn, wenn Sie anderen Menschen zum ersten Mal begegnen? Jovi: Sie meinen auf sexuelle Art? FR: Nicht unbedingt. Oder kommt da jetzt doch der Rockstar in Ihnen durch? Jovi: Ach, jeder Blick von einem Mann ist doch sexuell geprägt. Ich denke, das ist instinktiv so. Und er ist immer beurteilend. Man ist zu kurz, zu lang, zu fett, zu dünn, sieht zu alt aus oder einfach nur großartig. Die Voreingenommenheit ist Teil unserer Kultur geworden. Das ist doch menschlich.[49] Ich denke nicht, dass jeder männliche Blick so ist. Aber es wäre reichlich naiv, sich nicht einzugestehen, dass ein männlicher Blick häufig so ist oder zumindest manchmal so sein kann. Zumindest legen Studien nahe, dass Bon Jovi mit seiner Einstellung nicht allein ist. Ihnen zufolge gibt es deutliche Unterschiede zwischen den Geschlechtern, wenn während einer Begegnung das andere Geschlecht beurteilt wird. Männer neigen demnach dazu, besonders die sekundären Geschlechtsmerkmale, insbesondere die Brust, häufiger und länger zu fokussieren, was die Forscher evolutionsbiologisch erklären.[50]

Im Islam sollen sexuelle Reize nicht zur Schau gestellt werden. Das Kopftuch ist dabei nur Bestandteil einer Kleidung, die generell bedeckend ist. Nackte Haut, Haare, Beine, Kurven, Körperformen – alle Merkmale, die in der Regel eine Rolle bei der Bewertung der sexuellen Attraktivität spielen, werden in der Öffentlichkeit für irrelevant erklärt. Frau entzieht sich dem beurteilenden, dem sie zum Objekt herabsetzenden Blick. Im Koran heißt es dazu in der Sure Al-Nur: »Sprich zu den gläubigen Männern, dass sie ihre Blicke zu Boden schlagen und ihre Keuschheit wahren sollen. Das ist reiner für sie. Wahrlich, Allah ist recht wohl kundig dessen, was sie tun. Und sprich zu den gläubigen Frauen, dass sie ihre Blicke zu Boden schlagen und ihre Keuschheit wahren sollen und dass sie ihre Reize nicht zur Schau tragen sollen, bis auf das, was davon sichtbar sein muss, und dass sie ihre Tücher über ihren Busen ziehen sollen und ihre Reize vor niemandem enthüllen als vor ihren Gatten oder ihren Vätern oder den Vätern ihrer Gatten oder ihren Söhnen oder den Söhnen ihrer Gatten oder ihren Brüdern oder den Söhnen ihrer Brüder oder den Söhnen ihrer Schwestern oder ihren Frauen oder denen, die ihre Rechte besitzen, oder solchen von ihren männlichen Dienern, die keinen Geschlechtstrieb haben, und den Kindern, die von der Blöße der Frauen nichts wissen. Und sie sollen ihre Füße nicht zusammenschlagen, so dass bekannt wird, was sie von ihrem Zierat verbergen. Und bekehret euch zu Allah insgesamt, o ihr Gläubigen, auf dass ihr erfolgreich seiet.« (24:31f.)

Der islamischen Idee von einer exklusiven Liebe zwischen Mann und Frau folgend, ist die sexuelle Attraktivität einer Frau nicht Allgemeingut, sondern hat eine positive Funktion in einem bestimmten Kontext, nämlich der Partnerschaft. Das ist eine sehr schöne, romantische Idee, die von Islamkritikern als reaktionär heruntergespielt oder missinterpretiert wird als ein Ausdruck von Besitzanspruch des muslimischen Mannes über seine Frau. Damit liegt man gänzlich falsch, denn der Mann selbst wird der islamischen Lehre zufolge ja als erster aufgefordert, anderen Frauen gegenüber respektvoll »seine Blicke zu Boden zu schlagen« (24:31). Das heißt, der Mann verpflichtet sich, keine andere Frau zu begehren, als seine geehelichte Frau. Das ist ein ebenso großer Liebesbeweis wie das Entgegenkommen der Frau, darauf zu verzichten, mit ihren Reizen offensiv zu spielen. Angesichts der Flut an aufreizenden Frauenkörpern, ist das für beide Geschlechter eine alltägliche Herausforderung. Es gilt, auch in Gedanken treu zu bleiben, sich nicht von seinem Partner zu entfremden, um ganzheitliche Nähe zu erfahren. Was vielen unrealistisch oder zu rigide erscheint, ist eher ein Akt der Entscheidung, dem die Erkenntnis zugrunde liegt, dass wahrgenommene Reize unser Innerstes tangieren und dann Reaktionen auslösen, die uns belasten können und in unerwünschte, unreflektierte Handlungen münden können. Das berühmte, vermutlich chinesische Sprichwort bringt es auf den Punkt: »Achte auf deine Gedanken, denn sie werden zu Worten. Achte auf deine Worte, denn sie werden zu Handlungen. Achte auf deine Handlungen, denn sie werden zu Gewohnheiten. Achte auf deine Gewohnheiten, denn sie werden dein Charakter. Achte auf deinen Charakter, denn er wird dein Schicksal.«

Anhand dieses Zitats lässt sich leicht ein alltägliches, nicht unrealistisches Szenario konstruieren: Ein Mann fährt mit der U-Bahn und sieht eine Frau, die ihre Reize selbstbewusst einsetzt. Er findet sie sehr attraktiv und schaut sie sich daher noch einmal an, statt seinen Blick abzuwenden. Er fängt in seiner Fantasie an, sich etwas mit dieser Frau vorzustellen und spinnt die Fantasie aus. Dies dürfte Alltag in Millionen von Männerköpfen sein. Selbst der sympathische Publizist Navid Kermani (übrigens ein Muslim) schildert solche Tagträume in seinem autobiografisch anmutenden, experimentellen Roman »Mein Name« und ist damit nicht allein. Nein, er befindet sich in geselliger Runde mit vielen Intellektuellen und Schriftstellern. Soweit, so normal, aber tut uns das auch gut? Rechnen wir hoch: Jemand der alltäglich angetriggert ist durch Begegnungen mit attraktiven Personen des anderen Geschlechts und der einen oder anderen Fantasie nachhängt, steht ja noch lange nicht im Verdacht, seine Partnerschaft aufs Spiel zu setzen. Aber »Gedanken werden zu Worte«, das heißt, man verliert vielleicht eher die Hemmungen, eine sehr attraktive Person bei Gelegenheit auch anzusprechen. Und man entwickelt vielleicht ein größeres Bedürfnis, das tausendmal Geträumte, irgendwann auch in die Realität umzusetzen. Vor allem, wenn es in der eigenen Partnerschaft vielleicht gerade kriselt oder man eine Auseinandersetzung hatte oder die Macken des anderen gerade besonders stören. Was passieren kann, ist dann: Ein kleiner Flirt vielleicht oder eine Verabredung. Auch das erscheint vielen wohl noch harmlos, doch: »Achte auf deine Handlungen, denn sie werden zur Gewohnheit.« Was als Flirt anfängt, kann schnell zu einem Seitensprung führen, angestachelt von einer hartnäckig begleitenden Fantasie zur Untreue, die die eigene Partnerschaft unter negativem Licht erscheinen lässt. Wie schnell so etwas gehen kann, zeigen die Statistiken: 70 Prozent der Frauen und Männer in den USA geben an, bereits einmal fremdgegangen zu sein. Wenn dann die Handlung zur Gewohnheit wird, sind Beziehungen tatsächlich gefährdet.

Der Islam setzt daher direkt an der Wurzel des Problems an: Bei der Kontrolle der Blicke (24:31f.) und der Gedanken sowie der Vermeidung eines allzu offenherzigen Auftretens beim Kontakt mit dem anderen Geschlecht. Der Koran betont: »Nahet nicht dem Ehebruch« (17:33), Ahmad interpretiert, »das heißt, haltet euch selbst von solchen Anlässen fern, die diese Gedanken erwecken ... Der Weg des Ehebruchs ist ein übler Weg, da er einen hindert, das Ziel zu erreichen und der Erlangung der Vollkommenheit im Wege steht.«[51]

Ich habe erlebt, dass dieses Konzept der gedanklichen Treue vielen, auch jungen Männern, Respekt einflößt, aber gerade von diesen als gänzlich unrealistisch eingeschätzt wird. Man hält es nicht mehr für umsetzbar und die eigene Freiheit drastisch einschränkend.

Die Tatsache, dass gedankliche Treue als unrealistisch gilt, ist jedoch vielleicht auch der »Pornofizierung« unserer Kultur geschuldet, die sich »vor dem Hintergrund der kommerzialisierten, von den Fesseln ihrer moralischen Regulierungen befreiten Emanzipation sexueller Wünsche und Phantasien«[52] vollzieht. Tatsächlich verkommt die Popkultur langsam aber stetig zu einer Porno-Kultur. Wenn eine so verstandene Emanzipation zur Liebesunfähigkeit im großen Stil führt und kollektives Liebeselend generiert, darf die Frage gestellt werden, ob schrankenlose sexuelle Autonomie möglicherweise die emotionale Freiheit des Individuums gefährdet. Illouz beschreibt, wie die sexuelle Freiheit der wirtschaftlichen Freiheit darin gleicht, »dass sie implizit Ungleichheit erzeugt und sogar legitimiert«[53]; wir werden darauf noch zu sprechen kommen.

Entscheidet sich eine Gesellschaft aber dafür, dass sie Rahmenbedingungen schaffen möchte, in der Geschlechtergerechtigkeit sowie exklusive Liebe ein Ziel ist, dann greift die Idee, ein gesellschaftliches Klima zu schaffen, das sexuell reizfrei gestaltet wird.

Wie das praktisch gehen soll? Der Umgang zwischen den Geschlechtern ist in der Öffentlichkeit distanziert. Bei Anlässen, die mehr Intimität verlangen, bleiben Frauen unter sich und Männer unter sich oder aber man signalisiert nicht nur durch entsprechende Kleidung eine gewisse Reserviertheit. Die Verhüllung der Frau bedeutet aber gerade nicht, dass sie in der Öffentlichkeit nicht sichtbar ist oder aus der Öffentlichkeit ausgeschlossen werden soll, ganz im Gegenteil: Die Bedeckung der Reize dient gerade der Präsenz der Frau in der Öffentlichkeit. Heide Oestreich beobachtet dabei: »Das Kopftuch, so interpretiert eine Reihe von Sozialforscherinnen, ist das Zeichen der Frau dafür, dass sie ihre sexuelle Anziehungskraft anerkennt, ja, sogar zu schätzen weiß. Das Kopftuch in der Öffentlichkeit aber soll gleichzeitig signalisieren, dass sie sich trotz dieser Anziehungskraft nicht auf den Privatraum zurückziehen, sondern in der öffentlichen Sphäre mitmischen wird. Ihre Interpretation wäre: Die westliche Frau muss ihre Sexualität entweder zu Markte tragen oder sie verleugnen, wenn sie ernstgenommen werden will. Die Muslimin verleugnet sie nicht und trägt sie nicht vor sich her, sie verbirgt sie nur.«[54]

Das Kopftuch wird in Privaträumen nicht getragen, sondern nur in der Öffentlichkeit. Dort, wo die Geschlechter zusammentreffen, sorgen also bestimmte Regeln für einen nüchternen Umgang miteinander: Das Kopftuch ist dann eine Art Stoppschild, eine rote Ampel – es geht eine Signalwirkung davon aus, die fast immer sofort intuitiv richtig encodiert wird. Diese Frau möchte Distanz, sie ist nicht verfügbar, ihre Reize stehen nicht im Vordergrund, der Körper soll für den Betrachter sexuell nicht relevant sein und steht einer Bewertung nicht zur Verfügung. Ein männlicher Muslim bedeckt seinen Körper ebenfalls und hat auch mit einer leicht bekleideten Frau mit derselben nüchternen Art umzugehen. In einer Gesellschaft, in der ein Großteil der Menschen seine Reize nicht zur Schau trägt, entsteht dann ein Klima, das gedankliche Treue und die Konzentration auf den eigenen Partner einfacher möglich macht. Das ist ein Vorteil für all diejenigen, die das Ideal der Treue teilen. Und es ist zum Nachteil für den Teil der Männer, die auf einen stimulierenden Blick aus sind und für die es zum Alltagskick gehört, die Reize attraktiver Frauen zu erhaschen. In einer Gesellschaft, in der die meisten Frauen ihre Reize nicht bedecken, mag es dem Muslim (oder Nicht-Muslim) schwerer fallen, damit umzugehen, dennoch wird selbstverständlich von ihm erwartet, dass er sich schult, mit all seinen Sinnen gedanklich und körperlich treu zu bleiben. Das dürfte das Resultat einer jeden guten Erziehung sein, auch jenseits muslimischer oder religiöser Wertevorstellungen. Die islamischen Regeln für das eigene Verhalten wirken für einen Muslim jedoch unterstützend.

Das mag sehr theoretisch klingen, aber es funktioniert ebenso gut, wie ein gut geplantes Verkehrssystem funktioniert, wenn sich alle Beteiligten an die Spielregeln halten. Wenn eine innere Einstellung vorhanden ist, helfen derartige Rahmenbedingungen, sich auf seinen eigenen Partner zu konzentrieren und ganzheitlich treu zu bleiben. Andere potentielle Partner gelten als nicht verfügbar und man selbst ebenfalls nicht: Diese Information wird durch äußere Signale, einem asexuellen Kleidungscode sowie Verhaltensnormen präsent gemacht. Eine Atmosphäre, in der ein näheres Kennenlernen und Sich-näher-

Kommen möglich wäre, wird gemieden. Das mag im Zeitalter einer sexualisierten Partykultur und eines sehr freizügigen Umgangs zwischen den Geschlechtern völliges Unverständnis auslösen. Aber es schafft einen sehr entspannten, geschützten Rahmen für die eigene Paarbeziehung und es schafft eine starke Feinfühligkeit, erotische Spannungen innerhalb dieser wahrzunehmen.

Auch ohne Rahmenbedingungen, ohne ausgefeilte Regeln gelingt es Individuen, treu zu sein und eine erfüllte Partnerschaft zu führen, das steht außer Frage. Die Chancen dafür steigen jedoch deutlich, wenn eine innere Einstellung durch ein äußeres Auftreten und durch einen äußeren Rahmen bekräftigt wird. Schließlich haben die meisten Menschen noch den Wunsch, treu bleiben zu wollen und streben es an, langfristig mit ihrem Partner zusammenzubleiben. Diese Idealvorstellung scheint jedoch von der Realität unterwandert zu werden, denn in der Praxis funktioniert Liebe immer seltener. Liebe ist mit Qualen verbunden, es ist nicht nur die Partnerwahl, die beeinflusst von einer Konsumkultur zur Zerreißprobe wird, auch konfliktbeladene Partnerschaften oder Trennungen, die mit Selbstzweifel und Despressionen einhergehen, zeugen von der Schwierigkeit zu lieben. »Obwohl diese Erfahrungen so weit verbreitet, ja nahezu kollektiven Charakters sind, beharrt unsere Kultur darauf, dass sie eine Folge gestörter oder unreifer Psychen darstellen«, diagnostiziert die Soziologin Eva Illouz in ihrem Bestseller »Warum Liebe weh tut«. Unzählige Paartherapeuten suchen die Ursache für gescheiterte oder unglücklich verlaufende Beziehungen in einer unbewältigten Kindheitserfahrung in der Ursprungsfamilie, deren Reinszenierung zu Konflikten mit dem Partner führen kann und als Hauptursache für Paarprobleme gesehen wird. Die dysfunktionale Kindheit oder mangelnde Selbsterkenntnis und psychische Defekte dienen dann als Erklärungsmuster für Untreue und Unglück. Illouz weist zu Recht darauf hin, dass die Psychologie entscheidend dazu beiträgt, »den Bereich des Romantischen und Erotischen in die private Verantwortung des Individuums zu verbannen.« Natürlich trägt der Einzelne Verantwortung für sein Handeln, er ist aber, wie Karl Marx postulierte, zu einem großen Teil auch Produkt der ihn umgebenden Umstände. Es muss erstaunen, wie wenig darüber nachgedacht wird, dass etwas mit dem sozialen Kontext der Liebe nicht stimmen könnte und die Umstände und konkreten gesellschaftlichen Verhältnisse eine wesentliche Ursache für die inflationär verbreiteten Liebesqualen der Gegenwart sein könnten.

Unzählige Partnerschaften und Familien zerbrechen, weil ein Partner sich anderweitig verliebt zu haben glaubt oder untreu geworden ist. Die Untreue wird dann nicht als Ursache, sondern als Symptom einer bereits ungünstig verlaufenden Paarbeziehung gedeutet. Das Problem ist also nicht die Untreue, heißt es unisono in Paarratgebern, sondern die Paarbeziehung, die offensichtlich nicht zufriedenstellend verlaufe, so dass man anfällig für Untreue werde. Auch wenn dieses Argument seine Richtigkeit hat: Der Punkt ist, dass der Einzelne während einer Paarkrise oder Durststrecke, die jedes Paar auf die eine oder andere Weise erlebt, nicht mehr in seine Partnerschaft investiert. Statt zu versuchen, das Problem zu lösen und die Unzufriedenheit in der Partnerschaft an der Wurzel zu packen, orientiert man sich anderweitig und lässt sich von seinem Problem mit dem Partner, das häufig sehr viel mit einem selbst zu tun hat, ablenken. Und verpasst dadurch die Chance, seine Persönlichkeit weiterzuentwickeln und gegen sein Ego anzukämpfen.

Viele, die ihren Partner eigentlich lieben, die das Ideal der treue Liebe teilen, kapitulieren unbewusst vor den Herausforderungen des Alltags, die den eigenen Partner mit all seinen Schwächen und Anforderungen zu einem anstrengenden Gegenüber werden lassen. Denn die Folie, vor der der eigene Partner erscheint, ist die der unkomplizierten, charmanten Bekanntschaft auf der Arbeit, im Zug oder Café, die sich von ihrer besten Seite zeigt. Wie verlockend scheint es da, sich auf eine angenehme, weil noch fremde Person einzulassen, die zudem allein durch den Anblick positive Gefühle auslöst? Es sind zunächst einmal die körperlichen Reize, die einen Menschen interessant machen, die bei der Partnersuche das erste Kriterium für das Bekunden weiteren Interesses sind.

Die Muster der modernen Partnerwahl

Eine Reihe von Untersuchungen legt nahe, dass die physische Attraktivität bei der Partnerwahl eine große Rolle spielt, wobei ihre Bedeutung in den letzten Jahrzehnten drastisch zugenommen hat.[55] Nur 4 Prozent der Männer antworteten in den 50er-Jahren, dass ein »gutes gepflegtes, adrettes Aussehen« zu den Eigenschaften gehöre, die sie an einer Frau am höchsten schätzen. Für nur 13 Prozent spielte die »sinnliche Anziehungskraft« die wichtigste Rolle. Tugenden, ein »guter Charakter« oder »Kameradschaft« waren deutlich wichtiger.[56] Dagegen nahm die Bedeutung der äußerlichen Attraktivität bereits in den 70er-Jahren stark zu: 65 Prozent antworteten, die »sexuelle Anziehungskraft« sei die Eigenschaft, die sie an einer Frau besonders schätzten und für 39 Prozent der Männer war ein »hübsches Aussehen« von elementarer Wichtigkeit. Diese Entwicklung kommt nicht von ungefähr, so schreibt Illouz: »Eine ganze Phalanx von Industriezweigen trug dazu bei, die Sexualisierung von Frauen und später auch von Männern voranzutreiben und zu legitimieren … Die Konstruktion erotisierter Körper war somit einer der eindrucksvollsten Leistungen der Konsumkultur des frühen 20. Jahrhunderts. Und die Folgen sind deutlich sichtbar. Noch immer ist das dominierende Thema von Frauenzeitschriften die Optimierung der eigenen sexuellen Attraktivität, wohingegen Männerzeitschriften sexualisierte Frauenkörpern als visuell zu konsumierende Ware feilbieten.«[57] Illouz spricht daher von einer »großen Transformation« der Liebe, die dadurch bedingt ist, dass Sexualität »als solche eine immer wichtigere Rolle in der Konkurrenz der Akteure auf dem Heiratsmarkt spielt.« Sie beschreibt, wie es zu einer kulturellen Überbetonung der sexuellen Attraktivität gekommen ist, die völlig abgelöst von moralischen Werten für sich selbst genommen von maßgeblicher Bedeutung ist. Während Schönheit im 19. Jahrhundert noch ganzheitlich verstanden wurde und auch geistige und moralische Eigenschaften sowie den Charakter umfasste, sind diese heute der »Sexyness« untergeordnet. »Die Geschlechtsidentität von Männern und Frauen in der Moderne«, so Illouz, ist »in eine sexuelle Identität verwandelt worden, sprich in eine Reihe bewusst gehandhabter körperlicher, sprachlicher und kleidungsbezogener Kodes, die darauf ausgerichtet sind, sexuelles Begehren auszulösen.«[58] Die gesamte westliche Kultur ist spätestens ausgehend vom 20. Jahrhundert durchsetzt von sexualisierten Kleidungscodes, die Männer und Frauen in extremster Weise ungleich behandeln und Frauen implizit zur Ware deklarieren. Es ist diese Konsumkultur, die in Form von Mode, Film, Werbung, Musik und Kosmetik »ein auf Erotik basierendes Sein« konstruiert und das »Begehren zum Zentrum der Subjektivität« macht, wie Illouz es formuliert. In dieser Logik ist der Mann der Begehrende, dessen sexuelle Macht darin besteht, die Liebesobjekte zu definieren[59] – die Frau dagegen ist degradiert zum Objekt der Begierde.

Wozu führt es aber, wenn sexuelle Attraktivität das zentrale Merkmal der Partnerwahl ist und der moderne Mensch sich als Wesen begreift, dessen sexuelles Begehren als identitätsstiftend begriffen wird? Es kommt zu einer Kommerzialisierung der Sexualität, die zunehmend als eine von Ehe, langfristigen Bindungen und schließlich auch dem eigenen Gefühlsleben entkoppelte Ware betrachtet wird. Angesichts der riesigen Vielfalt an sexueller Auswahl scheint es ökonomisch ineffizient, sich nicht viele Optionen offenzulassen. Liebe wird utilitaristisch betrachtet und unterliegt einer Kosten-Nutzen-Abrechnung. Scheint die momentane Partnerschaft nicht zu befriedigen, muss auf dem Markt der Möglichkeiten eine Alternative herbeigeschafft werden. Dass sich nachhaltiges Denken auch im Bereich der Liebe auszahlt und die langfristige Investition und Konzentration auf einen Partner auch in Liebesdingen größere Befriedigung verschafft, scheint einer auf egozentrische Bedürfnisbefriedigung gerichteten Haltung schwer vermittelbar, geht es doch um schnelle Nutzenmaximierung. Die destruktiven Folgen für die eigene Persönlichkeit werden häufig nicht registriert. Es ist dieser Bewusstseinswandel, der es legitim erscheinen lässt, einen (Ehe)partner zu betrügen oder gar den Zusammenhalt der Familie zu gefährden und sich auf ein sexuelles Abenteuer einzulassen. Es ist dieser Bewusstseinswandel, der zu leichtfertigen Auflösungen von langjährigen Beziehungen führt.

Die eigenen Interessen, der Nutzen und Spaßfaktor für das Ego, das eigene Bedürfnis nach Anerkennung rechtfertigt ein Handeln, das andere verletzt und nachhaltig verstört – darunter nicht selten Kinder.

Dies geschieht häufig nicht bewusst, aber sowohl die gesellschaftlichen Rahmenbedingungen als auch die Sozialisation tragen wenig dazu bei, dass das Ideal der Treue in der Praxis verfolgt wird. Vielmehr begünstigt das Überangebot an Möglichkeiten, jemanden näher kennenzulernen das Interesse an Alternativen zum eigenen Partner. Gerade wenn dies gekoppelt ist mit der visuellen Verfügbarkeit von erotisch inszenierten Frauen in der Öffentlichkeit, wird ein Begehren erzeugt, dass andernfalls gar nicht oder nur in wesentlich abgeschwächter Form existierte. Plötzlich erscheint die Erfüllung eines »Abwechslungsbedürfnisses«[60] natürlich zu sein – dass dieses Bedürfnis auch durch die Konsumwelt und der Vielfalt an Angeboten generiert wurde und somit in seiner überspitzten Form konstruiert ist, erkennen die meisten nicht mehr. Sie opfern ihr Ideal der treuen, romantischen, ausschließlichen Liebe dem Goldenen Kalb eines künstlich von Konsumwelten erzeugten Begehrens. Die durch die Sexualisierung der Frau suggerierte Verfügbarkeit mindert ökonomisch gesprochen ihren Wert, der gemäß der Angebot-und-Nachfrage-Regelung durch Knappheit steigt. Wenn es zu viele Optionen gibt, fällt es zudem schwerer, sich für eine Option zu entscheiden. Es kommt zu einem Vergleichen, das mit sich bringt, dass die Gefühle für eine einzelne Option abgeschwächt werden – der eigene Partner hat dann das Nachsehen.

Die Idee hinter dem Kopftuch besteht darin, sexuelle Reize öffentlich nicht verfügbar zu machen, so dass die erotischen Reize der eigenen Partnerin exklusiv erlebt werden und als knappes Gut eine bedeutsame Wertsteigerung erfahren. In einer Gesellschaft, in der die Mehrheit diese Idee nicht teilt, bleibt es dem Individuum zumindest überlassen, anderen potentiellen Partnern seine Aufmerksamkeit zu verweigern sowie seine eigenen Reize nicht öffentlich verfügbar zu machen. Das Überangebot an weiblichen Reizen schadet Frauen letztlich kollektiv, weil es dazu führt, dass Männer »die emotionalen Folgen der Begegnung leichter kontrollieren können«, so Illouz. Die Soziologin bezieht sich dabei vor allem auf die Gefühlswelt, weil Frauen durch das biologisch bedingte knappe Zeitfenster ihrer Fruchtbarkeit stärker auf eine verbindliche Bindung hinarbeiten würden, andere argumentieren mit evolutionsbiologisch bedingten, geschlechtsspezifischen

Präferenzen bezüglich der Bindungsaffinität. Vor allem letztere Erklärungsmuster verschleiern jedoch Ungerechtigkeiten zwischen den Geschlechtern, indem sie diese zu naturalisieren versuchen. Eine männliche Natur, die zum Zwecke der Fortpflanzung promiskuitiv veranlagt sei, würde die männliche Orientierung nach einer Vielfalt an Partnerinnen erklären. Selbst wenn dem so ist, müsste das moralisch gesehen erst recht ein Grund sein, forciert Rahmenbedingungen zu setzen, die ein Verhalten begünstigen, das geschlechtergerecht ist. Das heißt, eine möglicherweise unterschiedliche Tendenz der Geschlechter bezüglich ihres Treueverhaltens, kann kein Rechtfertigungsgrund für Ungerechtigkeit sein. Wenn Männer evolutionsbiologisch bedingt promiskuitiv veranlagt wären, Frauen dagegen aus denselben Gründen monogame Beziehungen befürworteten, entstünde eine Asymmetrie der Interessen. Die derzeitigen Rahmenbedingungen spielen dann den Männern in die Hände. Ist Treue jedoch für Männer und Frauen ein Ideal, dann wäre eine möglicherweise promiskuitive Orientierung der Männer erst recht ein Hinweis für die immense Notwendigkeit von Rahmenbedingungen, die im Interesse beider Geschlechter sind und Gerechtigkeit möglich machen. Einen natürlichen Trieb mit der Vernunft kontrolliert zum Guten einzusetzen, macht nach dem oben skizzierten islamischen Menschenbild eine moralische Eigenschaft aus – ein möglicherweise vorhandener Trieb allein kann also nicht als Entschuldigung für ungerechtes Verhalten dienen. Im Islam ist Gerechtigkeit eines der höchsten Prinzipien und wichtigsten Forderungen. Unzählige Male ermahnt der Koran zur vollkommenen Gerechtigkeit als oberstes Handlungskriterium.

Unabhängig davon, ob die männliche Dominanz bei der Partnerwahl soziologisch oder evolutionsbiologisch erklärt wird, bleibt sie problematisch und hängt mit dem Überangebot der sexuell verfügbaren Frau zusammen. Illouz beschreibt dieses Dilemma, indem sie das Übermaß problematisiert, das dem Mann »die Vielfalt verschafft, dass es [ihm] erlaubt, eine ansonsten perfekte Ehe aufzugeben und seine Phantasien auf eine größere Anzahl von Frauen zu richten. Das Problem besteht jedoch darin, dass die verschiedenen Objekte seiner Begierde aufgrund ihrer Zugänglichkeit und Zahl an Wert verlieren, weil Wert an der Fähigkeit hängt, zu ordnen und zu hierarchisieren, was schwieriger wird, wenn es zu viele verfügbare Optionen gibt.« Illouz bezieht sich damit auf den konkreten Markt bei der Partnerwahl. Der Hinweis darauf jedoch, dass häufig allein schon die Fantasien sich auf eine Vielzahl an Frauen ausweiten und die Tatsache, dass die Sexualisierung der Frau sexuelle Attraktivität zu dem bedeutendsten Kriterium der Partnerwahl befördert hat, lässt den Schluss zu, dass die visuell wahrgenommene Verfügbarkeit der Frau mindestens ebenso problematisch ist.

In einer Überlieferung des Propheten Muhammad heißt es, dass viele Menschen sich bei der Partnerwahl von vier Kriterien leiten lassen: Vom Vermögen, von der edlen Herkunft, von der Schönheit oder von der Frömmigkeit. Ein Muslim sollte auf die Frömmigkeit des Partners achten, das sei das beste (Abu Huraira; Buchari; Muslim). Innere Werte werden hier als die entscheidenden benannt; Frömmigkeit ist eine Eigenschaft, die beste Voraussetzungen dafür schafft, dass wahre Liebe gedeihen kann.

Wenn die äußerliche Attraktivität heutzutage eine derart herausgehobene Bedeutung für die Partnerwahl hat, führt das mit viel größerer Wahrscheinlichkeit zu dem vielfach beobachteten Szenario: Sieht eine Person gut aus, reicht dies in schwachen Momenten mitunter als Legitimation, sich das Recht für den nächsten Schritt herauszunehmen – nicht selten auch, wenn man sich bereits in einer Bindung befindet. Denn die Verpflichtung aus einer Bindung wird als weniger bedeutsam bewertet. Es ist diese Verschiebung in der Priorisierung von Werten, die auch Illouz beschreibt.

Was in der Folge bei einer erfolgreichen Kontaktanbahnung geschieht, ist ein hormoneller Höhenflug, der vielen die Sinne vernebelt und den Verstand zu blockieren scheint. Es fehlt die Weitsichtigkeit, dass auch die neu eingegangene Verbindung irgendwann ihren geheimnisvollen Reiz verliert, die Routine einkehrt und der Kampf und Streit um Kleinigkeiten ausbricht, wenn es nicht gelingt, die Herausforderungen einer langjährigen Partnerschaft anzunehmen und an seiner Persönlichkeit zu arbeiten, statt sich bei Schwierigkeiten mit Ablenkung zu betäuben und irgendwann wieder von vorn anzufangen. Auch beim nächsten Partner bleibt dann irgendwann nur noch wenig übrig von der anfänglichen Faszination. Denn die eigenen Persönlichkeitsdefizite bleiben und auch der neue Partner wird Schwächen und

Fehler haben. Es ist die Jahrzehnte überdauernde Partnerschaft, in der beide Partner hart an sich gearbeitet haben, die eine Qualität aufweist, die beständige Zufriedenheit mit sich bringt sowie die Persönlichkeit reifen lässt.

Wie viel Leid aber eine mehr oder weniger leichtfertige »Umorientierung« mit sich bringt, was das für die Partner, für die Kinder bedeutet, wird heruntergespielt. Es sind wahre Katastrophen, die sich im Privaten und Kleinen abspielen. Wie die Welt zu zerbrechen scheint, wenn die Affäre des Partners bekannt wird, wie Menschen Monate oder Jahre nach einer Trennung mit sich hadern und am Boden zerstört sind, was ein solcher Vertrauensverlust für die Beteiligten bedeutet, die eine solche Erfahrung ein Leben lang prägt und belastet, das wissen die Betroffenen sehr genau. Und es gibt kaum noch jemanden, der nicht betroffen ist. Prominente Vorbilder, die nicht schon mehrere Trennungen und Scheidungen hinter sich haben, werden selten. Dass hier auf menschlicher Ebene, auf der Ebene der Persönlichkeit versagt worden ist und Entwicklungen verpasst werden, mag man sich kaum eingestehen. Es wird psychologisiert, manchmal pathologisiert, und Erfahrungen aus der Kindheit zur Ursache für schwierige Dynamiken in einer Paarbeziehung ausgemacht. Es wird jedoch nicht darüber nachgedacht, dass es die gesellschaftlichen Rahmenbedingungen sein könnten, die dazu führen, dass Beziehungen nicht mehr funktionieren, und zwar kollektiv nicht mehr funktionieren.

Sicherlich, eine Scheidung ist nicht grundsätzlich zu verurteilen. Der Islam hat im Gegensatz zum Christentum die Scheidung von Anfang an als legitim erklärt, auch wenn alles daran gesetzt werden sollte, sie zu vermeiden. In einer Überlieferung heißt es: »Von allen Dingen, die erlaubt sind, ist die Scheidung das Verwerflichste in den Augen Allahs.« (Sahi Bukhari)

Man mag sich die Frage stellen, ob es wirklich einen Zusammenhang gibt zwischen einem freizügigen Umgang der Geschlechter, der Bekleidung der Frau und der Stabilität von Partnerschaften. Schließlich haben Scheidungen häufig vielschichtige Ursachen und sind gesellschaftlich auch stärker akzeptiert als früher. In der Psychologie werden dysfunktionale Kommunikationsstile, der Umgang mit Stress oder Fehlattribuierungen diskutiert. Als wichtiger Faktor für

Partnerschaftsprobleme gilt zudem der Einfluss der Herkunftsfamilie und der dort erlebten Mutter-Kind Bindung. Diese Erklärungsmuster spielen sicherlich eine Rolle, entscheidend jedoch ist, ob im Elternhaus eine intakte Familienstruktur vorherrschte oder nicht. Die Tatsache, dass Beziehungen nicht mehr halten, scheint ein Produkt der neu gewonnen Freiheit des modernen Menschen zu sein, autonom zu wählen und Beziehungen einzugehen oder zu beenden, wann immer man es für richtig hält, ohne über die Verantwortung gegenüber anderen nachzudenken. Während die Freiheit des Individuums ohne Zweifel eine der wichtigsten Errungenschaften der Neuzeit ist, stellt sich doch die Frage, ob eine falsch verstandene Freiheit nicht genau diese einschränkt. Wenn Autonomie bedeutet, keinerlei Verbindlichkeiten eingehen zu wollen und wechselnde Partnerschaften einzugehen, offenbart sich darin ein unsteter Geist, der nicht wirklich weiß, was er will, und sich dadurch selbst am meisten schadet.

Konkurrenzlose Liebe

Wenn es darum geht, Rahmenbedingungen zu schaffen, dass Liebe gelingen und gedeihen kann, geht dies auch mit einer Steigerung der Qualität der Partnerschaften einher, in der eine Liebe erfahren wird, die unser Wesen grundlegend befriedigt. Eine solche Liebe führt auch zu einer positiven Entwicklung des Selbstwertes, der stärkt. Sie befreit davon, auf der Suche nach Anerkennung immer wieder Eitelkeiten zur Schau stellen zu müssen und konkurrieren zu müssen. Sie befreit von Ersatzbefriedigungen, die dem Selbstwertgefühl nur kurzfristig dienen, aber langfristig niederschmetternd sind.

Wenn körperliche Reize nur beim eigenen Partner wahrgenommen und angenommen werden, haben sie eine besondere und stabilisierende Wirkung. Sie stehen nicht in Konkurrenz zu den unzähligen Möglichkeiten, jemanden kennenzulernen, die sich durch die neuen Technologien zur Partnerwahl im Internet oder über Partnerschaftskontaktbörsen bieten. Der permanent nagende Zweifel, jemand könne noch attraktiver sein als der derzeitige Partner, unterwandert das Gefühl der Exklusivität und lässt den modernen Menschen zu einem

Getriebenen werden, der stets auf der Suche nach Optimierung ist. Es geht um Nutzenmaximierung, die in erster Linie das Eigeninteresse befriedigen möchte und keinerlei Normen mehr kennt, die zur Berücksichtigung der Gefühle anderer ermahnen. Beziehungen werden beendet, wenn der Eindruck entsteht, man gebe zu viel und bekomme zu wenig zurück. Das Ideal einer selbstlosen Liebe jenseits von Kosten-Nutzen-Rechnungen gilt nicht mehr.

Letztlich führt diese kapitalistisch inspirierte Orientierung an vordergründig eigenen Interessen zu einem Menschen, der zur Liebe unfähig wird. So berichtet Illouz etwa von Männern und Frauen, die eine langjährige Beziehung oder Ehe mit Kindern aufgeben, obwohl sie ihren Partner als liebevoll, attraktiv und aufmerksam beschreiben. Trotzdem kam ihnen aber immer wieder der Gedanke, ob angesichts der Vielfalt an Möglichkeiten der richtige, der perfekte Partner ausgewählt worden sei. Illouz zitiert einen ratsuchenden Mann: »Jeder, der sich auf eine langfristige monogame Beziehung einlässt, fragt sich zwangsläufig, ob dies wirklich die beste Person ist, der er je begegnen wird, oder nicht. Es ist nur natürlich, sich zu fragen, ob jemand, den man irgendwann kennenlernen könnte, besser sein wird als der jetzige Partner.« Dieser Gedanke wird durch Kontaktbörsen im Internet rasant befördert. Tausende von Profile sind sekundenschnell abrufbar, so dass niemand mehr gut genug zu sein scheint und die Suche nach einem Profil, das noch besser zu den eigenen Bedürfnissen passen könnte, schier endlos wird. Das Problem liegt also darin, dass es auf dem Weg der Liebe nicht um einen »perfekten« Partner gehen darf, der jederzeit durch einen noch besseren ersetzt werden kann. Der Gedanke, dass man sich für einen Partner entscheidet und Liebe durch den gemeinsam gegangenen Weg entsteht und wächst, ist immer weniger bewusst. Der Zauber der Exklusivität der Liebe und das romantische Ideal, ein Leben lang gemeinsam verbringen zu wollen, ist der kapitalistischen Suche nach einem, die eigenen Bedürfnisse befriedigenden Objekt, das jederzeit austauschbar ist, gewichen. Eine exklusiv erlebte Liebe setzt jedoch voraus, dass man sich füreinander entscheidet, Verantwortung übernimmt und sich verpflichtet, alles daran zu setzen, zusammenzubleiben.

Die eigene Ästhetik störend

Das Kopftuch ist nur ein Mosaiksteinchen innerhalb des Gefüges an Normen, die der Islam für den Umgang der Geschlechter beschreibt. Das Kopftuch (arabisch genauer »Hijab«) oder die verhüllende, das heißt, nicht figurbetonte Kleidung und die Bedeckung des Haares ist nichts anderes als die sichtbare Ausdrucksform einer Grundeinstellung, die sich im Umgang der Geschlechter manifestiert. Es wird von einer natürlichen Anziehung zwischen den Geschlechtern ausgegangen, die prinzipiell bejaht wird, wenn sie im Rahmen einer langfristigen Beziehung die Bindung stärkt. Sie wird nur dann als störend empfunden, wenn sie bestehende Beziehungen gefährdet oder zu einer leichtfertigen Einstellung der Liebe gegenüber führt. Es gilt, feinfühlig zu werden und seine Sinne für die Liebe des Lebens zu schulen und zu verfeinern. Es gilt zudem, den Weg nach innen zu gehen, sein Ego zu überwinden und dadurch die Liebe Gottes und des Partners zu erfahren. Oder wie Erich Fromm es ausdrückt, von Personenmitte zu Personenmitte in tiefere Ebenen des Verständnisses zu dringen. Alles, was an Äußerlichkeiten verhaftet sein lässt und zu einer Verdinglichung und Materialisierung des Denkens führt, stört diesen Weg nach innen und wird als Ablenkung betrachtet. Natürlich gehört es zu einer Form des Liebesbeweises, mit diesen möglichen Ablenkungen zurechtzukommen und sich nicht von jedem Störfeuer irritieren zu lassen. Sowohl die Liebe zu Gott als auch zum Partner entwickelt sich gerade durch die Prüfung der Treue, indem sie trotz Schwierigkeiten und Zweifel standfest bleibt. Diese Formen der Prüfungen durch scheinbar attraktive Alternativen werden immer bestehen bleiben, der Mensch lebt nicht in einem isolierten Raum und der öffentliche Raum muss immer für beide Geschlechter gleichermaßen begehbar sein. Aber es wäre hochgradig unvernünftig und leichtsinnig, keine Vorkehrungen zu treffen, um günstige Rahmenbedingungen für das Gedeihen der Liebe zu schaffen. In der Beziehung zu Gott ist es etwa das regelmäßige Gebet, das Fasten, Spenden und andere Formen des vorgeschriebenen Gottesdienstes, die den Menschen täglich oder regelmäßig eindringlich an seine Beziehung zu Gott erinnern. Es sind Rahmenbedingungen, die das Bewusstsein steuern, die Konzentration auf das lenken, was elementar und von essentieller Wichtigkeit ist und davor bewahren, in die vielfältigen weltlichen Ablenkungen des Alltags zu versinken. In Bezug auf die Liebesbeziehung zwischen Mann und Frau gilt es ebenfalls, die Konzentration auf die Liebe, für die man sich entschieden hat, zu fokussieren und eine Atmosphäre zu meiden, die einen anfällig dafür macht, nicht alles in die gewählte Partnerschaft zu investieren. Daher sollte der Umgang zwischen den Geschlechtern in der Öffentlichkeit von Distanz geprägt sein, Körperkontakt vermieden und körperliche Reize nicht eingesetzt werden.

Dem Einwand, auch von einer verhüllten, kopftuchtragenden Frau gehen Reize aus, ist zu entgegnen, dass diese in der Regel deutlich abgeschwächt sind und sich Bewertung nicht mehr auf reine Körperlichkeit reduziert. Das Fernhalten erotischer Reize aus der Öffentlichkeit soll zu einer feinfühligen Wahrnehmung beitragen. Für Muslime, die in einer Gesellschaft leben, die diese Werte offensichtlich nicht teilt, ist es sicherlich eine größere Herausforderung, ihren Prinzipien treu zu bleiben, vor allem, wenn gewisse Abstumpfungsprozesse eintreten. Man kann sich jedoch bewusst entscheiden, welche Orte man meidet, welche Zeitschriften oder Webseiten konsumiert werden und welche Gedanken man zulässt. Die innere Einstellung und das Verhalten können ungünstige Rahmenbedingungen kompensieren. Doch kann nicht geleugnet werden, dass dazu ein gefestigter Charakter und Willenskraft nötig sind, die in der Regel eine enge Beziehung zu Gott voraussetzen. Ohne diese innere Einstellung helfen äußere Umstände oder normative Vorgaben nur bedingt, wie es eine Betrachtung der sogenannten islamischen Welt deutlich macht. Letztlich hat jeder für sich selbst und sein Handeln Verantwortung zu übernehmen.

Wenn eine Frau in der nicht-muslimischen Mehrheitsgesellschaft ein Kopftuch trägt, kann sie damit nicht für eine reizfreie Atmosphäre insgesamt sorgen, aber sie sorgt dafür, dass sie persönlich reizarm auftritt, weil sie dies für richtig hält. Sie verliert damit für die allermeisten Männer an sexueller Attraktivität, was genau in ihrem Interesse ist. Man mag einwenden, dass ein schönes Gesicht immer noch für genügend Anziehung sorgen kann. Doch es macht interessanterweise für die erotische Signalwirkung einer Frau einen großen Unterschied, ob sie ein Kopftuch trägt oder nicht. Es mag sein, dass eine kopftuchtragende Frau, von der man die Figur nicht sieht, ein schönes Gesicht hat. Manche Frauen bedecken daher auch einen Teil ihres Gesichts, allerdings ist der von den extremistischen Taliban verlangte Ganzkörperschleier, die Burka, höchst unislamisch und menschenverachtend. Im Koran heißt es, dass man das unbedeckt lassen kann, »was sichtbar sein muss« (24:32), um sich frei bewegen zu können, also etwa Gesicht, Hände und Füße. Aber auch ein schönes Gesicht entfaltet eine gänzlich andere Wirkung, wenn es schlicht von einem Kopftuch umrahmt wird und der Körper nicht betont wird. Die Wirkung ist höchst effektiv: In Sekunden wird sehr viel Attraktivität zurückgenommen. Es mag immer noch schön sein, aber es ist nicht zu vergleichen mit der Wirkung, die eine Erscheinung ohne das Kopftuch hätte – das kann bestätigen, wer den Vorher-Nachher Effekt gesehen hat. Die Wirkung des Kopftuchs steht natürlich im scharfen Widerspruch zu dem, was das gängige Klischee von einer Frau erwartet.

Es leuchtet ein, dass in einer Gesellschaft der Konkurrenz um Materielles und Äußeres, einer Gesellschaft, in der viele Menschen Anerkennung über die Zurschaustellung von Eitelkeiten erfahren, einer Gesellschaft, die dem Diesseitigen verhaftet ist, weil sie an ein Jenseits immer seltener glauben kann, jemand ein Tabu bricht, der ganz offensichtlich zu erkennen gibt, dass er diese Dinge unterläuft. Und genau deswegen gilt das Kopftuch hierzulande auch als eine Provokation. Als Störung des ästhetischen Auges. Ich behaupte, dass viele Menschen sich am Kopftuch stören, weil es ihrer eigenen Ästhetik zuwider geht. Dies ist übrigens bereits eine Haltung, die sich in der Kolonialzeitrhetorik zeigte, die die Verschleierung der Frau ebenfalls als die eigene Ästhetik störend bekämpfte. Die Empörung über die Kopftuchträgerinnen und das Mitleid mit ihnen hat dann häufig etwas mit dem eigenen Unbehagen zu tun, das sich einstellt, sobald man Frauen sieht, die optisch nicht ansprechend sind und das ästhetische Auge nicht anregen. Es ist die Verweigerung, soziale Codes über ein ansprechendes öffentliches Erscheinungsbild anzunehmen, die als Integrationsverweigerung gelesen wird und in höchstem Maße irritiert. Erschwerend kommt hinzu, dass gerade in Deutschland das stereotype Alltagsbild auf den Straßen von der kopftuchtragenden Frau geprägt wird, die ihre Wurzeln nicht selten in der bildungsfernen Schicht eines ostanatolischen Dorfes hat und sich ihrem Alter und ihrem dörflich-konservativen Hintergrund entsprechend auch fernab von Modetrends befindet. Es ist somit auch das kulturelle Befremden über den Kleidungstil dieser Frauen, die manchmal auch mangels Alternativen nicht die elegantesten Lösungen finden. Gerade im Sommer gibt es kaum verhüllende Kleidung, die von europäischen Modevorstellungen beeinflusst ist. Wer also im Sommer einen leichten, luftigen Überhang tragen möchte, der den Körper bedeckt, ist häufig gezwungen, sich in traditionell-konservative Boutiquen zu begeben, denn bei angesagten Labels werden die Frauen kaum fündig werden. Mit modern gekleideten Kopftuchträgerinnen hat die Gesellschaft anscheinend auch etwas weniger Schwierigkeiten.

Der Islam ist keine lebensferne Religion, die Mode oder ein gepflegtes äußeres Erscheinungsbild ablehnen würde. Die Orientierung an der Mode drückt auch eine Form von Lebensfreude aus und hat durchaus ihre Funktion, wobei die Schamgrenzen im Islam anders definiert sind und eine umfassende Bedeckung gewünscht ist. Im Koran heißt es dazu: »O Kinder Adams, Wir gaben euch Kleidung, eure Scham zu bedecken, und zum Schmuck; doch das Kleid der Frömmigkeit – das ist das beste. Dies ist eins der Zeichen Allahs, auf dass sie (dessen) eingedenk sein mögen.« Kleidung ist demgemäß auch Schmuck und darf schön sein, in einer Überlieferung heißt es: »Allah ist schön und liebt die Schönheit«, wobei die innere Schönheit im Koran jedoch als »bestes Kleid« bezeichnet wird (7:27).

Auch wenn es im Islam also vor allem um innere und ganzheitliche Schönheit geht, ist doch auch äußerliche Schönheit – denken wir an die Natur – ein von Gott gemachtes Geschenk. Sich für seinen Partner oder für eine Feier schön zu machen, drückt auch die Wertschätzung aus, die man für andere empfindet und versprüht Freude. Wenn die äußerliche Kleidung, die innere Einstellung beeinflusst, dann gilt dies in alle Richtungen. Bei einer Trauerfeier soll die Farbe der Kleidung in vielen Kulturen den inneren Zustand anzeigen und damit bekräftigen. Genauso strahlt gepflegte, saubere, schöne Kleidung etwas aus, das das innere Gemüt positiv beeinflussen kann. Die Orientierung an der Mode ist insofern nicht zu verurteilen. Der Punkt ist nur, dass es Werte gibt, die über dem Wunsch nach äußerlicher Attraktivität stehen. Wenn die Orientierung an der aktuellen Mode dazu führt, dass Körperlichkeit auch öffentlich obsessiv in den Vordergrund getragen wird und man seine innere Einstellung einem Trend opfert, wird sie zum Götzen, von dem man sich abhängig macht. Wenn der Wunsch, schön zu sein und attraktiv zu wirken, dazu führt, dass man selbst eitel wird und sich unverhältnismäßig um seine äußerliche und sexuelle Attraktivität Gedanken macht, verleugnet man als Muslimin sich selbst. Denn dann strebt man nach Schmeicheleinheiten für das Ego und erlangt Selbstwert durch Anerkennung, die andere Menschen einem schenken. Frau macht sich dadurch abhängig von den Blicken, die anzuziehen sie in der Lage ist oder nicht. Sie fängt an, sich daran zu orientieren, ob sie Blicke auf sich ziehen konnte oder nicht, das heißt, sie definiert ihren Selbstwert durch ihre sexuelle Attraktivität, die sie festzustellen gewillt ist. Sie genießt den männlichen Blick dann als Bestätigung und Erhöhung ihres Selbstwertgefühls, aber ekelt sich gleichzeitig vor ihm, wenn der Mann als nicht attraktiv oder aufdringlich lüstern empfundenen wird. Anerkennung entsteht dann über den männlichen Blick, der die Macht darüber gewinnt, Selbstwert zu verleihen. Der Islam lehrt dagegen, sein Ego zu überwinden, sich von Eitelkeiten zu lösen und Anerkennung durch die Beziehung zu Gott zu erfahren. Eine so erfahrene Anerkennung macht vollends frei von dem Streben nach der Gunst anderer Menschen, besonders anderer Männer, die, Illouz zufolge, das »sexuelle Feld« emotional dominieren. »Ist Allah denn nicht genug für seine Diener?«, fragt der Koran und drückt dadurch das höchste Moment an Freiheit aus, dass der Mensch erleben kann, denn Gott ist allmächtig, seine Liebe übersteigt alles. »Allah schaut nicht auf eure Körper und Formen, Er sieht in eure Herzen!« (Muslim), heißt es in einer Überlieferung des Propheten.

Der Kopftuch-Hipster

Nicht jede kopftuchtragende Frau sieht im Kopftuchtragen ein Moment der Freiheit. Auch ist nicht immer die Beziehung zu Gott das bestimmende Motiv. Es gibt viele Motive, ein Kopftuch zu tragen. Für die eine ist es ein Modeaccessoire, für die andere identitätsstiftend, für die dritte ein Ausdruck ihrer Zugehörigkeit zu einer bestimmten Kultur oder schlicht Tradition. Und dann gibt es noch die Frauen, die zum Kopftuch gezwungen werden, weil männliche und weibliche Verwandte sowie eine patriarchale Kultur glauben, Frauen damit kontrollieren zu können. Letztere sind häufig Gegenstand dramatischer Berichterstattung und werden im Westen nicht selten als prototypische Kopftuchträgerinnen wahrgenommen. Der Studie »Muslimisches Leben in Deutschland« zufolge gibt nur eine Minderheit unter den Kopftuchträgerinnen an, das Tuch aufgrund von Erwartungen der Familie, der Umwelt oder des Partners zu tragen.[61] Die überwältigende Mehrheit (92,3 Prozent) trägt das Kopftuch aus religiösen Gründen, weil sie es als ein Gebot Gottes versteht, das im Koran verankert ist. Nun gibt es immer wieder den Versuch, dem Kopftuch seine religiöse Legitimation abzusprechen, indem man erklärt, das Kopftuch sei gar nicht islamisch und sei im Koran nicht vorgeschrieben. Der Koran erwähnt die Verhüllung der Frau, explizit das Hijab (das mit »Kopftuch« etwas vereinfacht übersetzt wird), an zwei Stellen (24:32 und 33:60). So heißt es an einer Stelle: »O Prophet! sprich zu deinen Frauen und deinen Töchtern und zu den Frauen der Gläubigen, sie sollen ihre Tücher tief über sich ziehen. Das ist besser, damit sie erkannt und nicht belästigt werden. Und Allah ist allverzeihend, barmherzig.« (33:60) Die im Koran verwendeten Wörter *Dschalaabiib* und *Chumur* bezeichnen eine Bedeckung, ein Gewand, das die Haare miteinschließt. Dies erscheint auch deswegen plausibel, weil der Koran die muslimische Frau auffordert, ihre Reize zu bedecken, »bis auf das was, was davon sichtbar sein muss« (24:32), wie etwa das Gesicht. Die Haare jedoch können bedeckt bleiben, ohne dass dies im alltäglichen Leben stören wurde.

Zuweilen wird auch argumentiert, die Bedeckung beziehe sich vor allem auf die Brüste der Frau. Dann jedoch stellt sich die Frage, wie der folgende Vers verstanden werden soll: »(Was nun) die älteren Frauen (betrifft), die nicht mehr auf Heirat hoffen können, so trifft sie kein Vorwurf, wenn sie ihre Tücher ablegen, ohne ihre Zierde zur Schau zu stellen. Dass sie sich dessen enthalten, ist besser für sie. Und Allah ist Allhörend, Allwissend.« (24:61) Es spricht also einiges dafür, das Kopftuchgebot aus dem Koran abzuleiten.

Dennoch sagt Necla Kelek in einem Artikel in der WELT: »Das Kopftuch ist nicht islamisch. Es gibt keine religiöse Verpflichtung, ein

Kopftuch zu tragen ... Wer das Kopftuch will, ist Traditionalist und interpretiert die Überlieferung im eigenen Interesse. In Deutschland gehört er damit zu der Minderheit von Muslimen, die diese Religion nicht spirituell, sondern als Gesetz begreifen und einen ›Scharia-Islam‹ vertreten.«[62] Es ist ein weiterer Versuch Keleks, die Kopftuchträgerin in eine bestimmte Ecke zu drängen, sie in Verruf zu bringen und als Radikale abzustempeln. Das ist eine Taktik, die häufig zum Einsatz kommt. Unterschwellig wird dann ein Zusammenhang suggeriert zwischen dem Kopftuch und der Ablehnung der Demokratie, so heißt es im SPIEGEL: »den Bundesländern bleibt es überlassen, das Symbol eines intoleranten Islam [d. h. das Kopftuch, Anm. d. V.] per Gesetz zu verbieten. Denn radikale Muslime verachten die Werte der westlichen Demokratien«.[63] Natürlich gibt es keinerlei Zusammenhang zwischen einem Bekenntnis zur Demokratie, einem Toleranzverständnis und dem Nicht-Tragen eines Kopftuchs. Hier wird aber behauptet, es seien nur die radikalen Muslime, die ein Kopftuch tragen. Die Medienwissenschaftlerin Sabine Schiffer schlägt deshalb vor, eine Gegenprobe vorzunehmen: Indem die gleiche Argumentationsweise auf die eigene Situation übertragen wird, kann die Willkür von Kausalitätsketten überprüft werden. Dazu kann die Ursache für den Sexismus in den sogenannten westlichen Ländern etwa mühelos in der parlamentarischen Demokratie ausgemacht werden.[64]

Wie absurd dieser konstruierte Zusammenhang ist, zeigt das nachfolgende Zitat aus demselben Artikel: »Das Kopftuch [ist] die Flagge der islamischen Fundamentalisten: Immerhin leben Millionen gläubiger Musliminnen ohne Kopftuch auf der Welt.« Sicherlich, es gibt auch Millionen von Christen, die keine Kreuzkette um den Hals tragen, sind jetzt alle, die eine Kette haben, Radikale? Die einfache Behauptung, das Kopftuch sei ein Symbol der Extremisten lässt sich nicht belegen, man erklärt sie schlicht zur Tatsache, indem man eine Kausalität suggeriert, die es nicht gibt. Genau so wenig, wie man eine Deutungshoheit dafür beanspruchen kann, ob das Tragen des Kopftuchs ein islamisches Gebot ist oder nicht. Wenn eine Mehrheit der Musliminnen angibt, das Kopftuch aus religiösen Gründen zu tragen, kann das nicht ignoriert werden. Ich wüsste zudem nicht, was dafür sprechen sollte, dass das Verhüllungsgebot reaktionär ist.

Es war wohl noch nie so modern und nonkonform wie heute. Es gab nie zuvor ein Zeitalter, indem die ausgezogene Frau so omnipräsent war wie heute. Sich nicht auszuziehen, sich möglichst viel anzuziehen, müsste das Merkmal einer rebellisch-revolutionären Bewegung gegen die Degradierung der Frau zum Objekt sein. Stattdessen stellt sich eine Gruppe von jungen, schlanken, attraktiven Frauen regelmäßig mit barbusigem Oberkörper vor die Kameras der Welt und behauptet unter dem Namen »Femen« für Frauenrechte einzutreten – wer sie bezahlt, bleibt im Dunkeln. Die Gruppe folgt der Logik derer, die Frauen als Objekt sehen möchten, denn sie verschafft sich die knappe Ressource Aufmerksamkeit, indem sie den patriarchalen Gesetzen des Marktes gehorcht und damit den »Symbolen weiblicher Unterwerfung verhaftet bleibt«, wie die Journalistin Tanja Stelzer in der Zeit schreibt. Stelzer resümiert auch im Hinblick auf all diejenigen Frauen, die sich für Männermagazine ausziehen: »Eine Frau, die sich auszieht, glaubt, mächtig zu sein. Doch es ist bloß die Macht des Bildes. Nicht ihre eigene. In Wirklichkeit erlaubt sie jedem, in ihr zu sehen, was er sehen will. Jeder kann auf nackte Haut projizieren, was ihm einfällt.« Es zeugt von lächerlicher Machtlosigkeit, wenn Frauen darauf angewiesen sind, sich auf diese Art Aufmerksamkeit zu verschaffen, zumal das Ganze offensichtlich nur bei attraktiven Frauen funktioniert, die männlichen Interessen in die Hände spielen. Wie wenig das hilft, zeigt die Tatsache, dass die Bilder mit den nackten »Femen«-Aktivistinnen zwar durch die Welt gingen, kaum jemand aber über ihre Forderungen berichtete. Auch sie sind nichts als Opfer des männlichen Blicks, der Frauen zum Objekt degradiert.

In ihrem Kampf um die Befreiung der Frau fällt Necla Kelek jedoch nichts anderes ein, als ausgerechnet das Kopftuch an den Pranger zu stellen und es nun gar als nicht-islamisch zu bezeichnen. Das Bundesverfassungsgericht hat dazu Folgendes geklärt: »Auf die umstrittene Frage, ob und inwieweit die Verschleierung für Frauen von Regeln des islamischen Glaubens vorgeschrieben ist, kommt es nicht an. Zwar kann nicht jegliches Verhalten einer Person allein nach deren subjektiver Bestimmung als Ausdruck der besonders geschützten Glaubensfreiheit angesehen werden; vielmehr darf bei der Würdigung eines vom Einzelnen als Ausdruck seiner Glaubensfreiheit reklamierten

Verhaltens das Selbstverständnis der jeweiligen Religionsgemeinschaft nicht außer Betracht bleiben. Eine Verpflichtung von Frauen zum Tragen eines Kopftuchs in der Öffentlichkeit lässt sich nach Gehalt und Erscheinung als islamisch-religiös begründete Glaubensregel dem Schutzbereich des Art. 4 Abs. 1 und 2 GG hinreichend plausibel zuordnen.«

Damit wäre zumindest einmal geklärt, dass das Selbstverständnis der Mitglieder einer Religionsgemeinschaft seine Daseinsberechtigung hat, auch wenn es immer wieder paternalistische Neigungen von nicht-muslimischer Seite gibt, die alleinige Deutungshoheit über koranische Verse für sich zu beanspruchen. »Das Kopftuch steht doch gar nicht im Koran!« – dieser entrüstet geäußerte Vorwurf fällt in der Tat häufig bei interreligiösen Dialogveranstaltungen, und die Urheber sind nicht selten nicht-muslimische Laien, die glauben, es besser wissen zu müssen.

Eine andere Frage, die ebenfalls häufig gestellt wird, beschäftigt sich mit den Widersprüchen, die sich in so mancher Kopftuchträgerin zeigen. Empört wird geschildert, dass man junge Kopftuchträgerinnen gesehen habe, die stark geschminkt in High Heels und überaus figurbetonter Kleidung unterwegs waren. Wie das denn bitteschön zusammenpasse? Necla Kelek fasste diese Frauen unter der Kategorie »Islam-bitches« zusammen, wofür sie heftig kritisiert wurde. Für die Islamwissenschaftlerin Lamya Kaddor hat sie damit den »Boden einer seriösen, geschweige denn wissenschaftlich fundierten Islamkritik« verlassen.

Dennoch scheint sich gerade in den USA eine regelrechte Subkultur junger Muslime gebildet zu haben, die sich als muslimische Hipster definieren, kurz: Mipster. Das Kulturmagazin CICERO schreibt: Ein Mipster »interessiert sich für die neueste Musik, Mode, Kunst und ist ein kritischer Denker. Inspirieren lässt sich der Mipster von der islamischen Tradition: Der Koran gilt ebenso als Inspirationsquelle wie die Geschichten der Propheten, die islamische Mystik und esoterische Imame, aber auch inspirierende Politiker und Mitmenschen. Der Mipster wünscht sich eine gerechte Gesellschaft jenseits von Klassendenken. Und genau wie beim Hipster spielt – zumindest in der Theorie – Ironie eine zentrale Rolle im Leben des Mipsters. Sie soll Selbstkritik und

Kritik an der Gesellschaft ermöglichen und ausdrücken.« Diese jungen Muslime, die so sympathisch daherkommen und eine personifizierte Symbiose zwischen westlichem Lifestyle und der islamischen Kultur darzustellen scheinen, werden dann unglaubwürdig, wenn sie sich in allzu krasse Widersprüche verheddern. Vielen gelingt es jedoch auch, dass Beste aus beiden Welten zu übernehmen und somit zu einer lebendigen Brücke zu werden. Sie sind dann urban, hip und trotzdem muslimisch und zeigen dadurch, wie vielfältig auch muslimisches Leben ist.

Auch unter Musliminnen gibt es Frauen, die einen alternativen Hippistyle bevorzugen, andere kleiden sich elegant oder traditionell bis konservativ, die Geschmäcker sind selbstverständlich individuell unterschiedlich. Und dennoch kann jede, ihrer Persönlichkeit und ihrem Stil entsprechend ihre Kleidung auf eine Weise tragen, dass die hinter dem Kopftuch stehende Philosophie gewahrt bleibt. Das populär gewordene Musik-Video »Somewhere in America« zeigte dagegen kopftuchtragende Frauen in engen Skinny Jeans und auf High Heels und sorgte damit für gemischte Reaktionen. Während die einen die »amerikanisierte und kommerzialisierte Variante der Muslimin« kritisierten und dies als Anbiederung und konformistisches Einknicken vor dem Mainstream bewerteten, konterten die Macher des Videos, dass Muslime selbst amerikanisch seien und somit nichts imitieren würden. Allerdings muss doch die Frage bleiben, welche Funktion Religion und religiöse Symbole haben. Sind sie eine leere Hülle, die aus Imagegründen getragen wird? Dann ähnelt das Hipster-Kopftuch dem goldenen Kreuz, das ein Rapper trägt, der gleichzeitig gewaltverherrlichende Songs singt. Es mag an Tiefe und Glaubwürdigkeit fehlen, vielleicht wird auch nur eine innere Zerrissenheit sichtbar, die auf diese Weise kokett überspielt wird. Doch es stellt sich in der Tat die Frage, wie authentisch sogenannte »Hijabistas« sind, also muslimische Frauen, die ihr Kopftuch derart in Szene setzen, dass es eher die Funktion eines Modeaccessoires zu haben scheint. Manchen gelingt es zwar auch, modebewusst islamischen Prinzipien treu zu bleiben. Andere dagegen gelten als Anhänger einer »Islamo-fashonista-Kultur« – ein reizfreies Erscheinungsbild scheint dabei nicht wichtig zu sein. Vorsichtig müssen Muslime jedoch darin bleiben, solche Frauen aus islamischer Sicht bewerten zu wollen, denn »Taten werden nach ihren Absichten belohnt« heißt es in einer Überlieferung des Propheten (Hadith: Sahieh Al-Bukhari, Sahieh Muslim) und die Absichten kennt Gott allein. Wir können daher nur mutmaßen.

Ich habe drei Erklärungen für das Phänomen der jungen Kopftuch-Hipsters: Zum einen tragen einige dieser Frauen das Kopftuch vermutlich nicht aus religiösen Gründen, sondern eher aus kulturellen, identitätsstiftenden, traditionellen oder anderen Motiven – es kann auch ein Mittel der Provokation sein. Ihnen geht es also gar nicht darum, das Kopftuch als Ausdruck ihrer Religionszugehörigkeit zu tragen. Zum anderen gibt es sicherlich auch diejenigen, die das Kopftuch aus religiösen Gründen tragen und sich damit als Muslimin zeigen möchten, doch haben sie die Bedeutung des Kopftuchs nicht reflektiert oder sie sehen schlicht keinen Zusammenhang zwischen dem religiösen Gebot und einem reizfreien, zurückhaltenden Erscheinungsbild. Sie orientieren sich am Buchstaben, ohne den Geist dahinter verinnerlicht zu haben. Oder sie sehen das Kopftuch ausschließlich als Bekenntnis zu Gott, ohne die gesellschaftliche Komponente mitzutragen oder sich ihrer bewusst zu sein. Die dritte Kategorie gehört zu denjenigen, die zwar wissen und fühlen, dass zum Kopftuch eine Haltung gehört, die äußere Attraktivität in den Hintergrund stellen möchte und sexuelle Reize in die intime Sphäre einer festen Partnerschaft verortet. Aber es fällt ihnen schwer, das zu praktizieren. Sie sind vielleicht stark genug, sich mit dem Kopftuch zum Islam zu bekennen, der ja derzeit in Deutschland nicht unbedingt beliebt ist. Aber sie können oder wollen ihre Eitelkeit nicht zurückstellen – schließlich leben sie nicht isoliert von einem sozialen Umfeld, dass sehr viel Wert auf ein ansprechendes Äußeres legt. Sie akzeptieren dann einen möglicherweise faulen Kompromiss für sich.

Und das ist auch der Grund, warum viele Frauen sich wider besseres Wissen sehr freizügig kleiden oder gar für ein Männermagazin ausziehen und damit selbst und freiwillig dazu beitragen, als Objekt betrachtet zu werden. Sie sind eitel! Eitelkeit ist ein großes Thema. Der Mensch möchte schön sein, in unserer Kultur muss das vor allem die Frau sein. Das ist zunächst einmal kein Problem und relativ natürlich.

Viele Frauen verlassen das Haus nicht, ohne noch einmal einen Blick in den Spiegel geworfen zu haben und sich zurechtzumachen. Die Frage ist nur, wie man seine Schönheit einsetzt, wie verantwortungsvoll man damit umgeht und wie sehr man sich über die Folgen bewusst ist, wenn man seine Attraktivität für jedermann zur Schau stellt. Schönheit, vor allem innere Schönheit, aber auch äußere Schönheit hat in einer stabilen Partnerschaft eine Funktion und darf genossen und gepflegt werden. Aber was nützt es, sie in aller Öffentlichkeit zur Schau zu stellen und damit unter Umständen Mechanismen auszulösen, die destruktiv und verletzend sein könnten, bestehende Beziehungen gefährden und der eigenen, persönlichen Entwicklung womöglich ebenso wenig förderlich sind? Es ist der eitle Wunsch nach Anerkennung und das anerzogene Gefallenwollen, durch das viele dazu getrieben werden, sich exzessiv mit der Optimierung ihres äußeren Erscheinungsbildes abzumühen und den ästhetisch designten Körper anschließend vorzuführen. Möglichst viele Betrachter sollen sie dann bewundern. Vermutlich ist niemand ganz frei von dem Wunsch, bewundernde Blicke auf sich zu ziehen und schön und begehrenswert gefunden zu werden. Erst recht nicht eine junge Frau, die in unserer auf Äußerlichkeiten fixierten Welt lebt.

Das gilt auch für eine Kopftuchträgerin, die in Deutschland aufwächst (wobei es im Zeitalter der Globalisierung immer weniger eine Rolle spielt, in welchem Land sie lebt), hier sozialisiert ist und natürlich nicht unbeeinflusst vom hier propagierten Frauenbild ist. Auch sie möchte gefallen und verfällt dann bewusst oder unbewusst einer schizophrenen Kopftuch-Hipster-Existenz. Sie verhält sich damit jedoch nicht widersprüchlicher als die feministische Aktivistin, die sich auszieht oder die emanzipierte Studentin, die für einen erotischen Kalender posiert.

Manche Frauen merken in ihrer Naivität zunächst vielleicht nicht, wie sie sich dadurch selbst zum Objekt machen. Auch wenn Frauen sehr wohl bewusst ist, wie ihre äußeren Reize auf die Männerwelt wirken, unterschätzen sie häufig die damit einhergehende Objektifizierung, die viele Studien nachweisen. Die oben zitierte Anmerkung von Bon Jovi mag es auf den Punkt bringen. Frauen setzen sich selbst auf den Präsentierteller und lassen sich begutachten und bewerten. Ein so zur Schau getragener Körper zeugt weniger von einem stabilen Selbstbewusstsein als von einer labilen Persönlichkeit, die es nötig hat, sich über Oberflächlichkeit Anerkennung zu verschaffen und dabei nicht merkt, dass sich niemand für sie als Person interessiert. Frauen schaden aber nicht nur sich selbst, sie schaden vor allem anderen Frauen und Männern sowie deren Beziehungen.

Wie viele Frauen, vor allem solche, die nicht dem gängigen Schönheitsideal entsprechen, die nicht jung, attraktiv und schlank sind, vor allem jene, die an der Schwelle zum Älterwerden stehen, fühlen sich bedroht und eingeschüchtert durch die attraktive Konkurrenz? Viele haben verlernt, in Würde zu altern und versuchen stattdessen mittels plastischer Chirurgie und mithilfe von Kosmetik mit den jüngeren Frauen zu konkurrieren. Doch auch die jüngeren befinden sich in einem gnadenlosen Konkurrenzkampf. Dass es aber bei einer erfüllten Partnerschaft nicht um die körperliche Attraktivität geht, dass diese nahezu keine Relevanz hat, gerät immer mehr in Vergessenheit.

Wie viele Frauen, die mit ihrer Schönheit kokettieren, führen im Kopf des Betrachters ein Eigenleben und dienen als Projektionsfläche männlicher Fantasien? Warum sind wir so naiv zu meinen, dass das mit uns nichts machen würde, dass uns solche gedanklichen Ausflüge nicht vom eigenen Partner entfernen? Und dass eine derartige massenkulturell befeuerte Wahrnehmung mit dazu beiträgt, dass der Körper der Frau verschärft als Kapital und austauschbare Ware begriffen wird? Aber warum von Gedanken reden, wenn Handlungen längst eine andere Sprache sprechen: Weltweit erreicht die Prostitution einen Umsatz von 60 Milliarden Euro im Jahr und allein für Deutschland geht die UNO von 200.000 Zwangsprostituierten aus. Wie kann es sein, dass solch eine krasse Menschenrechtsverletzung überwiegend schweigend hingenommen wird, während die vermeintliche Unterdrückung der Frau im Islam (und die tatsächliche Unterdrückung der Frau in Teilen der sogenannten islamischen Welt zu Recht) als Bedrohung empfunden wird?

Wenn der Körper zur Ware wird

Wenn Prostitution neben dem Konsum von Pornografie zu einem allseits akzeptierten Massenphänomen avanciert ist, dann kann man nicht so tun, als ob das nicht problematisch sei. Bagatellisiert wird die Prostitution gerne mit der Behauptung, sie sei das »älteste Gewerbe der Welt«. Die Kulturwissenschaftlerin Christina von Braun zeigt, dass sich die Anfänge der Prostitution bestimmen lassen und es auch Gesellschaften ohne Prostitution gibt. Wichtiger ist jedoch, dass die Tatsache der weiten Verbreitung von Prostitution kein Argument dafür ist, dass sie gut ist und alles so bleiben sollte. Auch andere Formen des Menschenhandels, etwa die Sklaverei, waren einst gesellschaftlich akzeptiert und galten als Naturerscheinungen.

Schätzungen gehen von 200.000 bis 400.000 Prostituierten in Deutschland aus, woraus geschlossen wird, dass es zwischen 600.000 und 1,2 Millionen Freier täglich gibt. Opfer von Menschenhandel »zum Zweck sexueller Ausbeutung« sind laut Bundeskriminalamt zu 90 Prozent Frauen. Schätzungen der Gewerkschaft ver.di zufolge werden allein in Deutschland 14,5 Milliarden Euro im Jahr mit Menschenhandel und Prostitution umgesetzt. Bei diesen Zahlen »muss jeder dritte bis vierte Mann ein Gelegenheits- oder Stammfreier sein. Wie eigentlich wirkt sich allein die Möglichkeit zum Kauf der Ware Frau auf das Begehren der Männer aus? Wie begegnen Freier ihren Freundinnen und Ehefrauen? Und welchen Blick richten sie auf Kolleginnen und Nachbarinnen?«, fragt Alice Schwarzer zu Recht.

In der Tat muss zu denken geben, wie es soweit kommen konnte, dass wir es nicht mehr mit einer Randerscheinung zu tun haben, sondern es normal geworden ist, dass viele kleine Örtchen Wohnwagen mit rot blinkenden Herzen beherbergen, von den Rotlichtmilieus der Großstädte ganz zu schweigen. Frauen und Männer kaufen und verkaufen auf ebay-ähnlichen Plattformen ihren Körper und glauben dabei, keine Prostituierten oder Freier zu sein.

Wie kann es sein, dass »Rasen, Rauchen, T-Shirts aus Bangladesch« verpönt sind und Fleischessen unter einem höheren Rechtfertigungsdruck steht als der Kauf von Frauen, fragt Bernd Ulrich in der ZEIT.[65] Er fordert einen Aufstand: »Mehr noch als bei der Massentierhaltung ist der Staat allein machtlos, wenn die Gesellschaft nicht rebelliert und der Konsument nicht umdenkt ... Offenbar denkt das kollektive Unbewusste noch immer, Prostitution sei Ausdruck der immer gleichen Triebnatur des armen Mannes, ein Ventil, das offen bleiben muss, um noch Schlimmeres zu verhüten.« Demzufolge hätte der Westen durch die Akzeptanz der Prostitution genau das Männerbild, das er seinerseits der islamischen Welt zum Vorwurf macht.

Dabei gilt dort für die Prostitution: »Das einzige Kulturgebiet, das vom westlichen Sextourismus nicht erobert wurde, ist der islamische Raum. Alle anderen Kontinente gehören schon längst zum Netzwerk der Sexindustrie«, erklären Christina von Braun und Bettina Mathes.[66] Natürlich gibt es auch dort (illegale) Prostitution, allerdings sind die Dimensionen nicht vergleichbar.

Ähnliches gilt für die Pornografie. Die Pornoindustrie nimmt in der sogenannten islamischen Welt bis heute keine bedeutende Stellung ein, auch wenn der illegale Verkauf pornografischer Produktionen im digitalen Zeitalter auch dort zunehmen dürfte. In Amerika und Europa gehören die Herstellung, der Vertrieb und der Konsum von Pornografie zu einem der am stärksten wachsenden Geschäftszweige.[67] Dennoch ist die Heuchelei, mit der Pornografie in der sogenannten islamischen Welt einerseits abgelehnt wird, andererseits im Verborgenen konsumiert wird, hochproblematisch. Man merkt daran, dass das »innere Kopftuch«, die innere Einstellung, entscheidend ist und der Islam als spirituelle Religion eben eine innere, freie Entscheidung des Herzens sein muss. Aber die Heuchelei ist zumindest »eine Verbeugung des Lasters vor der Tugend«, wie es so schön heißt. Immerhin gibt es einen gesellschaftlichen Konsens, der Prostitution und Pornografie ablehnt – auch solche sozialen Normen können eine Wirkung entfalten, die der Objektwerdung der Frau entgegenwirkt. Dies ist innerhalb Europas nur in Schweden der Fall, wo die Prostitution seit 1999 verboten ist und der Freier bestraft wird. Die Ausbreitung von Prostitution und Menschenhandel macht zweifellos den »Okzident zu ebenjenem Frauenverächter, als den er den Islam denunziert«[68], wie von Braun und Mathes es formulieren. Doch grundlegender scheinen mir folgende Fragen: Wie kommt es, dass Männer und Frauen so sehr die Würde vor sich selbst und ihrem

Körper verlieren, dass sie bereit sind, ihn zu verkaufen oder für einen anderen Körper zu bezahlen? Was sind die Ursachen dafür, dass so viele, auch »normale« Männer bereit sind, ein System zu unterstützen, dass eng mit dem kriminellen Milieu und Menschenhandel verbunden ist und von Hundertausenden von Armuts- und Zwangsprostituierten genährt wird? Wie kann es sein, dass man(n) es Frauen zumutet, zu einem käuflichen Geschlecht zu gehören und damit die Ungleichheit von Mann und Frau perpetuiert? Warum wird für etwas bezahlt, dass genuin auf Gegenseitigkeit angelegt ist?

Vielleicht weil in Wirklichkeit dafür bezahlt wird, dass die Frau als Person, als Mensch abwesend ist. Der Freier macht damit »aus der stärksten denkbaren Vereinigung die größte Entfremdung«, wie Bernd Ulrich schreibt. Und auch Alice Schwarzer sieht ein ähnliches Motiv: Der verunsicherte Mann weiche der komplexen Persönlichkeit seiner Frau aus, indem seine Sexualobjekte deutlich jünger und naiver würden. Sie meint daher gar eine Parallele zwischen Pädophilie und Prostitution zu erkennen, denn in beiden Fälle gebe es ein Machtgefälle, bei dem der Körper eines Menschen zur Ware deklassiert werde und ungleiche Voraussetzungen herrschen. Ebenso wie der Zeitgeist einst die Pädophilie verharmlost habe, werde heute die Prostitution bagatellisiert, so Schwarzer. Tatsächlich wird gerne behauptet, es handle sich dabei um eine Dienstleistung wie jede andere – es stellt sich dann jedoch die Frage, warum kaum jemand es befürworten würde, Hartz IV-Empfängerinnen dazu zu verpflichten, sich zu prostituieren. Allein der gesunde Menschenverstand lässt es nicht zu, zu akzeptieren, dass der Körper zur Ware wird. Natürlich bleibt die Ausübung einer solchen Tätigkeit nicht ohne Konsequenzen für die Seele und das Gefühlsleben der Beteiligten. Häufig sind es bereits beschädigte und traumatisierte Persönlichkeiten, die sich selbst nicht mehr respektieren können und sich zur Handelsware machen lassen: Die Farley-Studie von 2009 kommt nach Forschungen in neun Ländern zu dem Ergebnis, dass bis zu 90 Prozent aller Prostituierten als Kinder missbraucht wurden. Die schwedische Prostituiertenorganisation PRIS schreibt dazu: »Die Prostitutionsforschung stellt eindeutig fest, dass es in vielen Fällen einen Zusammenhang zwischen frühen sexuellen Übergriffen und Prostitution gibt. Das ist allerdings unter aktiven

Prostituierten ein Tabu.« Neben Frauen, die aus Armut getrieben sind (Schwarzer kommentiert: »Ohne permanenten Nachschub aus den ärmsten Ländern kein ›Frischfleisch‹ für Westfreier«), handelt es sich nicht selten um labile Persönlichkeiten, die auf diese Weise zusätzlich gedemütigt und ausgebeutet werden. Allein das wäre schon Grund genug, den Kauf sexueller Dienstleistungen zu bestrafen, wie in Schweden. In Deutschland dagegen wurde 2013 im Zuge der von Schwarzer initiierten Debatte für die Änderung des Prostitutionsgesetzes von 2002 teilweise ganz anders argumentiert. Das sicherlich gut gemeinte Gesetzt hatte die Prostitution legalisiert und Deutschland damit zu einem Eldorado für Zuhälter und Menschenhändlern gemacht. Von pseudofeministischer Seite wird Prostitution mitunter euphemistisch als Frauenrecht bezeichnet, und man hört dabei immer wieder den Einwand, dass es auch Prostituierte gebe, die ihren Beruf freiwillig ausüben. Dass es diese Fälle gibt, zeigt auch ein zum Skandal gewordener Fall in Norditalien, bei dem ein Netzwerk junger Mädchen aus gut situierten Familien aufgeflogen war, die sich regelmäßig von Schulkameraden kaufen ließen, um sich ihr Taschengeld einfach und schnell aufzubessern. Die italienische Psychologin und Jugendrichterin Maria Martello kommentierte, viele junge Frauen seien nicht zuletzt aufgrund des von Silvio Berlusconi über die Medien propagierten Frauenbilds längst überzeugt, »dass ihr Körper wichtiger und wertvoller ist als ihre Person. Und die Männer sind der Meinung, dass sie einen Körper bezahlen, benutzen und wegwerfen können.« Auch wenn es also eine mutmaßliche Minderheit von Frauen gibt, die meinen, sich freiwillig dieser modernen Form der Sklaverei zu unterwerfen, können wir uns die eingangs gestellte Frage der Islamkritikerin Seyran Ates stellen: »Werden diese Mädchen dazu angehalten, einen freien Willen zu entwickeln? Oder wird ihnen gesagt, was sie wollen sollen?«

Interessant ist es schon, dass das Argument der Freiwilligkeit gelten soll, wenn Frauen sich mit Körper und Seele verkaufen –, aber wenn eine Frau sich freiwillig verhüllt, dann scheint das problematisch und man überlegt, dagegen vorzugehen, um sie vor sich selbst zu schützen. Zur Prostitutionsdebatte schreibt Volker Zastrow in der ZEIT: »In einer Gesellschaft, die gerecht sein will, darf man sich nicht alles nehmen, man darf nicht alles tun, und man darf nicht mit allem handeln. Auch

›Freiwilligkeit‹ spielt dabei keine Rolle: Niemand darf seine Organe verkaufen. Der sogenannte ›Zwergenweitwurf‹ ist nicht zulässig; das Argument, man nähme Kleinwüchsigen damit die Erwerbsquelle, ist falsch. Das Aufgeben der Menschenwürde ist logisch keine Option von Autonomie. Unter Menschen, die einander respektieren, kann Sexualität keine Handelsware sein. In einer Gesellschaft, die sich selbst respektiert, auch nicht.«[69] Es geht also auch darum, zu definieren, welche Werte und Normen in einer Gesellschaft gelten sollen. Wenn Prostitution in Schweden verboten ist, dann hat das auch etwas mit dem schwedischen Gesellschaftsbegriff zu tun. Dort ist man der Überzeugung, dass eine egalitäre Gesellschaft möglich ist und sich der Einzelne dieser moralpolitischen Idee unterzuordnen hat. Das Gesetz gegen Prostitution soll normierend wirken, es wirbt für ein Frauenbild, das Frauen als gleichwertige Partner versteht, die nicht als verfügbares Sexobjekt gekauft werden können und transportiert damit Werte. In Deutschland dagegen wird es als Eingriff des Staates in die Privatsphäre gewertet, wenn dieser kollektive moralische Prinzipien formuliert, es herrscht das »Autonomieprinzip«. Doch lenkt diese Argumentation in diesem Fall vom Kern des Problems ab: dass die Demütigung, der Missbrauch, die Ausbeutung und die Gewalt gegen Frauen im großen Stil kollektiv geduldet wird. Und damit ein anachronistisches Frauenbild rekonstruiert wird, dass die Verdinglichung der Frau zur Ware gesellschaftlich toleriert. Während also sogar Passivrauchen als Gefahr gilt, weswegen die Freiheit der Raucher beschnitten werden darf, wenn andere darunter leiden, dürfen Frauenkörper gekauft werden. Offensichtlich weil die Konsequenzen für die Frauen nicht plakativ genug sichtbar werden.

Dies liegt auch daran, dass ganzheitliche Zusammenhänge nicht erkannt werden und Menschen meinen, sie könnten ihren Körper sowie intensive körperliche Erfahrungen von ihrem Innenleben trennen. Wie kommt es, dass der Mensch nicht in der Lage ist, zu begreifen, wie sehr alles, das mit seinem Körper geschieht, ihn beeinflusst, sein Innerstes verändert und seine Persönlichkeit nachhaltig prägt? Die einfachsten alltäglichen Erfahrungen zeigen uns den engen Zusammenhang zwischen Körper und Geist. Auch ein künstliches Lächeln macht uns fröhlich. Auch unechte Tränen lassen uns traurig werden. Ganz zu schweigen von dem, was bei der körperlichen Vereinigung zweier Menschen geschieht. Bindungs- und Glückshormone werden ausgeschüttet mit der Funktion, uns langfristig an einen Partner zu binden. Wie seelenlos wird ein Mensch, der diese Zusammenhänge leugnet und rein körperliche Befriedigung sucht? Was passiert mit einer ganzen Generation von Jugendlichen, die regelmäßig pornografische Inhalte konsumiert, die nur einen Klick entfernt sind? Sexualität wird auf diese Weise entpersonalisiert und entemotionalisiert sowie ihrem Sinn, zwei Menschen aneinander zu binden, völlig entwurzelt. Denn der Sexualpartner ist nicht mehr eine geliebte Person, sondern eine anonyme, gefühllose und käufliche Massenschönheit, die der Triebabfuhr dienlich ist.

Dadurch, dass Körper und Emotionen wechselseitig mitein- ander verbunden sind, jedoch die Emotionen bei einer käuflich erworbenen Sexualität unterdrückt werden, fällt es schwerer, diese bei einer partnerschaftlichen Bindung wieder zuzulassen und als solche wahrzunehmen. Emotionen und leidenschaftliche Gefühle sind nicht mehr exklusiv und können daher auch nicht als Kitt und beziehungsförderlich wirken. Die Objektifizierung der Frau führt letztlich zu dem kollektiven Bewusstsein, dass die Frau eine Ware ist, die austauschbar ist. Diese Wahrnehmung wirkt sich zerstörerisch auf die Liebesbeziehung aus, nimmt sie ihr doch die Einzigartigkeit und Exklusivität. Der oben beschriebene utilitaristische Gedanke, man könne eine andere finden, die »besser« ist, beflügelt diese Einstellung.

Frauen sind dann keine Partner, denen man auf Augenhöhe begegnet und die komplexe zwischenmenschliche Interaktion und Anstrengung abverlangen dürfen. Man sehnt sich nach dem Kick, ohne einer kom- plizierten Persönlichkeit gerecht werden zu müssen. Die Bereitschaft, diese Phänomene als harmlos einzustufen, kommt nicht von ungefähr. Es ist die kapitalistische Denkweise des modernen Menschen, die den Menschen sich selbst als Ware und Konsument begreifen lassen. Es gibt in dieser Denkweise keine Metaphysik mehr, keine selbstlose Liebe, kei- ne spirituelle Dimension des Menschen.

Wegbereiter für eine solche Degenerierung ist der Hype um den iso- lierten Körper, dessen Verhüllung man im Namen der Integration be- kämpft.

Die emotionale Vorherrschaft der Männer

Illouz erklärt die Frau zur Verliererin der modernen Paarungskultur, weil die jüngsten Entwicklungen es dem Mann ermöglichten, »möglichst viele sexuelle Erfahrungen zu sammeln. Die Folge war, dass die Sexualität vor allem der Männer von Liebe und anderen Gefühlen abgekoppelt wurde. In diesem zweistufigen Prozess wurde der Sex mithin zunächst aus der Einbettung in die Ehe befreit, um im nächsten Schritt von romantischen Gefühlen abgetrennt zu werden.« Dass Frauen die großen Verliererinnen dieser mitgetragenen Entwicklung sind, liegt laut Illouz daran, dass sie ein größeres Interesse an langfristigen Bindungen haben, die Männer ihnen verweigern, weil das Überangebot an verfügbaren Frauen sowie der Zeitfaktor (Männer sind länger fruchtbar und können den Zeitpunkt der Familiengründung aufschieben) ihnen in die Hände spielt und sie die Entscheidung auf eine langfristige Bindung hinauszögern lässt. Frauen dagegen sind eher auf eine auf Ausschließlichkeit setzende, exklusive emotionale und sexuelle Bindung ausgerichtet, wenn sie eine Mutterschaft und Familie anstreben. Der Punkt ist nun, dass diese, auf Exklusivität zielende Strategie der Frauen zu einer Asymmetrie zwischen den Geschlechtern führt und eine emotionale Ungleichheit zur Folge hat.

Illouz argumentiert, dass die sexuelle Verfügbarkeit der Frau und das Übermaß an Auswahlmöglichkeiten Männer begünstigt und sie die Bedingungen für Liebesbeziehungen in ihrem Interesse diktieren lässt. Das ist der Grund, warum Männern eine »Bindungsangst« attestiert wird und Frauen immer größere Schwierigkeiten haben, einen Partner zu finden, der bereit ist, frühzeitig eine Familie zu gründen und eine langfristige Beziehung zu führen. Männer treibe, so Illouz, angesichts der Vielfalt an Möglichkeiten stets der Gedanke um, etwas verpassen zu können und noch etwas »Besseres« zu finden. Auch Frauen denken immer häufiger in diesen Mustern, verfallen jedoch aufgrund der kürzeren Fruchtbarkeitsphase schneller in »Torschlusspanik«. Dies führe schlussendlich zu einer emotionalen Kontrollierbarkeit der Frauen, die auf der Suche nach einem Mann für das Leben gelernt haben, keinen Druck auszuüben und mit Unverbindlichkeit zu leben, um Männer nicht »zu verjagen«. Illouz konstatiert eine »neue Form der emotionalen Herrschaft von Männern über Frauen«, die sich in der »Verfügbarkeit von Frauen und dem Zögern der Männer, sich an Frauen zu binden, ausdrückt.«[70]

Das Internet verschärft die Situation drastisch, denn es potenziert das Problem der Verfügbarkeit: Während es im realen Leben bereits unzählige Möglichkeiten gibt, jemanden kennenzulernen und erotische Reize wahrzunehmen, eröffnen die anonymen Weiten des Internets unendlich viele Optionen, die nur einen Mausklick entfernt und von noch weniger Verbindlichkeit geprägt sind. Auch Frauen nutzen dieses Angebot immer häufiger und imitieren damit männliche Strategien der Macht, wie Illouz beschreibt: »Die kumulative – oder serielle – Sexualstrategie kann auch von Frauen übernommen werden, kulturell und historisch jedoch nur als Nachahmung männlichen Verhaltens.«[71] Dieses Verhalten ist damit auch ein Einknicken vor den sozialen Umständen, die Liebe zur Unmöglichkeit erklärt und Sexualität zur Leitwährung auf der Suche nach Anerkennung werden lässt. Sie geht langfristig gesehen auch männlichem, aber in erster Linie weiblichem Interesse entgegen. Dies zeigt sich etwa darin, wie kurzlebige Verbindungen von Männern und Frauen bewertet werden. Eine britische Studie, die im Fachblatt »Human Nature« veröffentlicht wurde und sich mit One-Night-Stands beschäftigt, zeigt, dass Frauen sich häufiger benutzt fühlten und die Begegnung als nicht befriedigend empfanden. Zahlreiche Studien zeigen, dass Männer eher bereit sind, unverbindlichen Sex zu haben und diesen positiver bewerten als Frauen, für die Intimität und Liebe häufiger zusammengehören und sie emotional stärker involviert sind. Dieser Umstand muss nicht mit einer »Natur« des Mannes erklärt werden, sondern lässt sich ebenso gut auf die sozialen Umstände zurückführen.

Wenn nun Frauen ebenfalls dazu sozialisiert werden, dieses Verhalten zu übernehmen, geht das wiederum den Interessen einer Gesellschaft, stabile Verhältnisse für Familie und Elternschaft zu schaffen, entgegen. Illouz beschreibt, wie die Entkopplung der Sexualität von der Ehe zu einer »Distanz zwischen emotionalen Absichten und sexuellen Handlungen, zwischen gegenwärtigen Gefühlen und dem moralischen Gebot, diese in künftige Verpflichtungen zu übersetzten«

führt. »Mehr noch: Die Kategorie der ›Sexyness‹ deutet auf eine Entkopplung von Sex und Gefühlen, insofern die meisten Gefühle in einem moralischen Rahmen entstehen und organisiert sind, während sich Sexyness als nicht moralisch kodifizierte Verhaltenskategorie darbietet.«

Meine These ist daher, dass die Sexualisierung des öffentlichen Raums sowie die suggerierte Verfügbarkeit der Frau durch eine sexualisierte Mode und Konsumkultur, die die sexuelle Attraktivität zu einem der wichtigsten Merkmale bei der Partnerwahl gemacht hat, eine Einstellung begünstigt, die Sexualität als Ware begreift und Männern schlimmstenfalls die moralischen Bedenken nimmt, zu Konsumenten einer menschenverachtenden Prostitution zu werden. Wobei ich hier Prostitution im übergeordneten Sinne als Einstellung betrachte, die es für legitim hält, Frauen für kurzlebige Verbindungen jenseits tiefergehenden Emotionen und losgelöst von Verantwortung zu »benutzen«.

Der gesellschaftlich akzeptierte Konsum von Prostitution hat schwerwiegende Auswirkungen auf die Beziehungen zwischen Männern und Frauen, weil sich darin Geschlechterungleichheit manifestiert und Liebe verdinglicht wird. Zu einer Asymmetrie zwischen den Geschlechtern kommt es, weil internalisiert wird, dass der Mann in der Regel Konsument der Ware Frau ist und weil Männer Bindungen meiden. Sie meiden verpflichtende Bindungen, weil sie die Partnerwahl aufschieben und sich auf unverbindlichen Sex einlassen können. Illouz konstatiert daher: »Unter der Bedingung der Moderne verfügen Männer über eine weitaus größere sexuelle und emotionale Auswahl als Frauen, und es ist dieses Ungleichgewicht, das zu ihrer emotionalen Vorherrschaft führt.« Demgegenüber wird der Mann im Islam unter mehreren Gesichtspunkten in die Verantwortung genommen und insofern eingeschränkt, ungerecht zu handeln: Zum einen untersagt der Koran, wie oben angeführt, außereheliche Sexualität und erwartet auch vom Mann Keuschheit. Außerehelicher Geschlechtsverkehr gilt als große Sünde, die laut Koran zwar keinesfalls, wie fälschlicherweise angenommen wird, mit Steinigung bestraft wird (das ist eine alttestamentliche Strafe), allerdings wird für dieses körperliche Vergehen eine körperliche Strafe im Koran erwähnt (vgl. Sure 24). Auch wenn der Vollzug der Strafe an schwere Bedingungen geknüpft ist und daher relativ unwahrscheinlich ist (es werden vier Zeugen benötigt, so dass der Geschlechtsverkehr quasi öffentlich begangen werden müsste), geht davon ein gesellschaftlicher Anstoß aus, der lebenslange Treue honoriert und Untreue als unmoralisch ablehnt. Die von Illouz beschriebene Vorherrschaft des Mannes wird bei einer Orientierung an der islamischen Lehre unterwandert.

In der öffentlichen Wahrnehmung dominiert dagegen ein Bild des Islam, das Männer privilegiert und Frauen unterdrückt. Diese Wahrnehmung hat etwas damit zu tun, dass kulturell bedingt patriarchale Traditionen in islamisch geprägten Milieus zur Unterdrückung der Frau führen und totalitäre Regime sich bei frauendiskriminierender Gesetzeslage auf den Islam berufen. Der Islam als Religion wird dann aber in erster Linie instrumentalisiert. Dieser Missbrauch des Islam hat weniger mit dem Geist der islamischen Lehre zu tun, die Rahmenbedingungen für Geschlechtergerechtigkeit schaffen möchte.

Problemfall Mann

Im einem Interview äußert sich Illouz entrüstet über Argumente, die auf »biologische Naturgesetze« bezugnehmend eine Erklärung dafür liefern möchten, warum Männer größere Schwierigkeiten haben, treu zu sein oder monogam zu leben. Illouz stellt fest: »Biologisten und Evolutionisten sind solch ein Rückschlag! Das sind so abgrundtief antifeministische Behauptungen, und sie werden mit der Absicht ausgesprochen, die der Biologismus immer verfolgt: etwas, das rein gesellschaftlich, also erlernt ist, zu etwas Natürlichem und deshalb Unausweichlichem zu erklären.« Diese Vorstellung ist mir sympathisch und entspricht insofern dem islamischen Menschenbild, als dass von der Freiheit des Menschen ausgegangen wird, der selbst für seine Taten verantwortlich ist. Der Islam beansprucht für sich jedoch auch, eine Religion zu sein, die die Natur des Menschen berücksichtigend eine weise Lehre formuliert. Der Mensch ist demnach einerseits selbstbestimmt sowie flexibel und hat die Möglichkeit, seiner inneren Überzeugung gemäß zu handeln – er ist nicht determiniert. Seine

Willenskraft und Ideale sind entscheidend und bestimmten sein Tun. Anderseits ist er schwach, anfällig für Fehler und angewiesen auf die Gnade Gottes. So wird der Prophet Joseph im Koran mit folgenden Worten zitiert: »Und ich erachte mich selbst nicht frei von Schwäche; denn die Seele gebietet oft Böses, die allein ausgenommen, derer mein Herr Sich erbarmt. Fürwahr, mein Herr ist allverzeihend, barmherzig.« (12:54) Gott als Schöpfer kennt demnach die Natur des Menschen und gewährt diesem in seiner Gnade und Weisheit Richtlinien und Leitung durch Offenbarung. Der Koran ist demzufolge auch ein Buch über die Psyche und Natur des Menschen.

Es fällt weiterhin schwer, die umfangreichen, teilweise auch plausiblen Konzepte und Erkenntnisse der Evolutionsbiologie pauschal als unseriös ad acta zu legen. Erbanlagen können kaum ignoriert werden. Die Entwicklungspsychologin Doris Bischof-Köhler schreibt in ihrem Standardwerk »Von Natur aus anders – Die Psychologie der Geschlechtsunterschiede«: »Wir müssen zur Kenntnis nehmen, dass das Geschlecht nicht erst durch einen Akt sozialer Konstruktion erschaffen wird, sondern vom Beginn unseres Lebens an schon Weichen stellt.«[72] Überzeugend nimmt Bischof-Köhler auf unzählige Studien Bezug und legt eine umfangreiche Materialsammlung vor, die nach jahrzehntelangem Forschen und Recherchieren genau diese Schlussfolgerung nahelegen. Für die Partnerwahl bedeutet dies, dass Männer an möglichst vielen sexuellen Begegnungen interessiert sind und eine quantitative Strategie verfolgen, weil sie ohne großen Aufwand viele Nachkommen zeugen können. Frauen dagegen sind an langfristigen Bindungen interessiert, weil sie nur eine begrenzte Zahl an Nachkommen bekommen können und daher sehr viel wählerischer bei der Partnerwahl sind. Ihnen geht es um die Qualitäten des Partners, die das Überleben der Nachkommen sichern sollen. Die Investition der Mütter, Nachwuchs zu bekommen, ist deutlich höher, weswegen die Paarungsbereitschaft also asymmetrisch ist. Soweit, so bekannt – die populärwissenschaftliche Literatur hat bereits ihr Bestes gegeben, diese Thesen zu verbreiten.

Es ist verständlich, dass solche biologischen Erklärungsmuster auf Ablehnung stoßen, wenn darin eine Rechtfertigung für unterschiedliches Sexualverhalten gesehen wird. Denn Evolution und

Biologie können keine Entschuldigung für unmoralisches Verhalten sein, das Werten oder Idealen widerspricht, die man anstrebt. Wenn solche Erklärungsmodelle behaupten, der Mensch sei biologisch determiniert und damit unfrei, er könne sozusagen nicht anders, als einer vorgegebenen Natur zu entsprechen, sind sie wenig hilfreich. Denn die Macht der Stereotype, der gesellschaftlichen Normen und sozialen Umstände kann nicht unbeachtet bleiben.

Wesentlicher erscheint mir, zu verstehen, wie es dazu kommt, dass bestimmte Unterschiede vorhanden sind, um darauf aufbauend Rahmenbedingungen zu schaffen, die einen gerechten und moralisch vertretbaren Umgang der Geschlechter möglich machen. Und das ist der Punkt: Ganz unabhängig davon, *warum* wir bestimmte Geschlechtsunterschiede feststellen können, ganz unabhängig davon, ob sie vorwiegend sozial konstruiert sind oder anlagebedingt auftreten, müssen wir uns eingestehen, dass es sie im Moment gibt. In Bezug auf die Sexualität bedeutet das zum Beispiel, dass es überwiegend Männer sind, die pornografische Inhalte konsumieren und Prostituierte aufsuchen – trotz aller Bemühungen, Frauen ebenfalls zu einem Konsum zu animieren. So sind etwa 72 Prozent aller Nutzer pornografischer Websites Männer, bei den kostenpflichten Angeboten sind gar 95 Prozent der Konsumenten männlich. Es gibt in diesem Bereich also eindeutige Geschlechtsunterschiede und ein starkes Gefälle.

Es bedeutet auch, dass es überwiegend Männer sind, die Frauen hinterherschauen, die für weibliche Reize empfänglich sind und sich stärker über das optische Erscheinungsbild stimulieren lassen. Ob das nun daran liegt, dass bestimmte »Kurven« oder das Verhältnis von Hüfte und Taille, der sogenannten waist-to-hip ratio (WHR) auf eine höhere Fruchtbarkeit der Frau hindeuten oder nicht, spielt zunächst einmal nur insofern eine Rolle, als ein derartig evolutionsbiologischer Ansatz den Befund für diese geschlechtsspezifischen Unterschiede zu erklären versucht. Ist die Erklärung plausibel, dann ist das womöglich erst Recht ein Anlass, über adäquate Maßnahmen nachzudenken, die übergeordnet für mehr Geschlechtergerechtigkeit sorgen. Vor allem aber helfen uns Erkenntnisse über die Ursachen solcher Geschlechtsunterschiede, geeignete Maßnahmen zu ergreifen. »Statt den Männern ihre emotionale

Unfähigkeit einzuhämmern, sollten wir Modelle emotionaler Männlichkeit heraufbeschwören, die nicht auf sexuellem Kapital beruhen«, fordert Illouz treffend. Moralische Apelle allein werden allerdings nicht ausreichen.

Schauen wir uns einmal einige der zahlreichen Studien zu dem Thema an: Sie kommen zu dem Ergebnis, dass Männer stärker auf visuelle Reize reagieren und leicht bekleidete Frauen als Objekt wahrnehmen, die Forscher sprechen von einer Objektifizierung: Die Gehirne von Männern zeigten beim Anblick spärlich bekleideter Frauen dieselbe Reaktion wie beim Anblick lebloser Gegenstände. Ihre Gehirne nahmen das Gegenüber nicht mehr als einen Menschen wahr, sondern als Objekt, zumindest auf neuronaler Ebene. Zudem treffen Männer in Anwesenheit attraktiver Frauen eher risikoreiche Entscheidungen, und es lässt sich ein erhöhter Stresspegel im Blut nachweisen.[73] Ferner konnten sich Männer die Inhalte einer Nachrichtensendung weniger gut merken, wenn die Nachrichtensprecherin attraktiv zurecht gemacht war, einen roten Lippenstift und ein figurbetonten Blazer und Rock trug.[74] War die Sprecherin dagegen weder geschminkt noch sexy gekleidet, wurden die Inhalte der Nachrichten besser behalten.

Bei einer Untersuchung der spanischen Universität Valencia[75] sollten Männer in Anwesenheit eines fremden Mannes und einer fremden, attraktiven Frau Sudoku lösen. Verließ der fremde Mann den Raum, so dass die Versuchsperson allein mit der schönen Frau in einem Zimmer war, schnellte der zuvor unverändert gebliebene Cortisolspiegel des Probanden drastisch in die Höhe. Ein hoher Cortisolspiegel steigert zunächst einmal die Aufmerksamkeit, begünstigt jedoch auf Dauer Herzinfarkte und Diabetes. Allein das Bewusstsein darüber, dass man(n) allein mit einer attraktiven Frau in einem Zimmer ist, führte also zu nachweislichen Reaktionen beim Mann.

Die bekannte islamische Überlieferung »Wo Mann und Frau allein in einem Raum sind, ist Satan der Dritte«, ist häufig Anlass für Kritik und wird als Beleg für die Rückständigkeit des Islam zitiert. Letztlich geht es bei dieser Überlieferung eben darum, auf die Spannungen hinzuweisen, die zwischen den Geschlechtern meist mitschwingen und zu problematischem Verhalten oder unangenehmen Gefühlen führen können – nicht jeder hat die Reife, mit jeder Situation souverän umzugehen. Und muss man sich den Stress denn antun? Offensichtlich sind solche Begegnungen häufiger als gedacht von Spannungen begleitet, auch wenn dies nicht immer der Fall sein muss. Auch was die Freundschaften zwischen Mann und Frau angeht, schwingt einer amerikanischen Studie von 2012 zufolge fast immer ein Hauch Erotik mit: »In den meisten Fällen existierte wenigstens ein Minimum an Anziehung zwischen den Männern und Frauen, selbst wenn beide beteuert hatten, dass ihre Freundschaft rein platonisch sei«, so die Studienleiterin April Bleske-Rechek.[76] Vor allem Männer fühlten sich von ihren Freundinnen angezogen, was Bleske-Rechek evolutionsbiologisch erklärt, denn diese seien »darauf programmiert, keine sexuelle Gelegenheit entgehen zu lassen«. Sollte das tatsächlich so sein, dann verlangt der Islam den Männern dieser Annahme zufolge einiges ab. Denn der Koran ist eindeutig, was das Postulat der Treue betrifft: »Wahrlich, die muslimischen Männer und die muslimischen Frauen, die gläubigen Männer und die gläubigen Frauen, die gehorsamen Männer und die gehorsamen Frauen, die wahrhaftigen Männer und die wahrhaftigen Frauen, die standhaften Männer und die standhaften Frauen, die demütigen Männer und die demütigen Frauen, die Männer, die Almosen geben, und die Frauen, die Almosen geben, die Männer, die fasten, und die Frauen, die fasten, die Männer, die ihre Keuschheit wahren, und die Frauen, die ihre Keuschheit wahren, die Männer, die Allahs häufig gedenken, und die Frauen, die gedenken – Allah hat ihnen Vergebung und herrlichen Lohn bereitet.« (33:36) Tatsache bleibt, dass der Islam von beiden Geschlechtern verlangt, Treue zu leben, wenn sie Frieden erlangen möchten und innere Wahrheiten erfahren wollen. So gesehen, haben es in der Logik evolutionsbiologischer Erklärungsmuster die muslimischen Frauen leichter.

Der Islam – eine Männerreligion?

Dennoch ist die weit verbreitete Vorstellung eine andere. Während des Fastenmonats Ramadan versuchten die Arbeitskollegen meines Mannes, ihn vom Christentum zu überzeugen. Sie hatten einen einfachen Grund für dieses Vorhaben: Mein Mann war ein Kaffee-Vieltrinker und die Kollegen waren zuständig für die Kaffeekasse, es kam zu drastischen Einnahmeverlusten, während er fastete. Die Kollegen gaben jedoch sehr schnell auf: Eine Religion, in der man vier Frauen heiraten dürfe und von 72 Jungfrauen im Paradies empfangen werde, könne man so leicht nicht toppen, erklärten sie. Zumindest aus männlicher Sicht. Die Anekdote zeigt, dass der Islam das Image einer Männerreligion hat. Islamisten und Islamkritiker haben anscheinend ganze Arbeit geleistet, ihre Lesart des Korans unters Volk zu bringen. Hiesige Massenmedien können dem Sensationsfaktor, der von solch skurrilen Deutungen des Korans seitens der Fanatiker ausgeht, selten widerstehen. Ein Sprachrohr für das Kolportieren solcher Ansichten ist eine burkatragende Schweizerin, die gerne auch von deutschen Talkformaten eingeladen wird. In einer Sendung mit Sandra Maischberger erklärte sie unverhohlen, welche Vorteile sie in der Polygamie sehe, etwa, dass man dadurch der »Natur des Mannes« gerecht werde und Frauen die ehelichen Pflichten unter sich aufteilen könnten, was zu mehr Abwechslung führe. Hatte die vollverschleierte Muslimin zuvor noch Anerkennung für ihren Mut und Einsatz seitens der anderen Talkshowteilnehmer erfahren, katapultierte sie sich mit solchen Aussagen ins Abseits. Und das zu Recht. Auch wenn ihr Hinweis auf Doppelmoral zutreffend sein mag, hat sie dem bereits beschädigten Image des Islam mit ihrer kruden Interpretation koranischer Verse keinen Gefallen getan. Der islamische Reformer Hazrat Mirza Ghulam Ahmad mahnt diesbezüglich: »Wenn ein Mann aus sexuellen Bedürfnissen mehrere Ehen eingeht, hat er sich weit entfernt vom Geist der islamischen Lehre. Der letzte Ratschlag, den ich euch gebe ist der, dass ihr den Islam nicht als Tarnung für eure Vergnügen benutzen sollt.«[77]

Man sollte wissen, dass der Koran die erste monotheistische Offenbarungsreligion ist, die die Polygamie eingeschränkt und mit strengen Auflagen belegt hat, auch wenn sie nicht verboten wurde. Während in der Bibel noch von Patriarchen berichtet wird, die unzählige Frauen haben, begrenzt der Koran die Anzahl der Frauen, die ein Mann gleichzeitig heiraten darf – und das historisch gesehen vor dem Hintergrund des präislamischen, patriarchalen Kontextes, in dem Polygamie, oder genauer gesagt Polygynie üblich war. Tatsächlich sprechen Entwicklungspsychologen davon, dass die Polygynie dem Menschen affiner sein dürfte als die Monogamie. Allerdings muss dem entgegengehalten werden: Abgesehen von Fällen, in denen Mädchen systematisch abgetrieben werden (wie etwa in Indien), kommen immer etwa genauso viele Jungen wie Mädchen auf die Welt. Allein die Logik gebietet, dass ein Mann nicht vier Frauen haben kann, wie der vierte Khalif der Ahmadiyya Muslim Jamaat, Mirza Tahir Ahmad, ausführt: »Wie könnte eine vernunftgemäße Religion wie der Islam, der wiederholt die Tatsache betont, dass es keinerlei Unvereinbarkeit zwischen dem Tun Gottes und dem Wort Gottes gibt, etwas dermaßen auffallend Unnatürliches und Wirklichkeitsfremdes predigen?«[78] Offensichtlich ist, dass die Regelung der Polygamie keine Allgemeingültigkeit hat, sondern den Ausnahmefall behandelt. Gleichzeitig wird die formale Empfehlung ausgesprochen, monogam zu leben, um »das Unrecht eher vermeiden« zu können, wie es im Koran heißt (4:4, vgl. auch 4:130). Manche Koraninterpreten gehen so weit, eine Ablehnung der Polygamie aus dem Koran herauszulesen, weil er die absolute Gerechtigkeit als Bedingung für Polygamie erklärt und gleichzeitig davor warnt, eine vollkommene Gleichbehandlung sei nicht möglich.[79] Üblicherweise gilt die Polygamie als eine Regelung für individuelle Ausnahmesituationen oder Kriegszeiten, weil sie im Koran im unmittelbaren Kontext der Waisen erwähnt wird und die soziale Notlage der Waisen als Ausgangsbedingung der Polygamie formuliert wird (vgl. 4:4). Es geht also um Zustände, wie sie etwa zur Nachkriegszeit herrschen: Wenn viele Männer während des Krieges gefallen sind und das natürliche Gleichgewicht zwischen der Anzahl der Geschlechter gestört ist, kann es einen Frauenüberschuss geben.

Die Frau hat allerdings auch dann die Möglichkeit, beim Schließen des Ehevertrags eine Klausel mitaufnehmen zu lassen, die die Polygamie grundsätzlich ausschließt.

Man muss zudem bedenken, was es bedeutet, wenn in einer Nachkriegszeit kategorisch an der Monogamie festgehalten wird: Es gibt unzählige Frauen, die keinen Partner finden können, es sei denn, sie zerstören eine bestehende Ehe und erschüttern das Vertrauensverhältnis einer bestehenden Beziehung. Kriegstraumatisierte Frauen hätten andererseits gerade in der psychologisch schwierigen Nachkriegszeit keine Möglichkeit, auf Halt durch eine Partnerschaft und kein Recht auf Kinder und müssten auf die damit verbundenen Perspektive verzichten. In einer solch instabilen Lage ist die Vorstellung von Liebe und Treue häufig das erste Opfer. Es gibt Frauen, die sich dann viel eher auf gebundene Männer einlassen, ohne dass diese Verantwortung zu tragen hätten. Vor diesem Hintergrund ist die Erwähnung der Polygamie im Koran einzuordnen. Es mag auch heute Fälle geben, in der die Polygamie als einziger Ausweg erscheint. Die FRANKFURTER ALLGEMEINE SONNTAGSZEITUNG[80] berichtete etwa von einem Paar, bei dem die Frau 20 Jahre älter ist als der Mann, was nur bei einem von zehntausend Ehepaaren in Deutschland vorkommt. Dieses Paar ließ sich die Option der Polygamie offen für den Fall, dass die Frau im Alter pflegebedürftig wird und der Mann sich doch noch Kinder wünscht. Es können also in sehr seltenen Fällen Konstellationen entstehen, die schwierig zu lösen sind. Die Beteiligten haben immer das koranisch verbriefte Recht auf Scheidung.

Ein viel häufiger auftretendes Phänomen ist dagegen eine andere Konstellation: Auch wenn es unverständlich ist, existieren in Deutschland unzählige weibliche Geliebte, die ohne rechtliche Absicherung in polygamen Verhältnissen leben, ohne dass sie irgendwelche Geltungsansprüche stellen könnten. Mehr als drei Millionen Frauen sollen es laut einer Statistik der Gesellschaft für Erfahrungswissenschaftliche Sozialforschung in Deutschland sein, die als Geliebte leben. Wenn es Frauen gibt, die mit dieser Rolle leben können, dann sind es wohl ähnliche Motive bei Frauen, denen der rechtlich abgesicherte und sehr genau geregelte Status der Polygamie entgegenkommen würde, gäbe es einmal einen drastischen Männerschwund. Weil es dem islamischen Menschenbild jedoch widerspricht, sich von »körperlichen Gelüsten« leiten zu lassen und verantwortungslos seinen Trieben hinterherzujagen, ist der »Wunsch nach Abwechslung« noch lange kein Grund für eine Zweitheirat. Die Polygamie-Regelung hat für solche Kandidaten eher etwas Abschreckendes: Sie erinnert all jene, die nicht tiefreligiös und moralisch sind, dass die Beziehung zu einer Frau immer an die Auseinandersetzung mit einer komplexen Persönlichkeit gebunden ist und Verantwortung abverlangt. Geregelte Verhältnisse nehmen den Reiz des Verbotenen, der eine Beziehung jenseits von Alltag und Routine verklärt und ihr gleichzeitig die Möglichkeit auf Reife nimmt. Die oft entwürdigende Existenz der Geliebten und der Betrug sind öffentlich präsent, sie sind längst legal und werden gesellschaftlich immer häufiger nicht mehr verpönt – man hat es schon zu oft gehört und gesehen. Der Austausch von Ehefrauen gegen jüngere Geliebte ist ein Teil der Normalität geworden, und fast immer ist die Beziehung asymmetrisch, wobei die Geliebte sich abhängig macht vom Mann, der sie beizeiten wiederum austauscht. Polygamie mit all ihren Auflagen (finanzielle Verantwortung, absolut gerechter Umgang in allen Angelegenheiten usw.) ist vor diesem Hintergrund auch eine Art Abschreckung für phantasierende Männer: Der leichte, verantwortungslose, kurze Kick ist nicht zu haben.

Der häufigste Grund, der bei Affären außerhalb der Ehe angegeben wird, ist sexuelle Unzufriedenheit. Der Philosoph Erich Fromm bemerkte dazu: »Die Liebe ist nicht das Ergebnis einer adäquaten sexuellen Befriedigung, sondern das sexuelle Glück – ja sogar die Erlernung der sogenannten sexuellen Technik – ist das Resultat der Liebe.« Diese Erkenntnis ist in der heutigen, stark sexualisierten Gesellschaft verloren gegangen. Das Glück, das durch Sexualität erfahren werden kann, wird überschätzt, idealisiert und verabsolutiert. Die Göttin Sex ist längst zum allseits angebeteten Götzen geworden, der Koran warnt davor: »Hast du den gesehen, der sich sein eigen Gelüst zum Gott nimmt und den Allah zum Irrenden erklärt aufgrund (Seines) Wissens und dem Er Ohren und Herz versiegelt und auf dessen Augen Er eine Decke gelegt hat? Wer sollte ihn wohl richtig führen außer Allah? Wollt ihr euch da nicht ermahnen lassen?« (45:24) und: »Hast du den gesehen, der sein Gelüst zu seinem Gott nimmt? Könntest du wohl ein Wächter über ihn sein?« (25:44)

Der Islam begreift Sexualität dagegen ganzheitlich: Die enge Beziehung zwischen Körper und Geist berücksichtigend hat sie ihren Platz in einer langfristigen, verantwortungsvollen Partnerschaft, der Ehe.

Der romantische Kern arrangierter Ehevermittlungen

Nun wird häufig die Frage gestellt: Wie kommt es überhaupt zu einer Partnerschaft, wenn offenherzige Foren fürs Kennenlernen wie Bars, Clubs, Diskotheken von praktizierenden Muslimen gemieden werden und der allgemeine Umgang zwischen den Geschlechtern in der Öffentlichkeit nüchtern und distanziert sein soll, so dass auch die anderen Orte der Partnerwahl wie der Arbeits- oder Ausbildungsplatz theoretisch wegfallen?

In der Tat werden viele Ehen vermittelt: Es sind Eltern, Verwandte, Bekannte, die Partner vorschlagen, die sich umsehen und kuppeln. Allerdings sind solche arrangierte Ehevermittlungen nicht fremdbestimmt, weil Freunde und Bekannte die Entscheidung nicht übernehmen, sondern allenfalls Vorschläge unterbreiten, die nicht angenommen werden müssen und von denen man auch nicht abhängig ist, weil die arrangierte Ehe nicht das einzig islamisch akzeptierte Modell zur Partnerfindung ist. Es stellte allerdings die Norm dar und hat Vorzüge.

Zum Beispiel spielt die äußerliche Attraktivität von der üblicherweise das Signal für eine Kennenlerninitiative ausgeht, eine viel geringere Rolle. Es überwiegen Überlegungen darüber, ob man von der Persönlichkeit, dem Charakter und den Interessen her passt. Rationale Kriterien haben sicherlich mehr Gewicht als bei einem spontanen Kennenlernen, bei der ein vernünftiges Abwägen zumindest anfangs nicht selten durch das wohlige Gefühl, das ein attraktives Äußeres auslöst, abgebremst wird. Das gilt vor allem, wenn man sich bereits verliebt hat. Diesen Erfahrungswert bestätigen Studien, die nachweisen, dass mit Aktivierung der Liebeszentren eine Beeinträchtigung des Denkvermögens einhergeht. Andreas Bartels und Semir Zeki vom University College London untersuchten verliebte Studenten in einem Kernspintomographen, während sie ihnen Fotos von der geliebten Person und einem Freund zeigten. Beim Messen der Hirnaktivitäten zeigte sich, dass die Hirnregionen, die für die Wahrnehmung von Angst zuständig sind oder für die kritische Bewertung anderer beim Anblick der geliebten Person weniger durchblutet waren als üblich. Aktiviert waren dagegen diejenigen Gehirnregionen, die bei einem

Rauschzustand oder einer Sucht betroffen sind. »Es ist nicht verwunderlich, dass wir häufig überrascht sind von der Partnerwahl, die andere treffen, und uns fragen, ob sie den Verstand verloren haben«, schreibt Zeki. »Tatsächlich haben sie das. Liebe ist oft irrational, weil rationale Entscheidungen ausgesetzt oder nicht mehr mit der üblichen Strenge angewandt werden.«[81]

Bei arrangierten Ehevermittlungen ist es den Beteiligten bewusst, dass es um eine ernsthafte Angelegenheit geht. Dennoch erfolgt die Entscheidung darüber, ob man heiraten möchte oder nicht, ohne dass man bereits intim geworden ist. Das ist für viele erschreckend, fürchtet man doch, die »Katze im Sack« ins Haus zu holen. Genau das ist jedoch nicht der Fall. Denn wenn eine erfüllte Sexualität das Resultat von Liebe ist, dann ist das Entscheidende die Liebe und nicht das Ansammeln vielfältiger Erfahrungen, die gerade, wenn dabei mehrere Partner im Spiel sind, häufig sehr belastend nachwirken. Und Liebe muss erlernt werden, ihr geht die Entscheidung voraus, sie erlernen zu wollen: »Liebe sollte im Wesentlichen ein Akt des Willens, des Entschlusses sein, mein Leben völlig an das eines anderen Menschen zu binden«, erklärt Erich Fromm in seiner weltberühmten »Kunst des Liebens«. Und er bricht anschließend eine Lanze für die arrangierte Ehe: »Tatsächlich steht diese Vorstellung hinter der Idee von der Unauflöslichkeit der Ehe wie auch hinter den vielen Formen der traditionellen Ehe, wo die beiden Partner sich nicht selbst wählen, sondern füreinander ausgesucht werden – und wo man trotzdem von ihnen erwartet, dass sie einander lieben. In unserer gegenwärtigen westlichen Kultur scheint uns diese Idee völlig abwegig. Wir halten die Liebe für das Resultat einer spontanen, emotionalen Reaktion, in der wir plötzlich von einem unwiderstehlichen Gefühl erfasst werden. Bei dieser Auffassung berücksichtigt man nur die Besonderheiten der Betroffenen und nicht die Tatsache, dass alle Männer ein Teil Adams und alle Frauen ein Teil Evas sind. Man übersieht einen wesentlichen Faktor in der erotischen Liebe – den Willen. Jemanden zu lieben ist nicht nur ein starkes Gefühl, es ist auch eine Entscheidung, ein Urteil, ein Versprechen. Wäre die Liebe nur ein Gefühl, so könnte sie nicht die Grundlage für ein Versprechen sein, sich für immer zu lieben. Ein Gefühl kommt und kann auch wieder verschwinden. Wie kann ich behaupten, die Liebe werde ewig dauern, wenn nicht mein Urteilsvermögen und meine Entschlusskraft beteiligt sind?«

Im Islam soll die Liebe ewig dauern, sie ist auf Langfristigkeit angelegt, sie überdauert sogar das Leben im Diesseits. Bevor es zu Missverständnissen kommt, sei jedoch betont: Im Islam ist nicht vorgesehen, wie Fromm es formuliert, dass »die beiden Partner sich nicht selbst wählen, sondern füreinander ausgesucht werden«, wenn darunter verstanden wird, das die Partner kein Selbstbestimmungsrecht haben und nicht das Recht zugesprochen bekommen, frei zu wählen und einen potentiellen Partner auszuwählen oder abzulehnen.

Der Prophet Muhammad erklärte Zwangsehen für ungültig und annullierte eine ihm bekannt gewordene Zwangsheirat.[82] Voraussetzung für eine Heirat muss immer das freiwillige und ohne Druckausübung abgegebene Einverständnis der Partner sein. Darin besteht kein Zweifel.

Die pauschale Verurteilung von arrangierten Ehen hat häufig etwas damit zu tun, dass nicht differenziert wird zwischen Zwangsehen, die eindeutig unislamisch sind und arrangierten Ehevermittlungen, denen neudeutsch ausgedrückt eher eine Serviceleistung vorausgeht. Während in den deutschen Großstädten bereits 30 Prozent der Bevölkerung Singles sind und sich Alleingebliebene auf Partnerschaftsbörsen und Singleportalen tummeln, während Online-Verkupplungs-foren boomen und der moderne Mensch bereit ist, sich für viel Geld von einem durch seelenlose Algorithmen errechneten Matching seinen vorgeblichen Traumpartner vorschlagen zu lassen, haben arrangierte Ehevermittlungen einen antiquierten Ruf. Der Buchautor Marc Terkessidis merkt jedoch an: »Die arrangierte Ehe ist ein Prozess mit vielen Regeln, zu denen auch die Frage an Braut und Bräutigam gehört, ob sie einverstanden sind. Ich meine, bei uns gibt es vom ›Speed-Dating‹ über Kuschelparties bis zu Zeitungsanzeigen alle möglichen Formen der Kontaktanbahnung, und die arrangierte Ehe ist eben eine andere.«[83] Wesentlich bei der arrangierten Ehe ist, dass nahestehende Verwandte und Freunde Vorschläge unterbreiten und man nach einer Überprüfung der Eckdaten zu einem Gespräch zusammenkommt. Denn neben rationalen Erwägungen spielt es sehr wohl eine Rolle, ob man sich sympathisch ist und ob die Chemie stimmt, man sich »riechen« kann –, was Studien zufolge ja von nicht zu unterschätzender Relevanz sein soll, liefert der Geruch doch einen Hinweis auf bestimmte Gene des Immunsystems. Unterscheiden sich diese bei Mann und Frau deutlich, können sie sich gut riechen mit der Konsequenz, dass Kinder eines solchen Paares davon durch bessere Immunfunktionen profitieren sollen.

Vom frühen Islam weiß man, dass ein Treffen der potentiellen Kandidaten zur gängigen Praxis gehörte. Maßgeblich für die Entscheidung ist dann für religiöse Muslime das sogenannte Isthikhara-Gebet. Ein Gebet, bei dem man Allah als den Allwissenden um Leitung für eine richtige Entscheidung bittet. Schließlich geht es hier um eine Entscheidung für das Leben und niemand weiß, was die Zukunft bringt, außer Gott. In der Phase der Entscheidungsfindung ist also das Gebet von außerordentlicher Bedeutung. Ist die Entscheidung getroffen, kommt es üblicherweise mit Verlobung und später der standesamtlichen und erst anschließend der religiösen Trauung zur Kennenlernphase. Die Hochzeitsnacht erfolgt erst nach dem Hochzeitsfest, das meist Wochen oder Monate nach dieser Phase erfolgt. Es ist also selten so, dass zwei Fremde plötzlich intim miteinander werden müssen, wie es in dramatischen Erzählungen von Zwangshochzeiten geschildert wird. Selbst wenn das so wäre, wäre dies – vorausgesetzt es passiert freiwillig – im Zeitalter von One-Night-Stands doch keine Empörung wert, oder? Viele praktizierende muslimische Paare, die heiraten, sind oft noch jung und hatten zuvor keinen anderen Partner. Das frühe Heiraten wird vor dem Hintergrund, dass man keinerlei intime Erfahrungen vor der Ehe machen möchte, auch empfohlen. Meist heiraten junge Muslime im Anschluss an die Ausbildung oder während des Studiums im Alter von Anfang 20. Ich weiß noch gut, wie sehr meine Kommilitonen schockiert waren, als sie erfuhren, dass ich mit 22 Jahren schon verheiratet war. Das ist für viele Menschen im Westen tatsächlich erschreckend: Wie kann man sich schon in jungem Alter auf eine Person festlegen? Die meisten Menschen in Deutschland heiraten mittlerweile erst mit Anfang Dreißig. Studien zeigen jedoch, dass die günstigsten Voraussetzungen für eine qualitativ zufriedene Ehe dann bestehen, wenn Mann und Frau sich gerade in ihren frühen Zwanzigern binden.[84] Solche Paare sind im Schnitt glücklicher und ausgeglichener in ihrer Ehe. Studien zufolge ist das beste Alter für eine Ehe daher zwischen 21 und 25 Jahren. Der Bestsellerautor Werner Bartens beschreibt in seinem Buch »Was Paare zusammenhält«: »Die Deutschen prüfen besonders lange, bevor sie sich ewig binden. Ewig hält die Bindung trotzdem in vielen Fällen nicht … Dabei ist keineswegs erwiesen, dass eine späte Hochzeit dazu führt, dass die Ehe glücklicher und stabiler ist. Im Gegenteil. Früh geschlossene Ehen verheißen offenbar besonders große Zufriedenheit, wie eine wissenschaftliche Analyse ergeben hat.«[85]

Möchte man sich langfristig binden, erscheint es zudem oft zwingend notwendig, bereits zusammengelebt zu haben. Die Liebe müsse, so die landläufige Meinung, quasi einem Praxistest unterzogen werden und ihre Alltagstauglichkeit unter Beweis stellen. Von daher ist die Skepsis groß, wenn dies im Islam nicht vorgesehen ist, weil verantwortungsvolle Treue eine große Bedeutung einnimmt und erst mit dem Hochzeitsversprechen und der Absicht, sein Leben lang zusammenzubleiben, die Konzentration auf den Partner erfolgt und Intimitäten ausgetauscht werden. Moderne romantische Beziehungen dagegen, sind, wie Illouz beschreibt, »in merkwürdigen Paradoxien gefangen, weil sowohl Männer als auch Frauen so tun müssen, *als ob* Verbindlichkeit nicht von vornherein in der Beziehung angelegt wäre. Die Absicht, sich zu binden, wird als krönende Vollendung der Beziehung verstanden, nicht als ihre Voraussetzung.«[86] Ein langes Ausprobieren vieler verschiedener Partner sowie ein Anhäufen von sexuellen Erfahrungen mindern jedoch die Einzigartigkeit der ehelichen Verbindung. Es ist also ein zutiefst romantisches Ideal, das hier zugrunde liegt: Der Partner, den man heiratet, ist im besten Falle der erste und einzige! Und das gilt im Islam sowohl für Mann als auch Frau, da ist der Koran eindeutig.

Einige von Illouz zitierte Untersuchungen[87] zeigen außerdem, »dass ein Zusammenleben vor der Verlobung bzw. Hochzeit dazu neigt, die Bindung der Männer an ihre Partnerinnen asymmetrisch zu schwächen – verbunden mit einem geringeren Wert an ehelicher Zufriedenheit – und das Risiko einer Scheidung zu erhöhen.«[88]

Es scheint also keineswegs so zu sein, dass ein Beziehungsalltag vor der Heirat eine Voraussetzung für eine glückliche Partnerschaft ist – die innere Einstellung und der Wille, sich zu binden, sind viel elementarer. Auch eine gewisse geistige Flexibilität und Anpassungsbereitschaft, wie sie in jungen Jahren noch eher zu finden ist, scheint von Vorteil zu sein.

Interessante Beobachtungen zur arrangierten Ehe machte der amerikanische Psychologe Robert Epstein, ehemaliger Chefredakteur der Zeitschrift »Psychology Today«: »Arrangierte Ehen sorgen für Stabilität in einer Gemeinschaft, sie sorgen für Stabilität in der Familie, Stabilität für die Kinder ... 50 Prozent unserer ersten Ehen enden mit Scheidung, über 60 Prozent unserer zweiten Ehen enden mit Scheidung, 80 Prozent der Menschen, die noch verheiratet sind, denken über Scheidung nach ... Und das ist plötzlich nicht mehr, was sie erwartet haben, es passt nicht zu den romantischen Geschichten, die wir im Kino sehen. Was immer auch die Nachteile von arrangierten Ehen in einigen Kulturen sein mögen, unser System ist weitaus schlimmer.«[89]

Für ihn ist Romantik und Leidenschaft eine zu dünne Basis für eine Ehe, denn »Leidenschaft verblasst sehr, sehr schnell« und mache blind für die Unzulänglichkeiten des anderen. Nicht nur die hormonell beflügelte Verliebtheitsphase legt sich schnell, auch körperliche Schönheit ist vergänglich. Deswegen empfiehlt Epstein, sich von unrealistischen Idealen zu lösen, die geprägt durch Hollywoodstreifen, Musik, Film und Fernsehen suggerieren, Liebe sei ein Feuerwerk, eine Explosion, die aus dem Nichts komme und dann anhalte. Einer indischen Studie von 1982 zufolge halten arrangierte Ehen länger, weil das Paar Liebe im Laufe der Jahre erlernt. Dahingegen überwiegt bei Liebesheiraten die Enttäuschung darüber, dass die durch romantische Vorstellungen geprägten Erwartungen sich nicht erfüllt haben. Der Verlust der Illusion scheint für Paare, die ihre Beziehung anfangs romantisch verklären, besonders schmerzhaft, sie sind scheidungsanfälliger.

Diese Aspekte spielen alle keine Rolle, solange das islamische Konzept von Ehe und Partnerschaft in einem öffentlichen Diskurs verhandelt wird, der von der unislamischen Praktik der Zwangsehe dominiert wird. Eine faire Beschäftigung mit dem Islam, mit dem, was fremd ist, würde voraussetzen, dass man gewillt ist, seinen Horizont zu erweitern und dem anderen auf Augenhöhe zu begegnen. Man müsste bereit sein, darüber nachzudenken, warum Millionen von Menschen einen anderen Lebensstil hinsichtlich ihres Liebeslebens verfolgen und was gut daran sein könnte. Weltweit werden laut Epstein schätzungsweise

60 Prozent der Ehen arrangiert und weitaus seltener geschieden als im Westen.

Es geht nicht darum, dieses Modell für sich anzunehmen. Betont werden muss an dieser Stelle, dass das Konzept der arrangierten Ehen nicht ein originär islamisches ist und der Islam diese Strategie auch nicht als einzige Möglichkeit zur Partnerfindung akzeptiert. Der Prophet Muhammad ist bei seiner ersten Ehe mit der Kauffrau Khadija, die 15 Jahre älter war als er und mit der er eine 25 Jahre andauernde, monogame Ehe führte, keine arrangierte Ehe eingegangen. Khadija schickte eine Dame mit ihrem Heiratsantrag zu Muhammad, der damals für sie arbeitete, da sie von seinen Charaktereigenschaften , fasziniert war.

Nicht von anderen arrangierte Ehen oder Liebesheiraten sind auch möglich, denn es kann natürlich vorkommen, dass sich jemand von bestimmten Eigenschaften angezogen fühlt oder sich verliebt und dann einen Antrag stellen möchte, aber auch dann ist es im islamischen Kontext nicht unüblich, sich bei der Ehevermittlung von anderen helfen zu lassen. Dies hat sicherlich auch etwas mit der islamischen Schamkultur zu tun.

Dieses Prinzip hat, wie wir gezeigt haben, durchaus sein Gutes, denn es schützt bestehende Beziehungen. Ich selbst habe unzählige arrangierte Ehen unter Muslimen zustande kommen sehen und habe auch selbst helfen dürfen, einige Paare zueinander zu führen. Die allermeisten dieser Ehen dauern über die Jahre hinweg an und erscheinen mir mit ihren Höhen und Tiefen gelungen. Auch wenn es in diesen Ehen zu klassischen Konflikten kommen mag, so gibt es doch eine viel größere Sicherheit, aneinander treu zu sein, weil die Rahmenbedingungen günstiger sind und weil Gott als Allsehender und Allwissender für die Beteiligten eine Instanz darstellt, die man nicht betrügen kann. Neben rationalen Einflüssen für ihre Entscheidung, dient jedoch das Gebet diesen Paaren als starker Kitt. Denn die Grundlage für ihren Entschluss, mit der ausgewählten Person ein Leben lang zusammen sein zu wollen, ist weder durch eine Kosten-Nutzen-Abwägung oder der sexuellen Anziehungskraft, die sich jederzeit ändern könnte, gelenkt worden.

Ausschlaggebend war für diejenigen, die das Istikhara-Gebet verrichteten, die Leitung Gottes. Sie entwickeln einen festen Glauben daran, dass ihr Partner der Richtige für sie ist, weil das Gebet ihnen eine entsprechende Zufriedenheit des Herzens schenkt. Man ist auch in deutlich größerem Maße bereit, in die Beziehung hinein zu investieren und sie zu pflegen.

Es gibt immer weniger Muslime, die eine solch innige und lebendige Bindung zu Gott haben. Aber es sind viele junge Menschen darunter, die abgeschreckt von dem desaströsen Image, das Liebesbeziehungen im Westen vorauszueilen scheint, die spirituelle Praxis ernst nehmen. Illouz trifft einen wunden Punkt, wenn sie eine »Entzauberung« und Rationalisierung der Liebe im Sinne Max Webers beklagt. »Kulturell und gefühlsmäßig ist die ganze Idee der romantischen Liebesgeschichte tot, tot, tot«, zitiert sie eine Kommentatorin der NEW YORK TIMES.[90] Trotz der romantischen Ideale, die durch Film und Musik die Sehnsüchte der Massen beflügeln, erleben wir eine völlige Ernüchterung, was die Hoffnung betrifft, diese Ideale in der Realität umsetzen zu können. Liebe scheint nicht zu funktionieren, zumindest nicht, wenn sie einzigartig, mystisch und selbstlos sein soll. Während diese Form der Partnerwahl die Ergebnismaximierung zum Selbstzweck erklärt, offenbart sich darin eine angenommene, zweckrationalisierte Austauschbarkeit der Liebe. Obwohl die derart durchkalkulierte, sich auf die Konsumlogik stützende Herange- hensweise des Online-Dating mittlerweile eines der am häufigsten genutzten Methoden zur Partnerfindung ist, zeigt man sich bezüglich arrangierter Ehevermittlungen durch Familie, Verwandte und Freunde entsetzt. Sie scheinen Inbegriff einer gefühllosen, antiromantischen Umgebung zu sein, die die emotionale Autonomie des Individuums unterwandert. Das Gegenteil ist jedoch der Fall! Arrangierte Ehen sind weder fremdbestimmt, noch zeugen sie von einer völlig durchratio- nalisierten Weltsicht, in der Gefühle keine Rollen spielen. Und auch das Gebet, das Zuversicht darüber geben soll, ob der vorgeschlagene Partner der richtige Seelengefährte für das Leben ist, trägt ein zutiefst romantisches Moment in sich. Es ist demnach Gott, der die Menschen in Paaren erschaffen hat (78:9) und am besten weiß, welcher Gefährte ein Augentrost sein wird. Das koranische Gebet: »Unser Herr, gewähre uns an unseren Ehepartner und Kindern Augentrost, und mache uns zu einem Vorbild für die Rechtschaffenen« (25:75), zeugt von dieser Einstellung ebenso wie Koranverse, die betonen, dass Mann und Frau aus einem Wesen erschaffen worden sind (4:2) und Allah »Liebe und Zärtlichkeit« zwischen sie gesetzt hat (30:22).

Es geht also bei der Diskussion um arrangierte Ehen, die im Zusammenhang mit der öffentlichen Empörung über das Kopftuch häufig für Unverständnis sorgen, darum, den verächtlichen, paternalistischen Unterton und eine ignorante und häufig auch arrogante Einstellung abzulegen. Diese Einstellung unterstellt dem Islam und islamisch begründeten Konzepten eine grundlegende reaktionäre Rückständigkeit, die man selbst glaubt, überwunden zu haben. Projektionen spielen dabei eine große Rolle: Bloß weil arrangierte Ehen im Westen nicht mehr praktiziert werden und hier früher mitunter auch mit einer Einschränkung der Wahlfreiheit des Einzelnen einhergingen, heißt es nicht, dass dies auch für die islamische Vorstellung von arrangierten Ehevermittlungen gilt. Unbestreitbar sind kulturell bedingte Zwangsehen eine Menschenrechtsverletzung, aber wir dürfen das Phänomen der arrangierten Ehevermittlung damit nicht vermengen, noch darauf reduzieren.

Die Migrationsforscherin Gaby Straßburger resümiert: »Durch die Analyse der inneren Logik, die dem idealtypischen Handlungsschema der arrangierten Eheschließung zugrunde liegt, [kann] gezeigt werden, dass bei arrangierten Ehen keineswegs per se familiäre Interessen über individuellen stehen. Wo dies dennoch der Fall ist, stellt sich die Frage nach dem spezifischen Handlungskontext und insbesondere nach den innerfamiliären Machtverhältnissen. Die Ursachen für Machtmissbrauch sind jeweils in den konkreten psychosozialen Verhältnissen des Einzelfalls zu suchen, und nicht etwa unmittelbar aus dem System der arrangierten Ehe abzuleiten, wie dies immer wieder geschieht.«[91]

Es muss in der Islamdebatte daher um Differenzierung jenseits essentialistischer Ansichten gehen, möchte man Grundlagen schaffen, die den Respekt und die Wertschätzung des anderen ermöglichen – andernfalls wird Integration nicht gelingen können.

Der Bärendienst der Ex-Familienministerin

Man bemüht sich um Differenzierung, aber sie fällt schwer, wenn man den öffentlichen Diskurs genauer unter die Lupe nimmt. Zwangsverheiratungen stehen im Fokus der Berichterstattung über den Islam. Der zweifelhafte Einsatz für die »Befreiung« muslimischer Frauen bestätigt bereits vorhandene Stereotype und gerät zum Bärendienst. Ein Beispiel dafür ist eine (nicht repräsentative!) Studie zur Zwangsverheiratung, die die ehemalige Bundesfamilienministerin Kristina Schröder (CDU) 2011 vorstellte und sich dabei großer medialer Aufmerksamkeit erfreuen durfte.

Während Schröder betonte, dass die Forschung vor »zu kurzen und zu einfachen Kausalketten« warne, konstruierte die anschließende Berichterstattung genau solche. Nur wenige Tage nach der Veröffentlichung dürfte auch der nicht informierte Bürger aufgeschnappt haben, die »Schock-Studie« (»Bild«-Zeitung) entlarve, wie tausende Frauen in Deutschland zwangsverheiratet würden, »und fast immer sind es junge Musliminnen«, so der Tenor. Auch seriöse Zeitungen kamen nicht umher zu betonen, dass muslimische Frauen fast 84 Prozent der Betroffenen ausmachten. Und so scheint amtlich bestätigt zu sein, was ohnehin Volksmeinung ist: Muslimische Frauen sind Opfer. Der Spiegel setzte die Meldung mit einer kopftuchtragenden Frau in Szene und formulierte in der Unterzeile: »Frau mit Kopftuch: Die meisten Zwangsehen-Opfer stammen aus muslimischen Familien.«

Wo es auf der einen Seite notwendig ist, gegen massive Menschenrechtsverletzungen durch Zwangsehen vorzugehen und die Hintergründe zu analysieren, hat die Darstellungsweise der an sich wichtigen Studie zu einer verstärkten Marginalisierung und Stigmatisierung muslimischer Frauen beigetragen. Musliminnen in Deutschland sind es gewöhnt, als unterdrückt wahrgenommen zu werden, schließlich antworten laut einer repräsentativen Studie der Universität Münster von 2010 über 80 Prozent der befragten Deutschen, sie konnotierten die Unterdrückung der Frau mit dem Islam.

Was jedoch kaum erwähnt wurde: Die Forscher der von Frau Schröder präsentierten Studie gehen von einem Einfluss ebendieser öffentlichen Meinung auf die Untersuchungsergebnisse aus. Sie betonen, dass die Kenntnis über Merkmale wie die Religionszugehörigkeit und die entsprechende Zuordnung »auch davon beeinflusst ist, wie in der öffentlichen Debatte auf bestimmte Communities geblickt wird.« Denn die Betroffenen selbst gaben zu keiner Zeit Auskunft über ihre Religionszugehörigkeit, vielmehr nahmen lediglich Mitarbeiter der befragten Beratungsstellen Einschätzungen über die Religion ihrer Klienten vor. Bei ähnlichen Untersuchungen in Großbritannien wurden Zwangsehen unter indisch-pakistanischen Migranten seitens der befragten Organisationen stärker wahrgenommen, obwohl diese auch unter anderen Ethnien verbreitet sind.

Ohne Zweifel werden muslimische Frauen in einigen sogenannten islamischen Ländern bevormundet und unterdrückt. Ihnen werden essentielle Menschenrechte nicht zugestanden, Fortschritte sind oft das Ergebnis hartnäckiger Bemühungen seitens Frauenorganisationen. Doch wir müssen diese Lesart des Islam nicht nach Deutschland importieren. Auch hier gibt es noch muslimische Familien, die ihre Kinder zwangsverheiraten oder zumindest Druck ausüben, wogegen Muslime selbst stärker ankämpfen müssen. Die Studie des Bundesfamilienministeriums zur Zwangsverheiratung zeigt, dass 32 Prozent der Betroffenen in Deutschland geboren und sozialisiert sind. Die mittlerweile zweite und dritte Generation der Muslime in Deutschland distanziert sich jedoch gleichzeitig immer öfter von patriarchalen Traditionen, die sie als unislamisch begreift, wie eine Studie von 2004 belegt, die ebenfalls das Familienministerium in Auftrag gab. Wenn aber immer wieder eine Verbindung zwischen Frauenunterdrückung und Islam hergestellt wird, fühlt sich diese Generation mit ihrer Haltung ins Abseits gedrängt. Reaktionären Kräften innerhalb des Islam wird dagegen der Rücken gestärkt. In Gang kommt ein Prozess, der in der Medienforschung als Schweigespirale beschrieben wird: Menschen mit Positionen, die zwar von der Mehrheit vertreten werden, aber in den Medien nicht artikuliert werden, werden schweigsamer, weil sie sich in der Minderheit wähnen. Muslime, die die Ansicht vertreten, Frauenrechte und Islam stünden nicht im Widerspruch zueinander, drohen sich mit ihrer Position zu isolieren. Die Redebereitschaft derjenigen, die ihre Position durch die

Medien gestärkt sehen und der Meinung sind, im Islam habe die Frau eine minderwertige Stellung, wächst und damit langfristig auch die Anhängerschaft dieser Meinung. Es kommt zu einer Spirale, die ein mögliches, tendenziell frauenfreundlicheres Meinungsklima in islamischen Communities in Deutschland umwälzen könnte. Man müsste betonen, dass Zwangsehen unislamisch sind, wenn man meint, über den Bezug zur Religion etwas erreichen zu können. Und man müsste sie strikt von den in muslimischen Gemeinden nicht unüblichen arrangierten Ehevermittlungen trennen, die unproblematisch sind.

Bisher ist es nicht so, dass Muslime schweigen, sie werden nur kaum gehört: Viele muslimische Verbände und Frauengruppen verurteilten nach Bekanntwerden der Studie Zwangsverheiratungen wiederholt als nicht mit dem Islam zu legitimierendes Verbrechen. Doch es stellt sich die Frage, warum sie dies tun mussten? Als das Familienministerium 2004 eine Studie über Gewalt an Frauen in Deutschland vorstellte und bekannt wurde, dass 37 Prozent aller befragten Frauen schon einmal körperliche Gewalt erlebt haben, wurde nicht danach gefragt, ob die betroffenen Frauen christlich, christlich geprägt oder christlich sozialisiert seien. Es war schlicht nicht relevant. Ebenso wenig haben Zwangsverheiratungen irgendetwas mit der islamischen Lehre zu tun. Allein die Tatsache, dass sie unter muslimischen Familien vorkommen, reicht noch nicht als Argument, im Islam eine Ursache zu suchen und ihn als Religion insgesamt an den Pranger zu stellen.

Wenn es um den Schutz der von Gewalt und Zwang bedrohten Frauen geht, dann gilt es, Strukturen zu analysieren, die Menschenrechtsverletzungen begünstigen. Eine unterdurchschnittliche Bildung und ländliche Herkunftsregionen der Betroffenen werden in der Studie diskutiert. Das Herausfinden solcher Strukturen wird jedoch verhindert, wenn irrelevante Merkmale in den Vordergrund gerückt werden und ihr Irrlicht verbreiten. In der Studie zu Zwangsehen heißt es, man könne und wolle mit der gewählten Methode nicht überprüfen, ob es einen Zusammenhang zwischen Religionszugehörigkeit und Zwangsehen gebe. Die hochselektive Datengrundlage lässt die Beantwortung dieser Frage ohnehin nicht zu, denn es wurden nur Beratungseinrichtungen befragt, wobei man von Mehrfachzählungen ausging, weil Betroffenen häufig mehrere Beratungsstellen aufsuchen.

Die Religionszugehörigkeit wird als »leere Variable« bezeichnet, die ohne Kenntnis darüber, welchen Stellenwert die Religion für die Betroffenen hat, keinen Aussagewert besitzt. Und das ist symptomatisch für die Präsentation wissenschaftlicher Untersuchungen, die in den Medien als Beleg für die Rückständigkeit des Islam diskutiert werden. Mal geht es um Frauenunterdrückung, mal um gewaltbereite Jugendliche oder um Antisemitismus unter Muslimen. Selten machen sich Journalisten die Mühe, sich die Studien im Detail anzusehen, sensationslüsterne Schlagzeilen mit Islambashing-Charakter sind schnell produziert.

Wenn Schröder in ihrem Gastbeitrag für die FRANKFURTER ALLGEMEINE ZEITUNG kritisiert, dass ein »Zusammenhang in Hinblick auf den Islam oft verleugnet oder wegdefiniert« werde und Imame auffordert, »es noch stärker als ihre Aufgabe zu begreifen, Zwangsverheiratung zu verweigern und dagegen einzuschreiten«[92], mag dies vernünftig klingen. Es scheint begrüßenswert, dass Schröder den Schulterschluss zu muslimischen Gemeinden sucht. Doch suggeriert sie damit genau die Kausalzusammenhänge, vor denen sie anfänglich warnt. Der Zusammenhang zum Islam wird nicht »verleugnet«, er existiert schlichtweg nicht!

Auch wenn innerislamische Aufklärung wichtig und dringend notwendig ist, nützt es wenig, Zusammenhänge zu konstruieren, die es nicht gibt und damit das Problem dort auszumachen, wo es nicht liegt. Zudem stellt sich die Frage: Haben muslimische Geistliche tatsächlich einen Einfluss auf Menschen, die andere zwangsverheiraten? Wenn ja, welche Lesart des Korans lehren sie? Oder wird ihre Autorität unter Umständen überschätzt? Ist für Täter der Glaube ein Maßstab? Akzeptieren sie Imame als Orientierung für sich? Schließlich scheinen Täter ihre Religion nicht zu praktizieren. Handelt es sich um Kulturmuslime, um Menschen, die nominell, formal Muslime sind und denen es ebenso gleichgültig oder unbekannt ist, was ihre Religion lehrt, wie den Hindus und Christen, die Menschen zwangsverheiraten (oder anderweitig misshandeln) und die es laut der Studie auch gibt? Vermutlich ist für sie die Religion ebenso wenig Maßstab wie für die Mitglieder christlicher Herrschaftshäuser im 18. Jahrhundert, die aus Gründen der Staatsräson zur Ehe zwangen.

Die Religion spielt in anderen Ländern der Welt, vor allem in muslimisch geprägten Gesellschaften sicherlich eine deutlich größere Rolle als in Europa. Ein Aufruf zu mehr innerislamischer Aufklärung über die Quellen des Islam könnte vielleicht aus diesem Grund das Potential haben, das Verhalten zumindest einiger Muslime zu verändern. So ein Appell wirkt aber vor allem dann, wenn er von Muslimen selbst kommt und kein paternalistischer Unterton mitschwingt, der den Islam in die Schmuddelecke drängt.

Und tatsächlich gibt es diesbezüglich auch Bemühungen: So kooperiert etwa die internationale muslimische Frauenorganisation Lajna Imaillah in Frankfurt mit dem Jugendmigrationsdienst des Caritasverbandes und bietet »Workshops zur Prävention von Zwangsverheiratung und Gewalt im Namen der Ehre« für Schulklassen an. Die Lajna Imaillah gehört zur Ahmadiyya Muslim Jamaat (KdöR), deren Imame religiöse Trauungen nur vornehmen, wenn vorher in einem Beratungsgespräch festgestellt werden konnte, dass keine Zwangsehe vorliegt. Obwohl also die islamische Lehre Zwangsehen verbietet, verpflichtet die Tatsache, dass es unter Muslimen Fälle gibt, bei denen aus kulturellen Gründen Zwangsehen forciert werden, zum Handeln. Sowohl innerislamisch als auch nach Außen hin ist Aufklärung wichtig.

Es muss unter Muslimen eine starke Kultur der Verurteilung menschenverachtender und unislamischer Traditionen und Praktiken wie Ehrenmorde, Zwangsehen und Genitalverstümmelung geben. Dies kann sich womöglich auch positiv auf potentielle Täter auswirken, die nicht gelernt haben, das Selbstbestimmungsrecht anderer zu akzeptieren. Islamische Allgemeinplätze wie der Verweis auf Koranverse und Überlieferungen, die solch frauenverachtende Praktiken untersagen, werden auch immer wieder besetzt. Tatsächlich verlangen viele islamische Gemeinden als Voraussetzung für die religiöse Trauung nicht nur eine standesamtliche Eheschließung, sondern auch das schriftliche Einverständnis beider Heiratswilligen. Der Koran spricht von »Liebe und Zärtlichkeit« als Grundlage einer Ehe (30:22). Insofern kann der Islam, wie Schröder es fordert, »Teil einer Lösung sein«. Deutlich wird jedoch, dass nicht die islamische Lehre das Problem ist, sondern diejenigen Muslime, die eben nicht nach dem Islam leben oder eine extreme Lesart verfolgen.

Auch Schröder plädiert nun dafür, Zwangsverheiratungen in den Schulen stärker zu thematisieren. Sicherlich muss alles dafür getan werden, Betroffenen frühzeitig Hilfe zu ermöglichen. Doch ist zu befürchten, dass diese Maßnahme unerwünschte Nebenwirkungen nach sich ziehen wird. Die vorgestellte Studie ist nicht repräsentativ, die Zahlen nicht belastbar. Die große Mehrheit der in Deutschland lebenden muslimischen Frauen wird nicht unterdrückt. Die offensive Sensibilisierung für das Thema Zwangsheirat an Schulen mag sinnvoll sein. Ich befürchte jedoch, dass dies nicht vor neutralem Hintergrund geschieht. Selbstverständlich werden es gerade die muslimischen Mädchen sein, die unter Generalverdacht stehen: Lehrer werden vermuten, dass diese eher von Zwangsverheiratungen betroffen sind. Es entsteht dadurch wieder einmal ein Klima, das muslimische Mädchen in die Opferrolle drängt. Man mag dies in Kauf nehmen, wenn dadurch realen Opfern von Zwangsehen geholfen werden kann. Doch sollte man auf die Verhältnismäßigkeit achten! Von der Diskriminierung durch die Annahme, man sei Opfer, sind mit Sicherheit deutlich mehr muslimische Mädchen betroffen, als es wirklich Opfer unter Musliminnen gibt. Was das für die Atmosphäre in der Schule bedeutet, wird mir immer wieder von muslimischen Schülerinnen erzählt, die zum Beispiel das Kopftuch tragen möchten, aber sowohl von Lehrern als auch Schülern unter Druck gesetzt werden, dies nicht zu tun.

Ich erlebe immer wieder, wie auch selbstbewusste, muslimische Schülerinnen von besorgten Lehrern beiseitegenommen werden: Sie werden gefragt, ob sie zuhause benachteiligt oder diskriminiert würden oder zum Kopftuchtragen gezwungen würden. Diese Frage wird mir sogar auf öffentlichen Veranstaltungen gestellt, bei denen ich auf dem Podium sitze. Anfänglich machte mich eine solche Frage wirklich sprachlos. Es schien mir unfassbar, dass diese Frage offensichtlich ernst gemeint war.

Auch wenn solche Angebote und Fragen besorgt oder fürsorglich gemeint sind, können sie fatale Auswirkungen haben, wenn man sich irgendwann so fühlt, wie man wahrgenommen wird. Zur Stigmatisierung kommt es dann »im Gestus des pädagogischen Wohlmeinens« (Navid

Kermani). Ein Bericht der Antidiskriminierungsstelle des Bundes von 2013 zeigt, dass die Leistungen von Schülerinnen, die ein Kopftuch tragen, häufig unterschätzt werden.

Unterschätzung und Diskriminierung gehören oft zum Alltag nicht nur kopftuchtragender Schülerinnen, das wissen wir spätestens seit PISA. Verschiedene empirische Untersuchungen zeigen, dass Schülerinnen und Schüler mit Migrationshintergrund bessere Leistungen als ihre deutschen Mitschüler erbringen müssen, um eine Gymnasialempfehlung zu erhalten.[93] Es gibt zudem Lehrer, die nicht davor zurückschrecken, ihren Schülerinnen das Kopftuchtragen zu verbieten und damit geltendes Recht ignorieren. Der Drang, diese Mädchen vor Fremdbestimmung und Zwang retten zu müssen, scheint so übermächtig, dass das Angestrebte mit denselben autoritären Methoden zu realisieren versucht wird, gegen die man zu kämpfen meint. Der in jeglicher Hinsicht skandalträchtige (jedoch nicht öffentlich gewordene!) Fall eines Mädchens, das noch vor dem sogenannten Burkini-Urteil von 2013 mit einem Ganzkörperbadeanzug zum Schwimmunterricht einer hessischen Schule erschien, und dann vor versammelter Klasse trotz ihres heftigen Widerspruchs vom Lehrer gedemütigt wurde, indem sie genötigt wurde, ihre Hose sofort auszuziehen, zeichnet eine groteske Metapher der Doppelmoral manch selbsternannter Frauenbefreier. Auch die Diskussion um geschlechtergetrennten Sport- und Schwimmunterricht zeigt ähnliche Züge. Mitten im Wahlkampf wurde SPD-Kanzlerkandidat Peer Steinbrück für folgende Worte gescholten: »Wenn die Schulen es einrichten können, sollten sie da Rücksicht auf die religiösen Gefühle nehmen und getrennten Sportunterricht anbieten.« Die BILD-Zeitung sah in dieser Aussage die Ursache für weiter fallende Umfrageergebnissen für Steinbrück, denn ein Islamversteher ist immer eine Empörung wert. Reflexartig distanzierten sich diverse Politiker von Steinbrücks Aussage, bis sogar Kanzlerin Angela Merkel die Steilvorlage nutzte, um klarzustellen, dass sie gegen geschlechtergetrennten Sportunterricht sei. Gemeinsamer Sportunterricht fördere die Integration in unserem Land, zudem sollten Mädchen und Jungen von klein auf lernen, gleichberechtigt miteinander umzugehen. Diese Argumentation scheint mehr als fadenscheinig. Schließlich gibt es eine Reihe von Bundesländern, in denen der Sportunterricht geschlechtergetrennt stattfindet. Diese Praxis wird nicht als Integrationsverweigerung gewertet, denn es spricht unabhängig von der Religion einiges dafür, mit der Pubertät die Geschlechter im Sport- und Schwimmunterricht zu trennen. Viele Mädchen empfinden es gerade in dieser sensiblen Phase als unangenehm, im Schwimmunterricht die Sprüche gleichaltriger Jungen über ihren Körper anhören zu müssen. Auch sind die Leistungen vor allem im Sportunterricht geschlechtsspezifisch unterschiedlich, was durchaus zu Lasten der Schülerinnen geht, die dann mit größeren und stärkeren, gleichaltrigen Jungen wetteifern müssen. Nicht umsonst finden die Wettbewerbe der olympischen Disziplinen und sowie alle Sportwettkämpfe geschlechtergetrennt statt, ohne dass darin eine Ablehnung der Gleichberechtigung gesehen werden könnte. Argumentiert wird ferner gerne damit, dass die gesellschaftliche Wirklichkeit in den Schulalltag transportiert werden solle und Schüler den Umgang mit Vielfalt sowie die Achtung Andersdenkender lernen sollten, um Toleranz zu üben. Daher könne beispielsweise nicht Rücksicht darauf genommen werden, dass muslimische Schüler und Schülerinnen aufgrund eines ausgeprägten Schamverständnisses ihre Mitschüler nicht in Badebekleidung sehen möchten. Schließlich begegneten sie in ihrem Alltag in Deutschland ständig leicht bekleideten Menschen und müssten den Umgang damit lernen. Interessant ist nun, dass dieses Argument offensichtlich nur einseitig zu gelten hat.

Denn Schüler sehen alltäglich auch Frauen mit Kopftüchern. »Deren Anblick soll ihnen jedoch nicht nur in Hessen in der Schule erspart bleiben, jedenfalls dann, wenn es sich um pädagogisches und nicht um Reinigungspersonal handelt.«[94] Vielfalt ist dann plötzlich nicht mehr erwünscht. Ausbaden dürfen das die muslimischen Mädchen, die nun mit Burkini zum Schwimmunterricht zu erscheinen haben – obwohl dieser Ganzkörperschwimmanzug noch lange nicht akzeptiert ist, Diskriminierung ist da vorprogrammiert. Schließlich sind etliche Fälle bekannt, in denen Frauen mit Burkini öffentlicher Bäder verwiesen wurden.[95] Auch das sogenannte Burkini-Urteil entpuppt sich damit als gut gemeint, aber paradox in der Begründung und darf damit in die Reihe der Bärendienste eingeordnet werden.

Solche Fälle zeigen aber auch, welche Ausmaße mitunter die salonfähige Unterstellung angenommen hat, muslimische Frauen seien per se unterdrückt und nicht integriert. Hetzseiten im Internet mit islamfeindlichen Inhalten stürzen sich auf solche, wie oben skizziert, irreführend präsentierte Studien und unglückliche Urteile, die sie als Bestätigung ihrer rassistischen Thesen feiern. Ihre mediale Darstellung spielt häufig den Falschen in die Hände und erschwert ihrerseits die Integration. Während man Opfern zu helfen meint, die in das Raster der stereotypen Befreiungsagitation passen, macht man in der Konsequenz eine unverhältnismäßig größere Anzahl an muslimischen Frauen zu Diskriminierungsopfern. Denn die unterdrückte muslimische Frau bietet einen perfekten Rahmen: Der deutsche Nicht-Muslim darf sich als kulturell überlegener Retter gebären. Dagegen erinnert die religiös diskriminierte muslimische Frau an das eigene Versagen und Missverhalten. Sie wird deswegen nicht wahrgenommen, ihr Opferdasein wird weder politisch noch medial thematisiert. Auch wenn sie längst keine marginale Erscheinung mehr sein dürfte. Welches Problem öffentlich debattiert wird, hat anscheinend weniger mit dem realen Vorkommen der Problematik zu tun, als mit dem Wohlfühlfaktor, der für die Mehrheitsgesellschaft davon ausgeht.

Das Kopftuch als Zeichen der Demut

Erinnern Sie sich an die eingangs formulierten Postulate?

1. Das Kopftuch ist ein Symbol der Emanzipation der Frau. Die Kopftuchträgerin wehrt sich gegen die Sexualisierung einer Gesellschaft,
   in der Frauen zum verfügbaren Sexualobjekt erzogen werden und
   Männer die emotionale Vorherrschaft einnehmen.
2. Das Kopftuch ist das Symbol der Liebe schlechthin. Es steht für die
   allesüberragende Liebe des Menschen zu Gott und für die exklusive
   Liebe zwischen Mann und Frau. Es ist ein Symbol der romantischen
   Liebe und der praktischen Treue.
3. Eine Kopftuchträgerin in Deutschland ist oft eine selbstbestimmte,
   charakterstarke Persönlichkeit, die nicht abhängig ist von der Anerkennung anderer. Das Kopftuch steht für die Freiheit des Geistes und
   das Selbstbestimmungsrecht des Körpers. Es steht für eine spirituelle
   Haltung der Demut und drückt die Liebe zu Gott aus.

Bisher habe ich vor allem versucht, die ersten beiden Thesen zu erklären. Kommen wir nun zu dem wesentlichen Punkt nach der Frage der
inneren Geisteshaltung, die dem Kopftuchtragen meiner Ansicht nach
prototypisch vorausgeht. Wobei ich hier idealtypisch die theologische
Idee hinter dem »Prinzip Kopftuch« als Ausgangslage nehme und nicht
die möglicherweise sehr unterschiedlichen, individuellen Beweggründe der Kopftuchträgerinnen in Deutschland heranziehe.

Das Kopftuch zu tragen ist in erster Linie eine Herzensentscheidung
und dann eine Vernunftentscheidung. Als Schülerin fing ich an, das
Kopftuch zu tragen: aus Liebe. Es war die Phase in meinem Leben, in
der ich mich intensiver mit der Sinnfrage beschäftigte und zu dem Ergebnis gekommen war, dass Gott lebendig ist und spricht. Dass Gebete
erhört werden und eine tiefe Zufriedenheit durch die Verbundenheit zu
Gott entsteht. Ich hatte Eltern, die mir vertrauten und die mir gleichzeitig vorlebten, wie es ist, einen lebendigen Glauben zu haben. Und ich

hatte erfahren, dass die Kicks, nach denen sich viele meiner gleichaltrigen Freunde sehnten, voller fragwürdiger Höhen und Tiefen waren. Eitelkeiten und Konkurrenz spielten gerade wenn es um Liebesbeziehungen ging, eine große Rolle, aber dahinter steckten oft Selbstzweifel und die Suche nach Bestätigung und Ankerkennung durch andere.

All das erschien mir im Vergleich zu der inneren Ruhe und den Möglichkeiten an tiefgreifenden Erfahrungen durch die Kommunikation mit Gott als kaum erstrebenswert.

Um meiner Verbundenheit zu Gott Ausdruck zu verleihen, fing ich an, das Kopftuch zu tragen. Ich wusste natürlich, dass dies nicht leicht sein würde und hatte auch Angst. Angst, Freunde zu verlieren, Angst mit Vorurteilen konfrontiert zu werden, Angst vor den Reaktionen anderer und Angst vor negativen Konsequenzen. Doch genau darin bestand auch der Liebesbeweis für mich: Sollte ich wirklich Angst vor Geschöpfen des allmächtigen Schöpfers haben? Wessen Liebe und Nähe war mir wichtiger? Was sind das für Freunde, die sich wegen eines Kopftuchs von dir entfernen? Ich sah das Kopftuch als ein Mittel, Gott näher zu kommen, indem ich mich auch öffentlich zu ihm bekannte. Natürlich hat dies etwas damit zu tun, dass der Koran für mich eine Offenbarung Gottes ist, das letzte von Gott offenbarte Buch über die Psyche und Natur des Menschen und ich das dort formulierte Gebot, ein Kopftuch zu tragen, ernst nahm. Und ich fragte mich, was die Weisheit dahinter sein möge. Ich kam zum Ergebnis, dass die Philosophie der Liebe, die sich im Kopftuchtragen zeigt, alles andere als reaktionär ist, sie ist in ihren Konsequenzen revolutionär für das Neudenken von Liebesbeziehungen, die gelingen wollen. Mir ist sehr bewusst, dass davon nur überzeugt sein kann, wer glaubt. Denn auch wenn alle rationalen Gründe, die für eine reizfreie Atmosphäre in der Öffentlichkeit sprechen könnten, auf dem Tisch liegen, wird der Mensch immer wieder versuchen, Schlupflöcher zu finden oder alternative Ansätze zu verfolgen, die für ebenso erfolgreich gehalten werden können und wesentlich bequemer erscheinen. Warum muss es gleich ein Kopftuch sein? Reicht es nicht, eine allzu sexuell anzügliche Kleidung zu vermeiden und in der Tradition der Emanzipationsbewegung gegen sexualisierte Werbung und Sexismus einzutreten und ein Umdenken zu fordern? Ist es nicht extrem, die

»Verhüllung« der Frau zu verlangen? Vermutlich würde ich diese Einwände teilen, schließlich bin ich in Deutschland sozialisiert, sie sind mir daher nicht fremd, sondern erscheinen nachvollziehbar. Der entscheidende Punkt ist, dass der Glaube an Gott und das Wissen über seine Existenz und Allmacht, das Wissen über seine Allwissenheit unvermeidlich zu einer Form von Demut führt, die dem Gläubigen bewusst macht, wie unendlich eingeschränkt sein persönliches Wissen und Verständnisvermögen ist. Vernunft ist ein von Gott gewährtes Werkzeug, das benutzt werden muss, alles andere wäre undankbar und sehr unislamisch. Allah warnt im Koran, dass er seinen Zorn über jene sendet, »die ihre Vernunft nicht gebrauchen mögen.« (10:101) Doch gehört es zum Gebrauch der Vernunft, einzusehen, dass sie nicht absolut gesetzt werden kann, dass sie anfällig für Fehler ist. »Aufklärung ist nicht nur die Herrschaft der Vernunft, sondern zugleich das Einsehen in deren Begrenztheit«, erklärt Navid Kermani dazu und fährt fort: »Der Vulgärrationalismus hingegen ... setzt den eigenen, also heutigen Verstand absolut.«[96] Es ist also die Einsicht in die Begrenztheit und historische Einbettung der Vernunft, denn sie ist immer auch geprägt vom Erkenntnisstand der Zeit und ist in ihrem Urteil eben nicht frei von Sozialisierungseffekten und der Mode des Zeitgeists. Diese Einsicht lässt einen Gläubigen sensibel werden für ein kritisches Hinterfragen gesellschaftlich akzeptierter Normen. Auch wenn es derzeit also »modern« sein sollte zu meinen, das Kopftuch sei nicht mehr zeitgemäß, kann die Weisheit, die hinter der Philosophie des Kopftuchs liegt, tieferliegender sein, als man auf den ersten Blick meint.

Der erste Schritt ist daher der demütige Glaube an die Weisheit und Allwissenheit Gottes. Sie bewegt dazu, über das *Warum* nachzudenken und rationale Beweggründe zu finden, die die Herzensentscheidung bestätigen.

Goethe dichtete dazu einmal: »Närrisch, dass jeder in seinem Falle/ seine besondere Meinung preist/ Wenn Islam Gott ergeben heißt/ in Islam leben und sterben wir alle.« Die Hingabe in Gottes Willen ist demnach entscheidend. In diesem Sinne erfolgt der Entscheidungsfindungsprozess für das Tragen eines Kopftuchs häufig als Schlussfolgerung: Weil ich Gott liebe und erfahren habe, dass es Ihn gibt und Er

Allwissend ist, bin ich mir sicher, dass die im Koran verankerten Weisheiten für mich von Nutzen sein werden. Im nächsten Schritt reflektiere ich darüber, was der Vorteil sein könnte und wäge die Argumente ab, die für die unterschiedlichen Lesarten sprechen. Die über die Vernunft generierte Überzeugung führt somit zu einer Bestätigung, sie ist aber nicht das ursprüngliche Hauptmotiv. Von daher bleibt das Kopftuch vordergründig ein religiöses Zeichen, dass wegen der Liebe zu Gott getragen wird und dazu führt, dass die Trägerin als Muslimin »erkannt« (33:60) wird und versucht, das Wohlgefallen Gottes zu erlangen.

Das Tragen eines Kopftuchs ist dann in erster Linie ein Mittel neben anderen, um Gottes Nähe zu erlangen. Wenn man jemanden aus ganzem Herzen liebt, dann beginnt man Dinge zu tun, von denen man weiß oder vermutet, dass sie dem Liebsten gefallen. Und man trägt Dinge, die einen an den Liebsten erinnern. Das Kopftuch erinnert mich jederzeit daran, dass ich Muslim bin, was wörtlich so viel heißt, wie »Gott ergeben«. Es ist also auch ein Ausdruck der Hingabe und Liebe zu Gott, die mutig macht und frei. Frei davon, sich um die oberflächliche, weil äußerliche Anerkennung anderer bemühen zu müssen. Denn gerade als Schülerin in Deutschland war es nicht immer leicht, sich gegen den Mainstream zu positionieren. Mit einem Kopftuch fällt man auf, läuft Gefahr, Außenseiterin zu werden, als »uncool« zu gelten und sich zu isolieren. Auf Schulhöfen wird erbarmungslos geurteilt über das äußere Erscheinungsbild. Hip ist, wer gut aussieht und die richtige Kleidung trägt. Meist findet jedoch jeder sein Grüppchen und es gibt immer auch diejenigen, die weniger oberflächliche Kriterien für Coolness definieren.

Ich zumindest lernte, zu meiner Meinung zu stehen, auch wenn sie anderen nicht gefallen würde. Ich lernte, gegen Gruppendruck, Konformismus und Mitläufertum immun zu werden. Das Kopftuch hatte mich gelehrt, dass man stark sein kann, wenn einem etwas wirklich wichtig ist, auch wenn man eine Position vertritt, mit der man in der Minderheit ist. Verhielte ich mich zuvor noch häufig opportunistisch, so wurde ich mit dem Kopftuch im Laufe der Zeit immer selbstbewusster. Ich sah im Allmächtigen Gott einen Freund, gegen den niemand ankommt, weswegen ich also auch keine Angst vor öffentlicher Isolation haben musste. Eine Wandlung vom konformistischen Mauerblümchen mit Minderwertigkeitskomplexen hin zur selbstbewussten Persönlichkeit, die offen ihre Meinung sagt, habe ich immer wieder beobachtet, wenn junge Mädchen den Schritt gewagt haben, das Kopftuch auch öffentlich zu tragen. Ich glaube daher, dass das freiwillige und reflektierte Tragen des Kopftuchs gerade in einem nicht-muslimischen Umfeld zu einer Persönlichkeitsentwicklung führt, die das Selbstbewusstsein schult und stärkt.

Überlegenheitsgefühle

»Wer sie liest, muss sich fragen, aus welchen Quellen die Verfechter des Kopftuchverbots ihre angeblichen Erkenntnisse eigentlich geschöpft haben«[97], kommentiert die ZEIT die 2006 veröffentlichten Ergebnisse der Konrad Adenauer-Studie über die Beweggründe des Kopftuchtragens.[98] Weitere repräsentative Studien, die folgten, bestätigten diesen Befund. Die Studie brachte als erste quantitative Untersuchung, die sich mit den Motiven der Kopftuchträgerinnen in Deutschland beschäftigte, Ergebnisse, die den gängigen Stereotypen die Datengrundlage nahmen. Egal, ob es um das Demokratieverständnis ging oder um die Gleichberechtigung von Mann und Frau sowie die persönliche Freiheit: »Stets lassen sich die Daten, die Meinungsforscher von Infratest dimap im vergangenen Jahr für deutsche Frauen ermittelten, nahezu uneingeschränkt auf türkischstämmige Kopftuchträgerinnen übertragen. Und der wichtigste Unterschied ist wenig überraschend: Die Musliminnen sind bei weitem religiöser.«[99] Es gab jedoch auch ein problematisches Ergebnis.

In den Feuilletons wurde es als Beleg dafür genommen, dass Kopftuchträgerinnen sich gegen die Menschenrechte positionieren würden: Jede dritte Befragte erklärte, nicht alle Menschen seien vor Gott gleich. Überlegenheitsgefühle und ein Gefühl der Auserwähltheit seien bei den kopftuchtragenden Frauen deutlich stärker ausgeprägt, heißt es in der Studie. Das wurde zum Anlass genommen, dem Kopftuch abermals die Funktion der Abgrenzung zu attestieren.

In der Tat werden Musliminnen häufig mit dem Vorwurf konfrontiert, sie würden sich durch ihr Kopftuch moralisch selbst stilisieren und

Nicht-Muslimen oder nicht kopftuchtragenden Musliminnen suggerieren, sie seien weniger religiös oder minderwertig. Dies wäre tatsächlich hochproblematisch. Bevor die Adenauer-Studie jedoch als Bestätigung für diese Position herangezogen werden kann, sollte man untersuchen, wie die Frage verstanden wurde.

Geht es um die prinzipielle Würde des Menschen? Dann ist ohne Zweifel festzustellen, dass islamisch gesehen alle Menschen gleich sind. Oder geht es darum, dass bei bestimmten Taten abhängig von ihren Absichten angenommen wird, dass sie Gott wohlgefälliger sein könnten, als andere? Wobei es Gott allein ist, der die Absichten der Menschen kennt. Zwar kann der Mensch sich nach islamischer Lehre nicht anmaßen, selbst entscheiden zu können, wie Allah über andere urteilt oder wie die Absichten des Einzelnen sind. Das Urteil darüber obliegt Gott, der allein in die Herzen der Menschen sehen kann und dessen »Barmherzigkeit jedes Ding« (7:157) umfasst. Doch ist es ein Bestandteil des Glaubens vieler Religionen, dass man durch die Befolgung der Gebote Gottes und damit durch das Vollbringen guter Taten und den Dienst an der Schöpfung, Gottes Liebe, seine Nähe und sein Wohlgefallen erlangen kann.

Dieser Glaube korreliert keinesfalls mit Stolz oder Arroganz. Stolz gilt als eine der Ur-Sünden schlechthin, so heißt es über Iblis, den Teufel, im Koran: »Er [Allah] sprach: ›Was hinderte dich, dass du dich nicht unterwarfst, als Ich es dir gebot?‹ Er [Iblis] sagte: ›Ich bin besser als er [d. h. der Mensch]‹.« (7:13) Neben *Schirk*, der Beigesellung Gottes (4:49), gibt es im Islam keine größere Sünde als Hochmut.

Für den islamischen Mystiker und Reformer des mittelalterlichen Islam, Muhammad Al-Ghasali ist Hochmut, Egoismus und eine heuchlerische Religionsausübung, die zur Schau gestellt wird, um die Gunst anderer Menschen zu erlangen, eine Form von Schirk. Dies problematisiert auch der Koran in der Sure 107, wo Allah diejenigen warnt, »die nur gesehen sein wollen« und denen die Demut fehlt, die »kleinen Dienste zu erweisen«.

Eine andere Stelle im Koran betont weiter die Wichtigkeit einer demütigen, inneren Einstellung: »Und weise deine Wange nicht verächtlich den Menschen und wandle nicht hochmütig auf Erden; denn Allah liebt keine eingebildeten Prahler.« (31:19) In einer Überlieferung des Propheten Muhammad heißt es dazu: »Wer demütig ist, den wird Gott lobpreisen, wer aber hochnäsig ist, den wird Gott erniedrigen.« (Vgl. Haythami, Madschma' az-Zawa'id, 10.325) Auch ist tradiert: »Allah wird denjenigen, in dessen Herzen sich auch nur ein Körnchen Hochmut befindet, nicht in das Paradies eintreten lassen.« Jemand fragte den Propheten daraufhin, wie es sich mit einer Person verhält, die gerne schöne Kleidung und Schuhe trägt. Darauf antwortete der Prophet: »Das ist keine Hochmut. Allah ist schön und liebt Schönheit. Hochmut liegt im Zurückweisen der Wahrheit, Verachten anderer Menschen und im herablassenden Umgang mit anderen.«[100]

Dass Hochmut als eine Ur-Sünde schlechthin gilt, hat wesentlich damit zu tun, dass Stolz ein elementares Hindernis auf dem Weg zu Gott darstellt. Die wahre Erkenntnis Gottes geht der islamischen Mystik zufolge mit der Auslöschung des Egos einher. Erst wenn sich der Gläubige völlig Gott hingibt und in tiefster Demut und Bescheidenheit die Gnade Gottes erfleht, wird es ihm ermöglicht, Gott zu erfahren. Der Messias des Islam, Hazrat Mirza Ghulam Ahmad erklärt dazu: »Hochmut ist eine sehr gefährliche Krankheit; und jeder, der von ihr befallen wird, erleidet einen spirituellen Tod … Jeder, der auf seinen Bruder herabschaut, weil er sich selbst für gelehrter, weiser oder gebildeter hält als ihn, ist hochmütig … jede Person ist hochmütig, die stolz ist auf ihre stärkere körperliche Gesundheit oder Schönheit oder gutes Aussehen«[101], denn schließlich hat Gott die Macht, ihm all dies zu nehmen. Von daher kann es irreführend sein, pauschal von Überlegenheitsgefühlen der Kopftuchträgerinnen zu sprechen, vorausgesetzt diese besitzen fundamentale Kenntnisse der islamischen Theologie.

Plausibler scheint die Vermutung, muslimische Frauen seien häufig der Meinung, das Kopftuch sei ein Mittel, um Allah näherzukommen – was nicht zwangsläufig heißt, dass alle Kopftuchträgerin Allahs Wohlgefallen auch tatsächlich erlangen. Schließlich ist das »Kopftuchgebot« ein Gebot von mehr als 700 anderen. Das Gebot, sich zu bedecken, wird im Koran in zwei von über 6000 Versen erwähnt – unzählige, immer wiederkehrende Aufforderungen des Korans beziehen sich etwa darauf, gerecht, barmherzig und gnädig zu sein sowie uneigennützig Gutes zu tun. Das Kopftuchgebot erscheint dann als ein i-Tüpfelchen, das der eigenen Überzeugung Ausdruck verleiht und das man nicht einfach ignorieren kann, wenn man an Allah als Urheber des Korans glaubt. Nun hört man manchmal, dass das Gebot, ein Kopftuch zu tragen ja nicht so wichtig sei, wenn man ansonsten ein guter Mensch sei, nicht lästert und lügt usw. – das sei entscheidend. Es ist jedoch tückisch, manche Gebote für sich als wichtiger zu definieren als andere und darin eine Rechtfertigung zu sehen, bestimmte Gebote des Korans herunterzuspielen. Denn die Wichtigkeit eines Gebotes ist für jeden Menschen individuell unterschiedlich. So gab der Prophet Muhammad auf die Frage, was die größte Tugend sei, völlig unterschiedliche Antworten, je nachdem, wer die Frage stellte. Dem einen sagte er, es sei die beste Tat, seinen Eltern zu dienen, dem anderen antwortete er, das freiwillige Gebet in der Nacht sei die beste Tat, dem dritten empfahl er wieder etwas anderes. Das heißt, die tugendhafteste Tat ist für jeden individuell diejenige, die ihm besonders schwer fällt. Den einen mag es große Überwindung kosten zu spenden, dem anderen fällt das leicht, doch er neigt dazu, zu lügen. Dann ist es für ihn ein großer Jehad (d. h. eine Anstrengung auf dem Wege Gotte), bei der Wahrheit zu bleiben; er kann sich nicht darauf ausruhen, dass er ja so großzügig spendet. Und das ist der Punkt. Es geht darum, an seinen Schwächen zu arbeiten und jedes Gebot ernst zu nehmen, sonst macht man sich leicht selbst etwas vor, indem man seine Fehler verharmlost. Es gibt viele Muslime, die das Verbot, Schweinefleisch zu essen sehr ernst nehmen und dabei penibel genau sind, doch gleichzeitig vernachlässigen sie etwa das Ritualgebet oder trinken Alkohol. Sie sind dann nicht nur inkonsequent, sondern schaden sich möglicherweise selbst auf ihrem Weg zur persönlichen Entwicklung zu Gott. Der fünfte Khalif der Ahmadiyya Muslim Jamaat, Mirza Masroor Ahmad erklärt dazu, man sollte sich von dem Konzept verabschieden, Gebote, gute Taten oder Sünden in kleine und große wichtige und weniger wichtige zu kategorisieren: »Jede gute oder schlechte Tat muss abhängig vom situativen Kontext und den Umständen einer Person betrachtet werden … manche gute Taten sind für die eine Person eine Kleinigkeit für die andere eine große gute Tat.« Das heißt, die großen guten Taten sind für jeden unterschiedlich definiert, je nachdem, was besonders schwer fällt und gute Taten sind dann kleine gute Taten, wenn sie einem leicht fallen.[102] In jedem Falle gilt, dass man sich seine gute Tat verdirbt, wenn man sich mit ihr brüstet und andere deswegen verachtet.

Das Ergebnis der Adenauer-Studie lässt jedoch noch einen anderen Schluss zu: Statt theologische könnten vielmehr psychologische Motive eine Rolle für eventuell vorhandene Überlegenheitsgefühle spielen. Denn die Studie offenbarte auch, dass vier von fünf befragten Kopftuchträgerinnen sich in Deutschland als Bürgerinnen zweiter Klasse behandelt fühlen. Vor diesem Hintergrund können möglicherweise vorhandene Überlegenheitsgefühle auch als Kompensation für Diskriminierungserfahrungen interpretiert werden. Natürlich legitimiert diese Auslegung eine vorhandene, problematische Einstellung nicht, vorausgesetzt die Studie wäre generalisierbar. Denn Arroganz ist unvereinbar mit moralischen Grundwerten des Islam.

Weg mit dem Kopftuchverbot!

Dass Diskriminierungserfahrungen für Kopftuchträgerinnen realer Bestandteil des alltäglichen Lebens sind, bestätigt eine Reihe von Untersuchungen. Der Interkulturelle Rat spricht von einer »Mehrfachdiskriminierung par excellence«[103], weil kopftuchtragende Bewerberinnen bei gleicher Kompetenz 1. aufgrund ihres Geschlechts (Frau), 2. aufgrund ihrer Herkunft (Migrantin) 3. aufgrund ihrer Religion (Muslimin) und 4. aufgrund des Kopftuchs benachteiligt werden, wie Studien der Antidiskriminierungsstelle des Bundes belegen.[104] Diese Erfahrungen schlagen sich jedoch in der medialen Berichterstattung kaum nieder. Die Historikerin Yasemin Shooman stellt fest, dies deute darauf hin, dass »es bei dem Topos der unterdrückten Muslimin weniger um die Emanzipation muslimischer Frauen als eher um eine Selbstvergewisserung geht.«[105]

Eine 2013 veröffentlichte Studie der Pädagogischen Hochschule Freiburg zeigte, dass jeder dritte untersuchte Betrieb der 700 befragten kleinen, mittleren und großen Betriebe nicht bereit war, eine Bewerberin mit Kopftuch einzustellen. Eine ebenfalls 2013 veröffentlichte Expertise der Antidiskriminierungsstelle des Bundes, die sich mit der »Diskriminierung aufgrund der islamischen Religionszugehörigkeit im Kontext Arbeitsleben« beschäftigt, zitiert ein Ablehnungsschreiben, das folgende Begründung formuliert: »Außerdem kommt eine Mitarbeiterin mit islamischer Grundeinstellung mit dem Symbol des Kopftuchs als Unterdrückung der Frauen nicht in Frage. Das Kopftuch ist ein Symbol politisch gewollter Unterdrückung und kein Ausdruck persönlichen Glaubens (wie fälschlicherweise oft behauptet wird). Dies können wir bei uns im Büro leider nicht akzeptieren.«

Das ist ohne Zweifel eine ungeheure Behauptung und Unterstellung. Der Fall gelangte vor das Arbeitsgericht Gießen, das einen Verstoß gegen das Allgemeine Gleichbehandlungsgesetz feststellte. Demzufolge ist eine Benachteiligung aufgrund der Religion nicht zulässig, die kopftuchtragende Bewerberin erhielt Schadensersatzzahlungen. Dennoch offenbart das Ablehnungsschreiben eine Haltung, die längst kein Einzelfall ist, auch wenn sie mittlerweile aufgrund der Gesetzeslage nicht mehr unverblümt schriftlich geäußert wird. Ganz im Gegenteil haben wir es hier mit einer Wahrnehmung des Kopftuchs zu tun, die spätestens seit der Diskussion um ein Kopftuchverbot für Lehrerinnen medial aggressiv verbreitet wurde und mittlerweile den öffentlichen Diskurs bestimmt.

Als die Diskussion 1998 begann, erklärte die spätere Bundesbildungsministerin und damalige baden-württembergische Kultusministerin Annette Schavan das Kopftuch zu einem politischen Symbol für die Unterdrückung der Frau. Die Begründung Schavans wurde seitdem gebetsmühlenartig von sämtlichen Medien und vielen Politikern immer und immer wieder reproduziert und damit zum Faktum erklärt. Die konstante Wiederholung dieser grob reduzierenden und simplifizierenden Behauptung generierte eine medial konstruierte Bedeutungszuschreibung des Kopftuchs, die sich rasch durchsetzte und wenig mit der Realität der Kopftuchträgerinnen zu tun hat. Nach dem berühmten Thomas-Theorem sind jedoch die Konsequenzen einer für wahr erklärten Situation tatsächlich real. Indem also seitens bestimmter Politiker und Leitmedien suggeriert wurde, es sei eine eindeutig belegte Tatsache, dass das Kopftuch vor allem von politisch motivierten oder religiös unterdrückten Frauen getragen werde, entstand der Eindruck, es gebe eine legitime Grundlage für politisch restriktiven Handlungsbedarf.

Das Erstaunliche an diesem Prozess war nun, dass es für die behaupteten Zusammenhänge, die die Grundlage für prohibitive Gesetzgebung wurden, jenseits der medial konstruierten Deutungen, keinen empirischen Nachweis gab – und gibt! Wer meint, dass Politiker sich nicht allein auf ihre Perzeption der öffentlichen Meinung verlassen, gerade wenn es um Minderheiten und moralisch wie emotional brisant aufgeladene Themen geht, sondern wissenschaftliche Expertisen einholen, der wurde hier eines Besseren belehrt. Obwohl es eine Binsenweisheit ist, dass sozialpsychologische Mechanismen dazu führen können, dass die öffentliche Meinung zu einer sehr verzerrten Wahrnehmung der Realität tendiert, schien sie hier alleiniges Kriterium für die Diskriminierung einer Minderheit zu sein. Die ersten qualitativen Untersuchungen, die von Yasemin Karakasoglu (1999), Gritt Klinkhammer (2000) und Sigrid Nökel (2002) vorgelegt wurden, kamen schon damals zu Ergebnissen, die kontraintuitiv zur öffentlichen Meinung waren. Erst Jahre später (2005 und 2009)[106] erfolgte die empirische Überprüfung der von Schavan behaupteten Zusammenhänge. Im Auftrag der Deutschen Islamkonferenz wurde eine repräsentative Studien durchgeführt, die belegte, dass über 90 Prozent das Kopftuch aus rein religiösen Gründen tragen. Karakasoglu erklärt weiterhin 2013, ihr sei immer noch kein Fall bekannt »an dem es an einer Schule aufgrund des Kopftuchs einer Lehrerin ernsthafte Konflikte zwischen Lehrern und Schülern oder Eltern gegeben hat. Empirische Studien wie etwa aus meiner Arbeitsgruppe an der Universität Bremen, die sich in jüngster Zeit wissenschaftlich mit dem Thema befassen, belegen jedoch: Das Auftreten einer kopftuchtragenden Praktikantin oder Referendarin hat im Einzelfall zu konflikthaften Situationen im Lehrerzimmer geführt, etwa weil dieser mit Ablehnung oder Angst vor religiösem Fundamentalismus begegnet wurde. Der Konflikt entzündete sich an der Wahrnehmung des Kopftuchs als frauenfeindliches oder religiös-fundamentalistisches Symbol durch das Kollegium, nicht an einem entsprechenden Verhalten der Praktikantin oder Referendarin.«

Problematisch ist also in erster Linie die Wahrnehmung des Kopftuchs durch eine diskriminierende Mehrheitsgesellschaft und weniger die Motive der Kopftuchträgerin. Von einer Menschenrechtsverletzung und »Diskriminierung im Namen der Neutralität« (so der Titel des Berichts) spricht die Menschenrechtsorganisation Human Rights Watch nach eingehender Untersuchung und fordert bereits 2009 die Abschaffung der diskriminierenden Gesetze. Human Rights Watch plädiert dafür, bei konkreten Bedenken Einzellfallprüfungen vorzunehmen und erst, wenn das gesamte Verhalten einer Lehrerin darauf schließen lässt, dass die Religionsfreiheit der zu unterrichtenden Kinder tangiert wird, einzuschreiten. Ein allgemeines Kopftuchverbot sei kein angemessenes Mittel, weil ein solches auf »der Annahme der abstrakten Gefahr negativer Auswirkungen« beruht.

Fast alle Bundesländer, für die es relevant wurde, haben seit der als Kopftuchurteil berühmt gewordenen Entscheidung des Bundesverfassungsgerichtes im September 2003 ein Gesetz verabschiedet, das Lehrerinnen an staatlichen Schulen das Kopftuchtragen verbietet. In Hessen und Berlin gilt das Kopftuchverbot auch für Beamtinnen im öffentlichen Dienst. Die meisten Bundesländer erlauben es jedoch gleichzeitig, Nonnen mit der Haube an staatlichen Schulen zu unterrichten, weil sie Ausnahmeklauseln für »christlich-abendländische« Traditionen beinhalten. Damit ignorieren sie die Rechtsprechung des Bundesverwaltungsgerichtes, nach der alle Religionen gesetzlich gleich behandelt werden müssen. Und das obwohl das Kopftuch der Frau im Neuen Testament, im ersten Korintherbrief 11,7 als ein Zeichen für die Nachstellung der Frau bezeichnet wird, was im Koran nicht der Fall ist: »Der Mann aber soll das Haupt nicht bedecken, denn er ist Gottes Bild und Ehre; das Weib aber ist des Mannes Ehre. Denn der Mann ist nicht vom Weibe, sondern das Weib vom Manne. Und der Mann ist nicht geschaffen um des Weibes willen, sondern das Weib um des Mannes willen. Darum soll das Weib einen Schleier auf dem Haupt haben.«

Diese Interpretation der Verschleierung, die Paulus hier vornimmt, wird von den meisten Christen nicht mehr geteilt und hat erst Recht mit der koranischen Erklärung für das Kopftuch nicht das Geringste zu tun. Das, was nun kollektiv zu geschehen scheint, ist, dass die christliche (oder präziser: Paulus´) Interpretation des Kopftuchs auf den Islam projiziert wird. Es scheint die Beobachtung Sigmund Freuds zuzutreffen, dass das Unheimliche, das uns Angst macht, vor dem wir die Augen verschließen möchten, das verdrängte Eigene ist. Es ist das Kopftuch der Muslimin, das als Symbol der Unterdrückung encodiert wird – und es entlarvt sich darin möglicherweise die entlastende Projektion des eigenen »Defekts« auf die muslimische Frau. Es bleibt zu betonen, dass eben nicht die Haube der christlichen Nonne im Verruf steht, demokratische Prinzipien zu verletzten und für die Nachordnung der Frau zu stehen, sondern das Kopftuch der muslimischen Frau – auch wenn der Koran im Gegensatz zum Neuen Testament diese Verbindung eben nicht herstellt.

Der Frankfurter Philosoph Rainer Forst betont daher, dass die Befürworter eines Kopftuchverbots für Lehrerinnen oder Schülerinnen nachweisen müssen, »inwieweit die Praxis des Tragens solcher Symbole tatsächlich Grundrechte oder demokratische Prinzipien verletzt … Leben wir in einer politischen Gemeinschaft, in der die ›Hausordnung‹ der Konvention oder der Mehrheit gilt, oder leben wir in einer Gesellschaft, die sich den in den Grundrechten manifestierten Gerechtigkeitsprinzipien so verpflichtet weiß, dass sie Minderheiten als Gleiche respektiert und sie zugleich verschieden sein lässt?«[107]

Des Weiteren verletzt Deutschland damit seine Verpflichtung zum Schutz der Minderheitenrechte, wie es in dem Bericht von Human Rights Watch heißt.[108] Der Staat ist verpflichtet, neutral und unparteiisch zu bleiben, um den Pluralismus zu wahren – hier wird aber eindeutig die Religion der Mehrheit bevorzugt behandelt.

Human Rights Watch kommt zu dem Ergebnis, dass Anti-Kopftuch-Gesetze gegen »die internationale Verpflichtung Deutschlands zum Schutz der Religionsfreiheit und des Rechts auf Gleichheit vor dem Gesetzt verstoßen«. Muslimische Lehrerinnen werden aufgrund ihres Glaubens diskriminiert, in der Praxis diskriminieren die Verbote auch auf Grundlage des Geschlechts, weil nur Frauen davon betroffen sind. »Sie zwingen kopftuchtragende Frauen, sich entweder für ihren Beruf oder für ihren Glauben zu entscheiden«, so Haleh Chahrokh, Autorin des Berichtes von Human Rights Watch. Den immer wieder geäußerten Bedenken, bezüglich der gefährdeten Neutralität der Lehrperson, begegnet Karakasoglu folgendermaßen: »Neutral ist man meiner Meinung nach dann, wenn man niemanden benachteiligt. Wenn man nicht parteiisch ist. Ich käme nie auf die Idee, einem Hindu mit Turban oder einem Juden mit Kippa die Lehrfähigkeit, die Neutralität abzusprechen. Ist es denn neutral, kein Kopftuch zu tragen?« In Großbritannien gehören kopftuchtragende Lehrerinnen und turbantragende Sikhs zum gesellschaftlich akzeptierten Alltag. Dort hat man keinerlei Schwierigkeiten mit dem Kopftuch.

Das, was Kinder dadurch lernen, ist Pluralismus, Toleranz und die Wertschätzung von Vielfalt. Sie lernen Andersartigkeit, sie lernen (auch religiös bedingtes) unterschiedliches Aussehen zu akzeptieren und zu respektieren.

Die Lehrerin mit Kopftuch wird in Deutschland dagegen als Provokation begriffen, »sie lasse es an der für einen Beamten gebotenen Zurückhaltung fehlen, lautet der Vorwurf. Aber man muss verblendet sein, um nicht zu sehen, dass ihr ganzer Habitus Zurückhaltung ausdrückt«, schreibt der ehemalige Feuilletonchef der FRANKFURTER ALLGEMEINEN ZEITUNG, Patrick Bahners und er fügt hinzu: »In Tücher eingehüllt wird normalerweise das Kostbare. Die Verschleierung ist ein Indiz der Vornehmheit. Es widerspricht also unserer Intuition, dass der Zweck des Kopftuchs, wie von seinen feministischen Gegnerinnen behauptet, die demonstrative Herabsetzung der Frau sein soll.«[109]

Postaufgeklärte Zustände?

Die Politikwissenschaftler Hendrik Meyer und Dirk Halm vermuten, dass die Integration stärker durch die Diskriminierung und Stigmatisierungen von Muslimen durch die Mehrheitsgesellschaft gehemmt wird als durch die praktizierte Religiosität der Muslime.[110]

Zur Stigmatisierung kommt es unter anderem, so Meyer und Halm, weil die zunehmend säkulare und religiös unmusikalische Aufnahmegesellschaft mit Befremden auf die hohe Religiosität vieler Muslime reagiere, weswegen Ängste und eine Ablehnungshaltung vorprogrammiert seien. Gerade in Bezug auf das Kopftuch erwarte man eine Form der Anpassung, die darin bestehen soll, das Kopftuch abzulegen, was als Integrationsleistung bewertet wird. Halm und Meyer lehnen jedoch die Vorstellung vieler Deutsche, Migranten hätte ihre eigenen kulturellen Werte und Traditionen abzulegen, um sich integrieren zu können, ab: »Die Realität zeigt aber, dass die Eingliederung in die Gesellschaft sich heute vielmehr unter Beibehaltung eigener, auch religiöser Vorstellungen und Prägungen vollzieht«, so die Wissenschaftler.

Auch wenn die Forderung, sich auch optisch möglichst anzupassen und das Kopftuch daher abzulegen, auf den ersten Blick nachvollziehbar erscheint, verkennt sie die essentielle Bedeutung der Religion für einen Gläubigen. Religion ist nicht nur ein Konstrukt von Ge- und Verboten, sondern dient als Leitfaden für das Leben, der eng mit der eigenen Persönlichkeit verbunden ist.

Natürlich sollte man versuchen, sich anzupassen, soweit es geht, um Integration und ein harmonisches Miteinander zu fördern. Aber dies kann nicht bedeuten, dass man sich in sinnstiftenden Fragen von seinen innersten Zielen trennen muss. Wenn religiöse Gebote niemandem schaden und als ein Mittel begriffen werden auf dem Wege zur Liebe Gottes und die Erlangung dieser Liebe gleichsam den Sinn des Lebens eines Gläubigen ausmacht, erscheint es naiv, ihn vor die Wahl zu stellen. Die Orientalistin Annemarie Schimmel beschreibt die Quintessenz der islamischen Mystik folgendermaßen: »Was ist Glückseligkeit? Erkenntnis Gottes, die gleichbedeutend mit Liebe Gottes ist; Liebe Gottes, die sich in der Liebe zum Mitmenschen manifestiert.«[111] Es geht im Islam kurz gesagt darum, Frieden zu finden und Frieden zu verbreiten, indem man sich mit den Eigenschaften Gottes färbt, die im Koran beschrieben sind. Gerechtigkeit, uneigennützig Gutes tun, sich selbst überwinden, um für andere da zu sein, sind zentrale Mittel, um diesen Frieden und die Einheit mit Gott zu erlangen. Das Kopftuch steht auch für diese Werte, es macht die Zugehörigkeit zum Islam sichtbar. Wenn es als Gebot Gottes verstanden wird, dann drückt sich in der Befolgung des göttlichen Willens auch die Liebe zum Schöpfer und zur Schöpfung aus. Es käme einer ungeheuren Verletzung der eigenen Beziehung zu Gott gleich, würde man den Willen Gottes dem menschlichen Willen irgendwelcher Kopftuchgegner unterordnen. Es gibt nichts und niemanden, der irgendeine Form von Schaden davonträgt, wenn eine muslimische Frau ein Kopftuch trägt. Warum sollte sie also ihr Innerstes verleugnen und ihrem Schöpfer ihren persönlichen Liebesbeweis entsagen? Natürlich benötigt Gott die Liebesbeweise der Menschen nicht. Es ist der Mensch, der dadurch seinen Glauben und seine Beziehung zu Gott stärkt. Dies zeigt sich bereits am Stammvater der abrahamitischen, monotheistischen Religionen Judentum, Christentum und Islam: Der Prophet Abraham, der durch seine Bereitschaft, das ihm Liebste zu opfern, deutlich machte, dass seine Liebe zu Gott alles übersteigt. Gott benötigt das Opfer des Menschen nicht und erklärt die Verletzung anderer Menschen als nicht legitim, wie es die Geschichte Abrahams zeigt. Das Menschenopfer erlaubte Gott nicht, doch die Absicht Abrahams, sein Ego dem Göttlichen Willen zu unterwerfen, sein Gottvertrauen ist bis heute für Millionen von gläubigen Juden, Christen und Muslimen vorbildlich. Das wichtigste Fest der Muslime wird im Gedenken an diese Spiritualität Abrahams gefeiert, das Id-ul-Adha. Angesichts solcher Vorbilder erscheint es aus der Sicht des Gläubigen nicht nachvollziehbar, warum man nicht einmal bereit sein sollte, ein Kopftuch zu tragen, auch wenn damit gesellschaftliche Benachteiligung verbunden sein sollte. Wie kann etwas, das einen im Wesentlichen ausmacht, unter dem Vorwand »Privatsache« zu sein, aus dem öffentlichen Raum und Bewusstsein gedrängt werden? Der Islam ist eine ganzheitliche Religion, die dem Umstand Rechnung trägt, dass Äußeres und Inneres zusammenhängen und sich reziprok beeinflussen. Die Kleidung wirkt auf den inneren Zustand und umgekehrt. Wer fordert, Religion sei Privatsache und solle im Herzen allein Platz finden, der verkennt diese Zusammenhänge, die für Männer gleichermaßen gelten: Es gehört zur Sunna (der Praxis des Propheten, der die Muslime folgen), eine Kopfbedeckung zu tragen. Der religiöse Mensch hat es schwer, in einer säkularen, religiös zunehmend unmusikalischen Umgebung. Doch die dadurch abverlangten »Opfer« erscheinen vergleichsweise gering, geht es dabei doch um rein äußerliche, weltliche Strapazen. Es bringt daher wenig, durch Verbote einen inneren Konflikt herbeiführen zu wollen. Denn es geht um grundlegende, demokratische Rechte: Um das Selbstbestimmungsrecht, das Recht auf freie Ausübung der Religion, das Recht darauf, sich so zu kleiden, wie man es für richtig hält.

In der SÜDDEUTSCHEN ZEITUNG kommentiert Ingrid Thurner dies folgendermaßen: »Wir sind so stolz auf die Aufklärung, und dem Islam wird vorgeworfen, dass er keinen Voltaire hervorgebracht habe. Doch wer die verhüllten Körper aus den öffentlichen Räumen verbannt sehen will, kann sich nicht auf die Aufklärung berufen. Säkularisierung bedeutet nun einmal die Autonomie des Individuums, das Recht der freien Entscheidung. Was die einen dem männlichen Blick vorenthalten, drängen die anderen ihm auf.« Es wird höchste Zeit, das Kopftuchverbot abzuschaffen, wenn wir nicht von postaufgeklärten Zuständen sprechen möchten.

Aufgeklärte Anerkennung

Einer der bedeutendsten Vertreter der Aufklärung, Jean-Jacques Rousseau, problematisiert das Streben nach Anerkennung und Wertschätzung, wenn es abhängig ist von der Beurteilung anderer. Die grundlegenden Mechanismen, die er beschreibt, treffen für die Entwicklung der vom Kapitalismus geprägten westlichen Konsumgesellschaften im Wesentlichen zu. Der moderne Mensch ist im Kern ein narzisstischer, »ein um Anerkennung ringender, stark verunsicherter Mensch. So tut er alles, um die Bestätigung, die er zum Leben braucht, zu erhalten. Diese narzisstische Kompensation bedarf ständig erweiterter Ablenkung durch Konsum, Besitz, Animation und Aktion«, diagnostiziert der Autor Hans-Joachim Maaz.[112] Rousseaus Beobachtungen lassen sich übertragen auf den Mikrokosmos der modernen Frau, die nach Anerkennung strebt, indem sie ihre äußerliche Attraktivität einsetzt. Sie macht sich dadurch vom Urteil anderer abhängig. Genau diesem Urteil verweigert sich die (muslimische) Frau, nicht nur, wenn sie ihre Reize der öffentlichen Betrachtung entzieht, sondern auch, indem sie ihr Kopftuch trotz öffentlichen Drucks nicht ablegt. Ihr Selbstwertgefühl generiert sich nicht über die Bestätigung anderer Menschen, sondern entsteht durch ihre Beziehung zu Gott. Im Koran heißt es dazu zentral: »Genügt Allah nicht für Seinen Diener?« (39:37) Der Aufklärer Rousseau unterscheidet diesbezüglich zwischen *Amour-propre* und *Amour de soi*. Während *Amour-propre* das Streben nach sozialer Anerkennung meint, das sich in der Abhängigkeit vom Urteil anderer entwickelt und problematischen Konkurrenzmechanismen unterliegt, geht es bei *Amour de soi* um ein Selbstwertgefühl, das unabhängig ist von dem, wie andere einen wahrnehmen. Die *Amour de propre* führt zu einer Form von Arroganz und Egoismus, weil der Einzelne danach strebt, besser zu sein als andere und in der Abwertung anderer seine eigene Aufwertung sieht. Eine der hässlichsten Manifestationen der Forcierung solcher Bestrebungen sind Sendeformate wie »Germany′s Next Topmodel«. Eine Frau, die sich solchen Urteilen unterwirft, macht sich zu einem »Sklaven der Meinung«[113], wie Rousseau es formulieren würde. Diese Abhängigkeit geht einher mit einer Form des Stolzes, die immer von der Sorge begleitet wird, wie andere einen wahrnehmen mögen. Auch davon macht sich ein gläubiger Mensch, respektive eine Kopftuchträgerin frei. Sie bleibt ihren Prinzipen, die sie für richtig erachtet und die sie als hilfreich erfahren hat, treu –, auch wenn sie dafür aufgrund der dominierenden Mehrheitsmeinung mit Missachtung und gesellschaftlicher Isolation bestraft wird.

Für Rousseau ist die *Amour propre* die Hauptquelle gesellschaftlicher Asymmetrien. Schon in Rousseaus zweitem Diskurs über die Ungleichheit[114] problematisiert er die Tendenz des Einzelnen, auf der Suche nach Anerkennung in ein eitles Streben zu verfallen, das nur noch darauf abzielt, den anderen gefallen zu wollen. Zu einem ernsthaften Problem wird dies, wenn damit das Bedürfnis einhergeht, besser als andere sein zu wollen. Dann kommt es zu einer generellen Unzufriedenheit, weil Anerkennung zu einem knappen Gut wird und dadurch unsicher und kurzlebig wird. Denn wenn Anerkennung und Überlegenheit im Verhältnis zu anderen errungen werden, die ebenfalls nach diesen streben, kommt es zu einem ständigen Konkurrenzkampf. Das Individuum ist konstant dem Druck ausgeliefert, den Markt zu beobachten, seinen Wert zu optimieren und seine Position zu verbessern. Frauen unterliegen diesem Druck besonders, gerade in modernen Gesellschaften, die von wechselnden Partnerschaften und der Suche nach einem Partner gekennzeichnet sind, zumal Frauen intensiver von Konkurrenzdenken hinsichtlich ihrer äußeren Attraktivität berührt sind.

Es ist »ein ruheloser Zustand, der von dem dunklen Wissen über das eigene Scheitern verfinstert« wird und nur flüchtige Befriedigung verschafft – und damit laut Rousseau das menschliche Glück beeinträchtigt.[115] Denn dass Jugend und Schönheit vergänglich sind und der Wert der Frau in einer Gesellschaft, die sich der Anbetung von

Äußerlichkeiten verpflichtet hat, dadurch kontinuierlich sinkt, ist kein Geheimnis. Illouz beschreibt, dass dies mit dem »Umstand zu tun hat, dass die Schönheitsindustrie … den weiblichen Körper (stärker als den männlichen) als eine über die Zeit definierte und somit vom Verfall bedrohte Einheit« konstruiert, in der die »Vorherrschaft von ›Sexyness‹ und immer strikteren Schönheitskriterien die subjektive Bedeutung von Jugendlichkeit und folglich das Bewusstsein des Alters besonders unter Frauen gesteigert« hat. Heike-Melba Fendel, die Gründerin einer Schauspielagentur mit namhafter Klientel in Deutschland, erklärt über die Konkurrenz unter Frauen und mittlerweile über die Konkurrenz des perfektionierten Bildes mit der realen Person: »Die Frauen müssen idealisierten Bildern hinterherleben …, ich weiß, wie grausam das ist, ab Mitte 40 können sie nicht mehr gewinnen. Und berauben sich der Chance, in Würde zu altern.«

Dennoch wird sehr viel Kraft und Mühe darin investiert, den Wunsch nach äußerlicher Attraktivität und Überlegenheit zu befriedigen. Es ist eine Jagd, die nicht nur verdammt ist zu scheitern, sie ist auch hochgradig unbefriedigend. Denn die Mühe, die sie erfordert, überwiegt regelmäßig die Befriedigung, die sie verschafft. Dennoch sind Individuen, deren Streben nach einer überlegenen Position ihre Motivation maßgeblich ausmacht, häufig besessen von einem pervertierten Verlangen, das sie für intrinsisch motivierte Ziele nicht mehr empfänglich sein lässt. Rousseau warnt davor, dass die Abhängigkeit von der Wertschätzung durch andere häufig zum Verlust der Freiheit führt, denn jemand, der das Bedürfnis nach Anerkennung durch andere hat, ist regelmäßig der Versuchung ausgesetzt, sich von den Werten und Vorlieben anderer seine Handlungen diktieren zu lassen und somit seinen Willen an ihren Wünschen und Werten statt an den eigenen auszurichten. Genau das ist aber Rousseaus Definition von Sklaverei oder des Verlusts der Freiheit, und aus diesem Grund betrachtet er die *Amour-propre* als ernsthafte Bedrohung unserer Fähigkeit, frei zu sein. Frauen, die über die Massenkultur dazu erzogen werden, äußerlich gefallen zu wollen, sind in einem viel stärkerem Maße gefährdet, ihre innere Freiheit zu verlieren, als kopftuchtragende Frauen, die sich nur Gott gegenüber verpflichtet fühlen und auch gesellschaftliche Sanktionen nicht fürchten. Die völlig an der deutschen

Realität vorbeigehende Reduzierung der muslimischen Frau auf ein unterdrücktes Wesen, versucht diese Erkenntnis zu torpedieren. Der Einwand, kopftuchtragende Frauen erlangten Bestätigung für ihr Handeln durch ihre Familie oder die muslimische Community, ist nur bedingt berechtigt. Studien zeigen, dass die sogenannten Neo-Musliminnen (junge, in Deutschland aufgewachsene Töchter der ersten Migrantengeneration) sich häufig gegen ihre Eltern durchsetzen, wenn sie das Kopftuch tragen.[116] Eine in Deutschland sozialisierte, studierende oder arbeitende junge Muslimin ist die meiste Zeit nicht von ihrer muslimischen Community umgeben.

Im islamischen Kontext erfahren sie vermutlich positive Bestätigung, allerdings für ein Handeln, das zumindest vom Ideal her inneren Werten eine größere Bedeutung beimisst, als dem Konkurrieren um Äußerlichkeiten –, wobei dies keinesfalls bedeuten darf, dass äußerliche Merkmale als Maßstab zur Messung von Frömmigkeit oder Moral heranziehbar wären. Aber dass bestimmte moralische Ideale zumindest theoretisch angestrebt werden, liegt nahe.

Soziale Anerkennung erfahren diese Frauen zudem in ihren Beziehungen, die das islamisch begründete Ideal einer langfristigen, treuen Bindung verfolgen. Eine derartige Wertschätzung jenseits von Konkurrenzmechanismen, honoriert die Ausbildung selbstloser Charaktereigenschaften.

Wirklich problematisch ist dagegen, dass der Selbstwert vieler Frauen eng mit einer erfolgreichen Paarbeziehung verknüpft ist, die immer seltener gelingen will. Illouz erklärt, dass es eines der »frappierendsten Ergebnisse« ihrer Untersuchung sei, dass sich Frauen selbst die Schuld für das Scheitern von Beziehungen geben, wobei Männer dies in weitaus geringerem Maße tun: »Dass der Mann im Prozess der Überwachung von Anerkennung – den er einleitet und dessen Fluss er kontrolliert – die Oberhand hat, wird auch dadurch evident, dass er sich in weitaus geringerem Maße die Verantwortung für das Gelingen oder Scheitern einer Beziehung gibt.«[117] Das Selbstwertgefühl der modernen Frau wird also durch zweierlei Mechanismen grundlegend ausgehöhlt: Sie werden von einem massenkulturell aggressiv forcierten Frauenbild indoktriniert, das sie auf »Gefallen-Wollen« trimmt und sie damit abhängig von der Anerkennung anderer werden lässt und im Kern unfrei macht.

Zum anderen wird ihr innerster Wunsch nach Anerkennung durch eine erfüllte Partnerschaft torpediert durch den Umstand, dass fehlende Rahmenbedingungen für die Liebe Männern die Oberhand lassen.

Indem ich den Maßstab meines Wertes in die Gedanken anderer über mich verlege, mache ich ihre Meinungen für mich normativ und erkenne sie als Gesetze für meinen Willen an. Das Gefährliche an der *Amourpropre* ist laut Rousseau, dass sie abhängig ist vom Urteil anderer und zur Selbstentfremdung führt. Wichtiger ist es, über interne Ressourcen der Selbstbestätigung zu verfügen. Ein gläubiger Mensch erlangt dies durch seine Beziehung zu Gott. Es geht nicht darum, das Bedürfnis nach Anerkennung zu verleugnen, sondern die Suche nach Anerkennung auf eine Weise zu befriedigen, die weder abhängig macht, noch mit einer Abwertung des anderen einhergeht und damit vereinbar ist mit »allgemeiner Freiheit und allgemeinem Glück«, wie Rousseau es formuliert. Es gilt zu verhindern, dass die *Amour-propre* Befriedigung durch die Betonung körperlicher Überlegenheit sucht, die »dem Frieden, dem Glück, der Tugend, der Freiheit und einem nicht-entfremdeten Sein aller Mitglieder einer Gesellschaft im Wege stehen.«[118] Der Sozialphilosoph Axel Honneth postuliert, dass die Identitätsbildung des Menschen ohne intersubjektive Anerkennung nicht möglich ist und die Voraussetzung für eine gelungene Selbstidentität darstellt. Die Frage ist daher auch, welche Werte angestrebt werden, die Befolgung welcher Werte also Ankerkennung auf eine Weise verschafft, die gesellschaftlich produktiv ist.

Der Koran erklärt dazu: »Einem jeden von euch haben Wir eine klare Satzung und einen deutlichen Weg vorgeschrieben. Und hätte Allah gewollt, Er hätte euch alle zu einer einzigen Gemeinde gemacht, doch Er wünscht euch auf die Probe zu stellen durch das, was Er euch gegeben. *Wetteifert darum miteinander in guten Werken.* Zu Allah ist euer aller Heimkehr; dann wird Er euch aufklären über das, worüber ihr uneinig wart.« (5:49)

Es ist diese Lehre des Uneigennützig-Gutes-Tuns und darin miteinander Wetteiferns, die auch für die großen deutschen Denker der Aufklärung eine Inspiration war. Denken wir etwa an das Schlüsselmoment der berühmten Lessing´schen Ringparabel aus dem Drama der Aufklärung schlechthin, »Nathan der Weise«. Darin lässt Lessing den weisen Richter angelehnt an diesen koranischen Vers dazu auffordern, »mit innigster Ergebenheit in Gott zu wetteifern«, um das Handeln darüber entscheiden zu lassen, welcher Sohn den richtigen Ring besitze, das heißt, welche Religion die richtige sei. Die Klärung der Wahrheitsfrage wird nicht erkenntnistheoretisch entschieden, sondern auf das Gebiet der Ethik verlagert: Wahrheit objektiviert sich demnach im guten Handeln. Nicht propagiert wird jedoch die Überwindung aller konkreten Religionen zugunsten der Menschlichkeit. Denn der Glaube an Gott existierte beim Aufklärer Lessing noch. Lessing beschreibt die »Uneigennützigkeit« und die völlige »Reinheit des Herzens« als Ziel, das dadurch erlangt wird, dass der Mensch die »innere Belohnung der Tugend« als Motivation für sein Handeln übernimmt. Wenn die Quelle des Handelns die uneigennützige Liebe sein soll, erinnert dies an ein Gebet der berühmten islamischen Mystikern Rabia al Adawiya aus Basra, die zu Allah betete: »O Allah, wenn ich Dich aus Furcht vor der Hölle verehren sollte, dann verbrenn mich in der Hölle, und wenn ich Dich in Hoffnung auf das Paradies verehren sollte, dann schließe mich aus dem Paradies aus; aber wenn ich Dich um Deiner eigenen Selbst Willen verehre, dann verbirg vor mir nicht Deine immerwährende Schönheit.«

Uneigennützige Liebe und selbstloses Handeln scheinen jedoch nicht mehr modern zu sein. Wir leben in einer vom kapitalistischen Ethos durchdrungenen Leistungsgesellschaft, in der auf allen Gebieten ein Wettbewerb darin stattfindet, den größtmöglichen materiellen Vorteil zu sichern, aber nur nicht ein Wetteifern darin, uneigennützig Gutes zu tun. Der neue Homo oeconomicus ist, wie Michel Foucault es voraussagte, ein nach Effizienzkategorien und Nutzenoptimierung funktionierender Mensch, der eminent regierbar ist. Freiheit ist etwas anderes.

Der Mythos der unterdrückten Frau

Wenn über 80 Prozent der Deutschen bei dem Stichwort Islam an die Unterdrückung der Frau denken[119], dann bedeutet dies auch, dass man über das Kopftuch und seine Implikationen nicht sprechen kann, ohne auf die Stellung der Frau im Islam einzugehen. Meine Erfahrung nach unzähligen Veranstaltungen und Vorträgen mit Islambezug ist, dass das Thema Frau im Islam nach wie vor von klassischen Vorurteilen besetzt ist. Zum einen werden marginale Ereignisse und lokale Traditionen mit religiösem Dogma gleichgesetzt und verabsolutiert. Muslimische Frauenorganisationen und Gemeinden betonen gebetsmühlenartig, dass Zwangsehen, Ehrenmorde und Genitalverstümmlung zutiefst unislamisch sind und in erster Linie in bildungsfernen Schichten vorkommen, wobei patriarchale Strukturen eine Rolle spielen. Dennoch werden die Probleme von der Mehrheitsgesellschaft (und manchmal auch von Muslimen selbst) sozusagen muslimifiziert, indem ihre Ursache im Islam gesucht wird. Dieses Phänomen bestätigt sich vor allem dann, wenn ähnlich gelagerte Verbrechen gegen Frauen in anderen Kontexten vorkommen und dort keinerlei Bezug zur Religion konstruiert wird. Die Religionszugehörigkeit zum Islam und nicht mehr nur die Nationalität dient immer häufiger als Etikett, um das Fremde zu konstruieren. Der Islam wird dann als Störfaktor im Integrationsprozess wahrgenommen. Zwangsehen und Ehrenmorde kommen aber etwa auch in Indien vor, werden jedoch nicht »auf der religiösen Ebene als ›hinduistisch‹ stigmatisiert«[120], wie die Medienwissenschaftlerin Sabine Schiffer betont.

Zum anderen führt natürlich die real existierende Diskriminierung der Frau in sogenannten islamischen Ländern zur Wahrnehmung, der Islam als Religion unterdrücke Frauen per se. Das, was in korrupten, diktatorischen Regimes im Namen der Religion geschieht, muss jedoch strikt getrennt werden von der theologischen Lehre des Islam. Wenn es etwa in Saudi-Arabien für Frauen verboten ist, Auto zu fahren, so findet sich keine Grundlage für dieses Verbot im Islam – es offenbart sich vielmehr, wie eine pervertierte, unvernünftige und buchstabengläubige Lesart des Korans für eigene Zwecke instrumentalisiert wird. In den westlichen Medien wird diese extremistisch-orthodoxe Lesart als die islamische Position schlechthin perpetuiert, obwohl in fast allen Ländern mit überwiegend muslimischer Bevölkerung die Gleichberechtigung von Mann und Frau in den Verfassungen festgeschrieben ist[121] und unabhängig davon Geschlechtergerechtigkeit ein wichtiges Ziel des ursprünglichen Islam ist, wie im Folgenden zu sehen sein wird.

Es fällt jedoch gerade Außenstehenden schwer, zwischen den vielen verschiedenen Gruppierungen innerhalb des Islam zu unterscheiden. Während es ein starkes, konservatives Gelehrtenestablishment in der sogenannten islamischen Welt gibt, existieren gleichzeitig auch Reformgemeinden und liberale Gruppierungen sowie Frauenbewegungen, die eine geschlechtergerechte Exegese des Korans vorantreiben und dabei islamrechtliche Begründungen vorlegen.[122] Der entscheidende Punkt ist, dass diese Muslime den Islam als Mittel und nicht als Hindernis sehen, um gegen eine frauenverachtende, patriarchalische Kultur anzukämpfen. Die muslimische Filmemacherin Samar Minallah erklärt dazu: »Wir können diesen Krieg nur gewinnen, wenn wir den Koran lesen und verstehen.«[123] Nun sind es aber gerade einige Koranverse, die sowohl von Islamkritikern als auch von Islamisten angeführt werden, um die Benachteiligung der Frau im Islam zu belegen. Exemplarisch werde ich auf den meiner Erfahrung nach am häufigsten angeführten Vers eingehen, allerdings ist es für die Interpretation eines einzelnen Verses von grundlegender Bedeutung, den Gesamtzusammenhang zu kennen. Welcher Geist geht von der koranischen Offenbarung aus? Wie sieht der historische Kontext aus: Wie war die Stellung der Frau im präislamischen Arabien? Und was sagt der Koran über die Geschlechterstellung?

Das vorislamische Arabien und die Arabellion

Bevor sich der Islam als jüngste der drei Weltreligionen gegen heftigen Widerstand, Boykott und Verfolgung in Arabien durchsetzen konnte, dominierte eine patriarchale Stammeskultur. Frauen galten in der Regel als minderwertige Kreaturen und wurden auf allen Ebenen diskriminiert. Sie hatten bis auf Ausnahmen wenige Rechte, denn eine Frau galt als Sklavin und Besitz ihres Mannes. Gewalt gegen Frauen war üblich und gesellschaftlich akzeptiert. Frauen wurden in Glücksspielen verwettet und hatten kein Recht, sich scheiden zu lassen oder zu erben, geschweige denn ein Recht auf politische Mitbestimmung.

Die gesamte Kultur im vorislamischen Arabien, der Zeit, die heute im Islam als sogenannte Zeit der Unwissenheit (arabisch *Jahiliya*) bezeichnet wird, war geprägt von Misogynie, einer drastischen Verachtung und einer rohen, gewaltsamen Behandlung der Frau. Es ging so weit, dass es vorkam, dass weibliche Säuglinge bei lebendigem Leibe begraben wurden. Ein Mädchen wurde als Schande wahrgenommen, Frauen galten als unheilbringend.[124]

Der Prophet des Islam verurteilte diese frauenverachtende Kultur, und der Koran kritisiert die damals vorkommenden, barbarischen Praktiken immer wieder aufs Schärfste (vgl. 16:59f sowie 81:9f und 4:3).[125] Das Ziel der koranischen Anweisungen war es, Geschlechtergerechtigkeit zu ermöglichen. Das war eine ungeheure Neuerung und wurde vom damaligen Establishment zunächst belächelt und später vehement bekämpft. Doch es war eine Idee geboren, die sich nicht mehr so leicht aus der Welt vertreiben ließ.

Der Islam wurde mit seiner Forderung nach absoluter Gerechtigkeit zunächst einmal nicht ernst genommen. Doch als immer mehr Menschen sich ihm anschlossen und nicht allein die Schwachen der Gesellschaft, wurde er als Provokation empfunden und mit allen Mitteln bekämpft. Die Muslime ließen sich trotz massiver Verfolgung und Folter nicht einschüchtern. Und so nahm eine geistige Revolution ihren Lauf.

Knapp 1400 Jahre vor unserer Zeit war es ein Mann, der, obwohl umgeben von einer stark patriarchalischen Gesellschaft, sich derart entschlossen für die Rechte der Frauen einsetzte, dass wir ihn heute ohne Zweifel als Frauenrechtler bezeichnen müssten. Es war die Offenbarung Gottes, die ihn bewegte, so zu handeln. Der Koran postulierte die absolute Gleichwertigkeit von Mann und Frau. Das war für die damalige arabische Gesellschaft ein Novum. Galt doch die Frau vorher als unvollkommener Mann – und das ist eine These, die vor rund hundert Jahren auch in Europa von großen Intellektuellen noch vertreten wurde. Prominentes Beispiel dafür sind die Aussagen der deutschen Philosophen Arthur Schopenhauer und Immanuel Kant; während Schopenhauer noch im 19. Jahrhundert das weibliche Geschlecht unverblümt als das »sexus sequior«, also das geringere bezeichnete, »das in jedem Betracht zurückstehende, zweite Geschlecht«, erklärte Kant, die Frau sei für ein wissenschaftliches Studium ungeeignet.[126] Schopenhauer führte aus: »Das niedrig gewachsene, schmalschultrige, breithüftige und kurzbeinige Geschlecht das schöne nennen konnte nur der vom Geschlechtstrieb umnebelte männliche Intellekt: in diesem Triebe nämlich steckt seine ganze Schönheit.«[127]

Wollten wir die kruden Methoden der Islamkritiker anwenden, die selektiv Zitate aus dem Kontext reißen, um den Islam insgesamt zu diskreditieren, könnten wir diesem Schopenhauerzitat nun das Zitat des berühmten muslimischen Mystikers Ibn al-Arabi über die Frau entgegenstellen, der bereits im 12. Jahrhundert sagte: »Die Anschauung Allahs in der Frau ist aber vollkommener und vollständiger (als die im Manne). Aus diesem Grunde liebte der Gesandte Allahs die Frauen, weil nämlich seine Gottesanschauung in ihnen am vollständigsten war. Denn niemals kann man Allah losgelöst von jeder Materie erschauen.«

Deutlich wird, dass Misogynie wenig mit Religion zu tun hat. Im Koran heißt es explizit: »O ihr Menschen, fürchtet euren Herrn, der euch aus einem einzigen Wesen erschaffen hat.« (4:2) Das Prinzip der Ebenbürtigkeit von Mann und Frau wird im Koran darüber hinaus festgelegt, wenn es heißt: »Ihr Herr antwortete ihnen also: Ich lasse das Werk des Wirkenden unter euch, ob Mann oder Frau, nicht verloren gehen. Die einen von euch sind von den anderen.« (3:196) Dem Wesen nach sind Mann und Frau demzufolge ebenbürtig, weil Gott sie aus derselben Essenz (arabisch: *nafs wahida*) aus »einem einzigen Wesen« entstehen ließ. Sie haben einen Ursprung, sie sind völlig gleichwertig.

Bezüglich des Menschenbildes macht der Koran keinerlei Unterschiede zwischen den Geschlechtern. Die Frau kann ebenso wie der Mann die höchsten Stufen der Vollkommenheit erlangen und die Liebe und Nähe Gottes erfahren. Der Koran erwähnt Frauen, die Empfängerinnen göttlicher Offenbarung wurden und auch für Muslime große Vorbilder sind, etwa die Frau des Pharao, Asia, oder

Maria, die Mutter Jesu, die aus dem Christentum bekannt ist (20:38f und 3:43).

Der Koran spricht grundsätzlich die menschliche Seele (*nafs, ruh*) an, die weder männlich noch weiblich ist. Über die Gleichbehandlung von Mann und Frau heißt es aber auch immer wieder explizit: »Wer aber gute Werke tut, sei es Mann oder Frau, und gläubig ist; sie sollen in den Himmel gelangen, und sie sollen auch nicht so viel Unrecht erleiden wie die kleine Rille auf der Rückseite eines Dattelkernes.« (4:125; vgl. auch 40:41) sowie: »Wer recht handelt, ob Mann oder Frau, und gläubig ist, dem werden Wir gewisslich ein reines Leben gewähren; und Wir werden gewisslich solchen ihren Lohn bemessen nach dem besten ihrer Werke.« (16:98) Ferner heißt es an anderer Stelle: »Wahrlich, die muslimischen Männer und die muslimischen Frauen, die gläubigen Männer und die gläubigen Frauen, die gehorsamen Männer und die gehorsamen Frauen, die wahrhaftigen Männer und die wahrhaftigen Frauen, die standhaften Männer und die standhaften Frauen, die demütigen Männer und die demütigen Frauen, die Männer, die Almosen geben, und die Frauen, die Almosen geben, die Männer, die fasten, und die Frauen, die fasten, die Männer, die ihre Keuschheit wahren, und die Frauen, die ihre Keuschheit wahren, die Männer, die Allahs häufig gedenken, und die Frauen, die gedenken – Allah hat ihnen Vergebung und herrlichen Lohn bereitet.« (33:36)

Die Vielzahl an Koranversen, die sowohl Männer als auch Frauen als moralisch verantwortliche Akteure hervorheben, machen deutlich, dass der Mensch unabhängig von seinem Geschlecht in der Lage ist, zwischen Gut und Böse sowie gerecht und ungerecht zu unterscheiden und seinen Absichten entsprechend für seine Taten einstehen muss. Der Koran betont, dass »keine Seele wirkt, es sei denn gegen sich selbst, und keine lasttragende (Seele) trägt die Last einer anderen.«(6:165 sowie 17:16; 35:19) Jeder Mensch ist selbst für sich und sein Handeln verantwortlich, dies ist integraler Bestandteil des freien menschlichen Willens.

Die Vorstellung, die Frau sei aus der Rippe des Mannes erschaffen oder Eva sei es gewesen, die Adam zu einem Fehlverhalten verführt habe, ist dem Koran ebenso fremd wie die christliche Erbsündenlehre. Männer werden vom Propheten Muhammad als die Zwillingshälfte der Frauen beschrieben (Hadith: Abu Dawud, al-Tirmidhi), und der Koran fordert zu einem respektvollen, freundschaftlichen Verhältnis der Geschlechter auf Augenhöhe auf: »Die gläubigen Männer und die gläubigen Frauen sind einer des anderen Freund.« (9:71)

Frauen, die im vorislamischen Arabien als Besitz des Mannes gesehen wurden, bekamen nun das Recht, selbst zu besitzen und ihren Besitz unabhängig von ihrem Mann zu verwalten. Sie erhielten das Erbrecht und das Scheidungsrecht. Viele der damals gewährten Rechte mussten sich Frauen später im Zuge der Frauenbewegung und in einem harten Kampf von Frauenrechtlerinnen in den letzten Jahrhunderten erstreiten. Natürlich sorgte die soziale Umstrukturierung im frühislamischen Arabien für Unruhen: Auch die Zeitgenossen des Propheten beschwerten sich teilweise über den ungewohnten neuen Mut der Frauen, die nun sogar mit den Männern argumentieren und diskutieren würden, anstatt zu schweigen. Der Prophet quittierte dies mit einem Lächeln und erklärte: »Die besten unter euch werden die sein, die am besten zu ihren Frauen sind«; er betonte ferner, dass das Paradies unter den Füßen der Mutter liegt.

Dass der Islam vor 1400 Jahren umfassende Rechte für Frauen einführte, bedeutete eine revolutionäre Änderung bezüglich der Geisteshaltung der damaligen Gesellschaft, die von sozialen Reformen begleitet wurde. Die neue Stellung der Frau durch den Islam zeigt sich auch am Beispiel zentraler Frauen des Frühislam. Ungewöhnlich vor dem Kontext der vorislamischen, patriarchalen Kultur war die Stellung Aishas, die bis heute als eine der wichtigsten Gelehrten des Islam gilt und die als Frau auch Männer unterrichtete. Sie war religiös wie politisch einflussreich. Über sie sagte der Prophet: »Lernt den halben Glauben von Aisha.« (Ibn Hadschar)

Dass Frauen des Frühislam sich auch in Männerdomänen behaupteten, zeigt vor allem das berühmt gewordene Beispiel einer Gefährtin des Propheten, Umm Amara, die in den frühislamischen Schlachten mitkämpfte und von der es heißt, dass sie mutiger als viele Männer das Leben des Propheten verteidigte. Ähnliches gilt für Khaula bin al Azwar al Kindiyyah, ebenfalls eine Gefährtin des Propheten. Ihr couragiertes Engagement ist bis heute legendär unter Muslimen. Während einer Schlacht leitete sie eine Truppe von Kämpfern so überzeugend, dass viele sie fälschlicherweise für den damals berühmten Feldherren

Khalid ibn al Walid hielten. Die Verwunderung war groß, als sich herausstellte, dass der heldenhafte Anführer eine Frau ist.

Das Bekanntwerden ihrer Identität führte jedoch nicht dazu, dass sie abgehalten wurde, sich weiterhin zu engagieren, im Gegenteil. Khaula soll sogar weitere Truppen geführt haben. Khaula gilt auch heute noch als Heldin. Immer wieder benennen Muslime im Gedenken an ihren Mut und Einsatz ihre Töchter nach ihr, so wie auch mein Vater, der viele Jahre Imam an der historischen Frankfurter Nuur-Moschee war.

Der islamische Mahdi und Reformer Hazrat Mirza Ghulam Ahmad erklärte dazu, dass das Zeitalter der religiösen Kämpfe mit der Waffe vorüber sei. In einer Überlieferung des Propheten heißt es: »Ein wahres Wort gegen einen Tyrannen ist der größte Jihad.« Und: »Die Tinte eines Schülers ist wertvoller als das Blut des Märtyrers.« So wie die Frauen damals mit dem Schwert kämpften, sollten sie für eine gesellschaftliche Entwicklung mitkämpfen (dürfen), bei der es um einen freiheitlichen Kampf der Argumente, um einen Jihad der Feder und des Wortes geht.

Während es über die »Arabellion« hieß, sie sei jung, städtisch und vor allem weiblich, weil auffällig viele Frauen an den Protesten teilnahmen, schockierten gleichzeitig Berichte aus Kairo, denen zufolge an der Revolte beteiligte Frauen immer häufiger Opfer von sexueller Gewalt wurden. Islamisten würden gezielte Vergewaltigungen organisieren, um Frauen aus dem öffentlichen Leben zurückzudrängen, hieß es.

Es vermittelt sich der Eindruck, es sei originär islamisch, Frauen von jeder Möglichkeit zu gesellschaftlichem Engagement fernzuhalten. Nicht zuletzt die Salafisten propagieren ein solches Islambild, wobei sie vorgeben, sich am Frühislam zu orientieren. Verwundern muss daher, dass sowohl Koranverse als auch Passagen aus der Frühgeschichte des Islam von Islamisten jeglicher Couleur offensichtlich ausgeblendet werden, wenn es um die Frauenfrage geht.

Wie erklärt man es sich etwa, dass der Koran die Königin Saba als weise und gerechte Herrscherin beschreibt? (27:23–45) Das ist alles andere als eine islamisch begründete Legitimation, Frauen mit Gewalt aus der Öffentlichkeit zu drängen.

Wenn selbsternannte Verteidiger des Islam meinen, sie müssten Frauen, die sich selbstbewusst engagieren, durch sexuelle Gewalt einschüchtern, dann können sie sich nicht auf den Islam berufen.

Sie mögen sich damit brüsten, Frauen im Namen eines kruden Ur-Islamverständnisses ihrer grundlegenden, freiheitlichen Rechte zu berauben, machen sich aber unglaubwürdig, wenn man weiß, dass es ein Anliegen eben des Frühislam war, Frauenrechte zu stärken, und es unzählige Beispiele für den prägenden Einfluss von Frauen damals auf die Gesellschaft gibt.

Das ist auch der Grund, warum viele Muslime sich nicht entmutigen lassen und deutlich unterscheiden zwischen den Islamisten, die die Religion für politische Zwecke instrumentalisieren, einer patriarchalischen Kultur und ihrem islamischen Glauben. Gefordert werden daher nicht nur immer wieder die Trennung von Staat und Religion sowie ein säkularer Staat, für den man eine Grundlage in der Charta von Medina des Propheten Muhammad sehen kann.[128] Muslimische Aktivistinnen betonen auch, dass sie sich nicht vom Islam unterdrückt fühlen, sondern von politisch motivierten Männern, die den Islam für ihre Zwecke pervertieren.

Was dagegen hilft, hat Malala, die vom britischen Ex-Premier Gordon Brown als »mutigstes Mädchen der Welt« bezeichnete Kinderrechtsaktivistin aus Pakistan, kürzlich deutlich gemacht. In ihrer Rede im Juli 2013 vor den Vereinten Nationen war sie sich mit den vier muslimischen Friedensnobelpreisträgerinnen von 2003 und 2011 einig, die allesamt Vorkämpferinnen für Demokratie und Frauenrechte sind: Die absurde Vorstellung extremistischer »Gotteskrieger«, der Islam verwehre der Frau Grundrechte wie das Recht auf politische Partizipation und Bildung, habe nichts mit der Religion zu tun, sondern sei vor allem dem niedrigen Wissensstand über die islamischen Quellen geschuldet. Sie erinnern damit an unzählige Überlieferungen des Propheten, die den Wissenserwerb nachdrücklich forcieren. »Es ist Pflicht für jeden Muslim, Mann und Frau, nach Wissen zu streben« (Ibn Majah, Anas), erklärte der Prophet zu einer Zeit, als auch die meisten Männer noch Analphabeten waren. Bildung ist demzufolge nicht nur wünschenswert, sondern zur obligatorischen Verpflichtung für alle erklärt worden. Tradiert ist weiterhin: »Strebe nach Wissen, selbst wenn du zu diesem Zweck bis nach China gehen müsstest« (Muslim), und das bedeutete für die damalige Zeit, weder Kosten noch Gefahren oder außergewöhnliche Strapazen zu scheuen, wenn es um den Erwerb von Wissen geht. Der erste muslimische Nobelpreisträger Abdus Salam erklärt dazu: »Nichts könnte die Notwendigkeit der Wissenschaften besser unterstreichen als der Hinweis, dass rund 750 Verse des Heiligen Koran – das ist beinahe ein Achtel – den Gläubigen empfehlen, die Natur zu studieren, darüber nachzudenken, den Verstand zum äußersten anzuwenden und die wissenschaftliche Arbeit zum integrierenden Bestandteil des gemeinschaftlichen Lebens zu machen.«

Die Bildung der Frauen ist auch heute noch ein Schlüsselfaktor im Kampf gegen die Diskriminierung der Frauen weltweilt. Der Prophet betonte die Bildung der Mädchen, wenn er sagt: »Wer zwei Töchter hat und sie gut erzieht, ihnen Bildung gewährt und keinen Unterschied zwischen ihnen und den Söhnen macht, wird mir im Paradies so nahe sein, wie zwei Finger.« (Muslim) Dies war für die damalige Zeit progressiv und auch in Europa lange Zeit nicht selbstverständlich, wenn wir daran denken, dass Frauen im Westen größtenteils erst im letzten Jahrhundert den Zugang zu Schulen und Universitäten erhielten. Problematisch ist jedoch, dass es neben diesen erhellenden Überlieferungen eine Reihe von frauenverachtenden Aussprüchen gibt, die dem Propheten in den Mund gelegt werden.

Trotz der Bemühungen der Überlieferer, die Authentizität der Überlieferungen durch Angaben der Quellenherkunft und Zitierung möglichst »zuverlässiger« Überliefererketten zu verifizieren, ist sich die historisch-kritische Forschung einig darüber, dass bis zu 90 Prozent angeblich authentischer Überlieferungen erfunden, eigenständig ausformuliert, beschönigt und unabsichtlich oder absichtlich aus dem Kontext gerissen und von allerlei umweltbedingten Einflüssen geprägt wurden.[129] Diesbezüglich soll es sogar eine Überlieferung des Propheten geben, die vor der Nicht-Authentizität warnt: »Hütet euch davor, viele Hadithe über mich zu überliefern!«[130]

Man muss also gerade bei frauendiskriminierenden Überlieferungen, die im Volksislam mündlich in Umlauf gebracht werden, skeptisch bleiben, weil hier oft traditionelle oder abergläubische Vorstellungen mit dem Islam vermengt und als islamisch verbucht werden. Wenn eine Überlieferung im deutlichen Widerspruch zum Koran steht, muss sie als nicht authentisch angesehen werden, lautet eine Faustregel. Und auch die Interpretation von Überlieferungen sollte im Einklang mit der Lehre des Korans geschehen.

Und damit kommen wir zur Ist-Situation. Man mag sich fragen, was es bringt, darüber zu sprechen, welche Revolution der Islam im 7. Jahrhundert für die Stellung der Frau bedeutet haben mag, wenn doch heute ganz offensichtlich Frauen in der sogenannten islamischen Welt weniger Rechte als in Europa zu haben scheinen. Es ist aber sehr wichtig, den Geist der islamischen Botschaft zu kennen, um einordnen zu können, welche Rolle die Religion heute spielt, wenn es um die Unterdrückung der Frau geht.

Die gesellschaftliche Realität in der sogenannten islamischen Welt hat sich von der koranischen Ethik der Geschlechtergerechtigkeit längst entfernt und ist größtenteils zu vorkoranischen patriarchalen Traditionen zurückgekehrt. Unter dem Einfluss der präislamischen Stammeskultur wird die koranische Lehre mitunter ignoriert oder ihrem Geist völlig widersprechend instrumentalisiert und missinterpretiert. Deutlich wird, dass die ursprünglich spirituelle Lehre des Islam zu einer diskriminierenden und religiösen Ideologie verkommen ist.

Die neue Wertschätzung, die der Islam für die Frauen einst einforderte, stand im Kontrast zu ihrer Stellung vor der Einführung der islamischen Regelungen und bedeutete eine deutliche Verbesserung ihrer gesellschaftlichen Position. Der Koran etabliert ethische Maßstäbe und beansprucht eine zeitlos gültige Botschaft. Die Bedeutung der ethischen Richtlinien wird vor allem deutlich, wenn herausgearbeitet wird, welche Umwälzungen sie für das 7. Jahrhundert beinhalteten. Die situative und textuelle Kontextualisierung vermeintlich problematischer Koranverse ist daher wichtig, um die frauenfreundlichen Maxime der koranischen Lehre erkennen zu können.

Wenn aus heutiger Sicht Koranverse herangezogen werden, um die unterstellte Nachrangigkeit der Frau im Islam zu belegen, wird dieser Kontext ausgeblendet und einer buchstäblichen Auslegung gefolgt, die dem Geist (*ruh-at-tasri*) der koranischen Botschaft nicht gerecht wird. Im Folgenden sollen einige solcher Koranstellen exemplarisch vorgestellt werden.

Die Muslimifizierung des Gewaltproblems

Der Koran beansprucht für sich, ein Buch ohne Widersprüche zu sein. Ziel muss es also sein, ihn, den Gesamtkontext berücksichtigend, widerspruchsfrei zu interpretieren. Dies gilt auch für einen Vers, über den behauptet wird, dass er die Voranstellung des Mannes und Gewalt gegen Frauen legitimiere (4:35). Durch unterschiedlichste Übersetzungen des arabischen Verses wird seitens muslimischer Reformisten der Versuch unternommen, die Aussage »schlagt sie« (arabisch: *daraba*) zu relativieren, indem etwa erklärt wird, *daraba* könne auch mit »sich trennen« oder ähnlichem übersetzt werden. Konfrontiert werden diese mit dem Vorwurf der Beliebigkeit und Arbitrarität. Sinnvoller erscheint es auch hier, den Gesamtzusammenhang zu betrachten. Der Koran erklärt: »Und unter Seinen [Allahs] Zeichen ist dies, dass Er Partner für euch schuf aus euch selber, auf dass ihr Frieden fändet. Und Er hat Liebe und Zärtlichkeit zwischen euch gelegt. Hierin sind wahrlich Zeichen für ein Volk, das nachdenkt.« (30:22) Er bezeichnet die Ehepartner auch als Gewand füreinander und drückt in dieser Metapher die gleichrangige Bedeutung der Ehepartner füreinander aus: »Sie sind euch ein Gewand, und ihr seid ihnen ein Gewand«, heißt es in der Sure 2:188.

Aus der *Sunna* (der Praxis des Propheten), die als Maßstab für die Interpretation des Korans gilt, weil der Prophet im Koran als »ein schönes Vorbild für jeden« (33:22) bezeichnet wird, ist überliefert, dass Muhammad weder verbale noch physische Gewalt gegen Frauen praktizierte trotz gegenläufiger gesellschaftlicher Normen im präislamischen Arabien. Vielmehr lehnte er eine grobe Form des Umgangs strikt ab und ermahnte, »Frauen wie Glas« zu behandeln. Vor dem Hintergrund, dass Gewalt gegen Frauen weit verbreitet und gesellschaftlich akzeptiert war, ist die Darstellung des Verses 4:35 eine Beschreibung von erzieherischen Maßnahmen auf dem Weg zur gewaltfreien Konfliktlösung, wie der Islamwissenschaftler Mouhanad Khorchide betont, weil Männer dazu aufgefordert werden, zunächst das Gespräch zu suchen sowie Intimitäten zu meiden. Diese Methoden der Mediation werden vorangestellt, was Gewalt als Mittel abwertet und auch vorbeugend wirkt, wenn man berücksichtigt, dass Gewalt in der Regel aus dem Affekt heraus entsteht. Wenn zudem beachtet wird, dass der Prophet selbst erklärte, dass im diskutierten Vers mit *daraba* (»schlagen«) die symbolische Berührung mit einem *miswak* (ein kleines Holzstäbchen zur Zahnreinigung) gemeint sei, wird deutlich, dass in diesem Vers präventive Maßnahmen beschrieben werden, die dem weit verbreiteten Phänomen der häuslichen Gewalt Einhalt gebieten sollten.[131]

Völlig unabhängig von der theologischen Diskussion um einen bestimmten Koranvers ist es jedoch erstaunlich, wie sehr die Stellung der Frau im Islam auf diese (häufig einseitig verstandene) Koranstelle reduziert wird. Nicht selten drängt sich der Eindruck auf, der ansonsten über den Islam rudimentäre Kenntnisse besitzende Durchschnittsbürger weiß doch zumindest, dass das Schlagen von Frauen im Koran gefordert werde. Eine Religion, die das Image hat, Gewalt gegen Frauen zuzulassen, lässt sich leicht abwerten und verurteilen. Die Psychologin Birgit Rommelspacher merkt treffend an, dass in solchen Diskursen »›die‹ muslimische Frau in der Regel eine Kontrastfolie bietet, vor deren Hintergrund die Emanzipation ›der‹ westlichen Frau umso heller erstrahlen kann.« Die Denunzierung der muslimischen Frau befreit dann von eigenen Widersprüchen und inneren Ambivalenzen und fungiert damit als emotionale und kognitive Entlastungsstrategie, so Rommelspacher. Denn schließlich ist das Phänomen der häuslichen Gewalt weltweit in allen Länder, Kulturen und Schichten verbreitet.

Eine Studie der Weltgesundheitsorganisation (WHO), die 2013 erstmalig eine systematische Datenerhebung zum Thema vorlegte, zeigt, dass Frauen viel öfter Opfer von sexueller und generell physischer Gewalt sind, als bisher vermutet. Die WHO spricht von einem »epidemischen Ausmaß«. Angesichts der Vehemenz des Problems weltweit, scheint es grob vereinfachend, die Ursache für häusliche Gewalt und physische Gewalt an Frauen in der Religion des Islam ausmachen zu wollen und den Islam an den Pranger zu stellen. Auch wenn muslimische Männer gewalttätig werden, so rechtfertigen sie ihre Ausbrüche nicht mit (möglicherweise falsch verstandenen) Koranstellen, wie Sozialarbeiterinnen aus Frauenhäusern berichten. Die WHO erkennt dagegen einen statistischen Zusammenhang zum Wohlstandsgefälle in der Welt: In Regionen mit einem hohen Durchschnittseinkommen (Nordamerika, Westeuropa, Australien und Japan) kommt es seltener zu Gewalt gegen Frauen als etwa in Südostasien oder Afrika. Für Deutschland gilt zudem, dass in fast der Hälfte aller Fälle von häuslicher Gewalt gegen Frauen der Partner ein Alkoholproblem hat, wie eine Studie des Bundesamtes für Gesundheit zeigt. Soziale Ungerechtigkeit und Alkoholkonsum wird nun vom Koran deutlich verurteilt. So gesehen schafft der Islam nachhaltige Rahmenbedingungen, die Gewalt gegen Frauen verhindern. Dies ist jedoch nie Gegenstand der Debatte. Das Problem wird muslimifiziert, es wird so getan, als sei es ein Problem der Muslime, das seine Ursache in der Religion des Islam habe. Dass das Problem weltweit vorkommt und der Islam ein Teil der Lösung sein könnte, steht nicht zur Debatte.

Besonders deutlich wurde dies, als 2013 vehement über den »Feminizid« in Italien diskutiert wurde. Spektakuläre Gewaltverbrechen gegen Frauen lösten dort eine öffentliche Debatte aus: Ein Drittel aller italienischen Frauen wird Opfer von häuslicher Gewalt, statistisch gesehen wird fast jeden zweiten Tag eine Frau getötet – fast immer von ihrem Ehemann oder Ex-Lebenspartner. Während derart motivierte Tötungsdelikte auch in Deutschland zur Tagesordnung gehören, sorgten sogenannten Säureattacken in Italien für eine erhöhte Aufmerksamkeit. Im Zuge der öffentlichen Debatte wurde eine interessante Ursache für das Problem diskutiert: Die Psychologin und Frontfrau im Kampf gegen den »Feminizid«, Maria Silvia Soriato problematisierte den Einfluss des von Ex-Premier Silvio Berlusconi im quasi von ihm monopolisierten Privatfernsehen, dass das Bild der Frau über Jahre hinweg geprägt habe. Das dort forcierte, stark sexualisierte Frauenbild hätten viele verinnerlicht und sei für viele ein Vorbild. Es präge eine Kultur, in der Frauen als Objekt gesehen werden. Berlusconi selbst mit einer Schar austauschbarer junger Geliebter habe das verstärkt. Die Botschaft sei, so Soriato: »Ein Mann kann sich alles erlauben.«[132]

Während also bei Gewaltverbrechen im katholischen Italien kein einziges Mal die Religion als mögliche Ursache für ein patriarchales Geschlechterverhältnis und Gewaltakten gegen Frauen thematisiert wurde, ist evident, wie ähnlich gelagerte Verbrechen in muslimischen Milieus für Schlagzeilen sorgen. Sofort wird der Islam an den Pranger gestellt und als monokausale Ursache identifiziert. Dabei haben wir nun schon drei tatsächlich relevante, reale Ursachen für Gewalt gegen

Frauen ausgemacht, gegen die die islamische Lehre präventiv und nachhaltig vorgeht: 1. Der Koran gebietet soziale Gerechtigkeit auf jeder Ebene und ermahnt immer wieder, gerecht zu sein. 2. Der Koran verbietet den Konsum von Alkohol. 3. Der Koran setzt sich für eine reizfreie Atmosphäre in der Öffentlichkeit ein, die die Verdinglichung von Frauen verhindert. Das mag weit hergeholt sein.

Der medial konstruierte Zusammenhang von Gewaltverbrechen gegen Frauen und der Religion des Islam ist jedoch tatsächlich abwegig und funktioniert nach einem ähnlichen Prinzip. Die Sozialwissenschaftlerin Naika Foroutan kritisiert diese Form der scheinlogischen Kausalverknüpfungen im Dienste stereotyper Wahrnehmung, indem sie diese Form der Logik auf Deutschland anwendet: »Welche Gewalt legitimierende Kultur führt eigentlich dazu, dass es im Jahr 2011 in diesem Land 12.444 erfasste Fälle von Kindesmissbrauch gab? Die Antwort könnte sein: Dieses Land, in dem jeder zweite Krimi, den man abends anschaltet, Kindesmord, -misshandlung oder -verwahrlosung als Thema hat, ist kulturell traumatisiert seit dem Holocaust und den Weltkriegen, in denen es massenweise seine Kinder opferte. Und genau diese Traumakultur führt dazu, dass täglich 34 Kinder, auch in den besten Familien, sexuell missbraucht werden. Aber niemand schreibt ein Buch mit dem Titel ›Missbrauch ist überall‹. Das alles ist nämlich absurd: Denn was hat die deutsche Kultur mit Kindesmissbrauch zu tun? Gar nichts. Aber der Rassismus im kulturellen Gewand funktioniert genau so.«[133] Und tatsächlich wird deutlich, wie absurd es ist, aus der Korrelation zweier Ereignisse auf einen Ursache-Wirkungs-Zusammenhang zu schließen. Der Statistik-Student lernt früh, dass allein die Tatsache, dass es immer weniger Störche gibt und gleichzeitig die Geburtenrate sinkt, noch kein zwingender Beleg dafür ist, dass Störche für das Bringen von Babys verantwortlich sind. Aber eine stereotype Wahrnehmung funktioniert oft genau nach dieser Logik und wird dabei gar nicht als rassistisch erkannt. Ein Perspektivwechsel hilft ungemein, eigene, mit Vorurteilen behaftete Wahrnehmungsmuster klarer zu erkennen. So schreibt der Journalist Lalon Sander: »Als ich das letzte Mal nach Bangladesch fuhr, fragte mich ein Bekannter, was es denn damit auf sich habe, dass die Frauen in Deutschland ihre neugeborenen Kinder umbringen würden.

Ob das vielleicht mit Karriere zu tun habe, oder damit, dass es so viele Scheidungen gebe. Es fällt mir immer schwer, darauf zu antworten: Denn natürlich gibt es immer wieder Fälle, in denen junge Mütter ihre Kinder umbringen, natürlich gibt es viele Scheidungen in Deutschland und viele Frauen stehen immer wieder vor der Entscheidung ›Karriere oder Familie?‹ – und doch ist alles anders.«[134]

Projektionen der eigenen Widersprüche

Es wird deutlich, dass es auf der einen Seite durch Pauschalisierungen zu falschen Vorstellungen über die muslimische Frau kommt, auf der anderen Seite jedoch Fehlentwicklungen und Widersprüche in der deutschen Mehrheitsgesellschaft nicht thematisiert bzw. verharmlost werden. Denn durch die Dramatisierung von Gewalt in muslimischen Familien werden die Gewalterfahrungen der westlichen Frau implizit bagatellisiert. Wenn suggeriert wird, die Unterdrückung muslimischer Frauen sei skandalös, ist dies nur plausibel, wenn nicht-muslimische Frauen keine Gewaltopfer sind, was offensichtlich nicht der Fall ist. Durch die Projektion der eigenen Widersprüche wird somit polarisiert und die westliche Frau als homogen emanzipiert idealisiert. Die Gefahr besteht, dass Konflikte innerhalb der Mehrheitsgesellschaft durch eine solche Verschiebung nicht mehr adäquat wahrgenommen und angegangen werden.[135]

Mittlerweile liegen zwar auch erste repräsentative Studien vor, die zeigen, dass in Deutschland lebende türkische Frauen im Vergleich zu deutschen tatsächlich häufiger Gewalt in ihren Familien erleben.[136] Die sozialen Umstände unterscheiden sich auch aufgrund der Migrationssituation jedoch deutlich vor allem in Hinblick auf die in der Gewaltforschung benannten Risikofaktoren für familiale Gewalt. Soziale Faktoren wie eine geringere Bildung, ein erhöhtes Armutsrisiko sowie die dadurch bedingte größere Abhängigkeit vom Ehepartner können die »erhöhte Gewaltrate gegenüber türkischen Frauen hinreichend erklären«, so Rommelspacher.[137]

Statt Gewalt an Frauen als ein allgemeines Problem zu behandeln, dass jenseits der Religionszugehörigkeit verbreitet ist, wird vermittelt, der Islam als Religion sei die Ursache. Damit macht man es sich nicht nur leicht, es schadet auch, denn der »Fokus der Aufmerksamkeit wird verschoben und so der Handlungsdruck aus dem Geschlechterverhältnis herausgenommen. Der Konfliktstoff wird gewissermaßen ausgelagert«, so Rommelspacher. Wenn 50 bis 70 Prozent aller Morde an Frauen von Ehemännern, Ex-Männern, Geliebten oder Ex-Geliebten begangen werden und, wie Mathes und von Braun erklären, Konflikte in Liebes- und Partnerbeziehungen im Westen »die häufigste Todesursache von Frauen, die eines gewaltsamen Todes sterben« zu sein scheinen, steht die öffentliche Erregung über Ehrenmorde tatsächlich in einem unverhältnismäßigen Gleichgewicht, auch wenn sie richtig sein mag. Von Braun und Mathes merken an: »Wir haben versucht darzustellen, dass im Westen der berechtigen Erregung über den ›Ehrenmord‹ ein seltsames Schweigen über die zahlreichen Tötungsdelikte an westlichen Frauen gegenübersteht, die von ihren ›zivilisierten‹ Männern nur deshalb erschlagen werden, weil sie von ihrem Recht auf Trennung Gebrauch machen wollen. Ebenso auffallend ist die Gleichgültigkeit gegenüber der Prostitutionsindustrie und dem millionenfachen Handel mit Frauen und Kindern, der die westliche Geldwirtschaft begleitet. Dieses Schweigen rückt die Erregung über die türkische ›Zwangsehe‹ in ein ganz anderes Licht.«[138]

Bahners stellt in dem Zusammenhang fest: »Als Fiktion muss man den Islam charakterisieren, der das Produkt der Kopftuchdebatte ist«, denn der Eindruck »vom Kult der Frauenquäler mit dem Kopftuch als Symbol der rituellen Schändung ist die Ausgeburt einer überhitzten kollektiven Einbildungskraft.«[139]

Warum also diese Verengung auf immer neue Konfliktthemen-Debatten (Zwangsehe, Ehrenmord, Beschneidung, Burkini)? Es scheint fast, als wolle man, den Anschein kultureller Unverträglichkeit erzeugen, um Misstrauen und Ablehnung zu legitimeren, wie die Soziologin Irmgard Pinn vermutet. Offensichtlich geht es bei der Konstruktion des Muslims als den »Fremden« auch um kulturelle Dominanz und um eine neue Spielart der Fremdenfeindlichkeit. Verhandelt wird aber auch, wie sichtbar gelebte Religiosität in der säkularen, multi-religiösen Gesellschaft sein soll und darf.

Epilog

Jeder zweite Deutsche hat Angst vor dem Islam.[140] 60 Prozent der Deutschen sind der Meinung, man solle die Religionsausübung für Muslime in Deutschland erheblich einschränken.[141] Über 80 Prozent verbinden mit dem Islam die Benachteiligung der Frau.[142] Es kann nicht sein, dass wir die Deutungshoheit über den Islam buchstabengläubigen Fanatikern, schrillen Vögeln und fundamentalistischen Islamkritikern überlassen. Natürlich ist es ein Kampf an zwei Fronten, nach innen und außen um Aufklärung, um ein tiefergehendes Verständnis des Islam, was sich an der Debatte um die Frau und das Kopftuch wie in einem Brennglas zeigt.

Doch warum haben die meisten Menschen in Deutschland Angst vor dem Islam? Viele fürchten sich vor dieser Religion, die so viel Einfluss auf das Leben der Gläubigen zu nehmen scheint. Dass Religion so wichtig sein kann, ist dem säkularen Europa fremd und erinnert an den Unfrieden, der Intoleranz und dem Zwang, der vor der Aufklärung auch in Europa von religiösen Institutionen ausging und heute in der sogenannten islamischen Welt beobachtet wird.

La illaha illalah – Es gibt keinen Gott außer Allah und Muhammad ist sein Gesandter: Das ist das islamische Glaubensbekenntnis. *Allah u akbar* – Gott ist der Größte, Gott ist größer, rufen die Muslime immer wieder in ihrem Gebet. Diese arabischen Formeln werden als Bedrohung interpretiert: Wenn Allah über alles steht, dann steht er auch über von Menschen gemachten Gesetzen, heißt es. Darin sieht man eine Gefahr für die Demokratie, schließlich müsse für einen religiösen Menschen die Vormachtstellung der Scharia gelten, so die Annahme. Doch dass es sehr unterschiedliche Vorstellungen darüber gibt, was »die Scharia« überhaupt ist, wissen die wenigsten. Dass »die Scharia« selbst einen säkularen Staat vorschreibt und die Loyalität zum Staat fordert, ist eine Position, die sich anhand koranischer Verse fundiert verifizieren lässt, die aber weder von muslimischen Fanatikern noch von Islamkritikern zur Kenntnis genommen wird.[143] Die viel grundlegendere Angst jedoch, die die Deutschen vor dem Islam haben, ist die Angst vor einem »Tugendterror«, die Angst davor, dass der Islam ihnen etwas wegnimmt, und zwar Genuss.

Für die meisten Deutschen ist der Islam eine Religion, die trocken, prüde und öde ist, die dem Menschen jegliche Lebensfreude verbietet, ihm Genuss raubt und das mit Gewalt und Zwang durchsetzt. Muslime haben es noch nicht breitenwirksam geschafft zu zeigen, dass der Islam nichts wegnimmt, sondern unendlich viel gibt. Anhand des in diesem Buch behandelten Mikrokosmos der Liebe lässt sich dies veranschaulichen: Die gängige Vorstellung geht davon aus, dass der Islam den Alltagskick verbietet, den wohltuenden Flirt, die Schönheit der Frau – all das, was dem tristen Dasein ein wenig Prickeln, Leichtigkeit und Spannung verleiht, für kleine Hochgefühle und Lusterfahrungen sorgt, soll jetzt auch noch entzogen werden. Was für eine düstere Vorstellung für viele: Wenn Frauen ihre Schönheit verhüllen sollen, scheint davon eine farblose Tristesse auszugehen.

Ich behaupte in diesem Buch jedoch, dass der Islam den Genuss nicht schmälert, sondern potenziert. Dass er der Liebe ihre Erhabenheit, ihre Exklusivität und ihre Schönheit zurückgibt. Dass das Genießen einer vordergründig harmlosen, leichten Alltagserotik zu einer Sexualisierung des öffentlichen Raumes geführt hat, die die Liebe kollektiv und nachhaltig gefährdet. Und die der Geschlechtergerechtigkeit und einem egalitären Universalismus im Wege steht. Angesichts dessen, was der Islam gibt, sind die Einschränkungen, die Rahmenbedingungen mit sich bringen, marginal. Die Dimension der Liebe, die erreicht werden kann, wenn an einer inneren Einstellung und äußeren Haltung gearbeitet wird, die für die Liebe kämpft, ist von unvergleichlicher Schönheit. Der Alltagskick, der durch äußerliche Reize verschafft wird, erscheint dann wie ein fahler Abklatsch.

In einer berühmten Überlieferung über die »Endzeit«, in der wir uns nach islamischer Terminologie befinden, heißt es, sie werde »mit sich Wasser und Feuer bringen, und was der Menschheit wie Wasser erscheinen wird, wird Feuer sein, das brennt, und was sie als Feuer wahrnehmen werden, wird kühles, süßes Wasser sein. Wenn irgendjemand von euch bis zu dieser Zeit lebt, soll er ins Feuer springen, denn es ist süßes, frisches Wasser.« (Bukhari und Muslim) Die Hölle der Liebe wird sozusagen paradiesisch angepriesen und es wird vergessen, welches Paradies auf den wartet, der bereit ist, den steinigen Weg der Liebe (zu Gott /zum Partner) auf sich zu nehmen.

Denken wir nur etwa an die vielen Verführungen, mit denen das Internet aufwartet und mit denen das Vergehen an der Liebe bagatellisiert wird. Die Überlieferung beschreibt auch, wie Schönheit jenseits von dem, was vordergründig anziehend zu sein scheint, erfahren werden kann. Wie sagt es Saint-Exupérys Kleiner Prinz so schön: »Man sieht nur mit dem Herzen gut. Das Wesentliche ist für die Augen unsichtbar.« Der Prophet Muhammad betete beim Blick in den Spiegel: »Gott, Du hast meine äußere Gestalt (khalqi) schön gemacht, bitte mache auch meinen Charakter (khulqi) schön.« Ohne äußere Schönheit abzulehnen, wird auf die Bedeutung der inneren Schönheit hingewiesen.

In diesem Buch ging es darum, ein Verständnis dafür zu wecken, warum muslimische Frauen das Kopftuch tragen. Es ist ein Plädoyer für die Abschaffung von Kopftuchverboten. Aber mir ist bewusst, dass das »äußerliche Kopftuch« allein kein Allheilmittel ist für die Liebe auf dem Krankenbett der Moderne. Wesentlich ist und bleibt die innere Einstellung, die Bereitschaft, sein Ego zu überwinden, um liebesfähig zu werden. Doch dürfen wir die reziproke Verbindung zwischen Körper und Geist, zwischen innen und außen nicht unterschätzen. Auch wenn in der Folge das Kopftuch für Nicht-Muslime keine Option ist, so hoffe ich, dass das Buch eine Grundlage für gemeinsame Forderungen schafft, die die Liebe schützen können und Geschlechtergerechtigkeit vorantreiben.

Dieses Buch plädiert für eine reizarme Öffentlichkeit, für die Ent-Sexualisierung des öffentlichen Raumes. Das Verbot von sexualisierter Außenwerbung wäre ein erster Schritt. Verbote allein können keine Lösung sein, das sieht man an der Welt der Taliban. Doch Regeln können helfen, eine innere Einstellung zu forcieren, die zu einer Ent-Objektifizierung der Frau beiträgt. Es geht darum, für eine Einstellung zu plädieren, die an die Liebe und an Treue glaubt. Dieses Buch hat versucht, eine Sensibilisierung dafür zu schaffen, dass die Liebe das erste Opfer ist, wenn Frauen verdinglicht werden und Männer sich zunehmend in der Rolle des Konsumenten der Ware Frau gefallen. Durch eine hyperaggressive Sexualisierung des öffentlichen und digitalen Raumes, durch eine Sozialisierung, die Frauen über die Mode und Kosmetikwelt dazu konditioniert, sich über ihr Äußeres zu definieren, und nicht zuletzt durch Pornografie und Prostitution wird die Liebe immer stärker ihrer Seele beraubt und von einer veräußerlichten Sexualität entkoppelt. »Der Verlust der Scham ist der Beginn der Barbarei«, sagte Sigmund Freud einmal. Und in der Tat wird die Schamgrenze im Islam deswegen so hoch angelegt, weil ihr Fehlen dem Absterben der Liebe den Weg bereitet. Die Enthüllung der Frau und das Überbordwerfen von Rahmenbedingungen zum Schutz der Liebe ist aus dieser Perspektive eine der Ursachen für die sexuelle Verrohung unserer Gesellschaft. Das Gelüst wird zum Gott, heißt es im Koran, wenn die Sexualität absolut gesetzt wird: »Hast du den gesehen, der sein Gelüste zu seinem Gott nimmt? Könntest du wohl ein Wächter über ihn sein?« (25:44) Der Mensch kann kein Wächter über andere Menschen sein, die Freiheit des Einzelnen muss Grundlage des Handelns bleiben.

Der Konflikt hinsichtlich der Frage, wie gesellschaftliche Normen bezüglich der Sexualität mit dem Autonomiestreben des modernen Menschen kompatibel sein können, lässt sich dadurch lösen, dass das Bekenntnis zu bestimmen Werten und dem Glauben freiwillig und aus innerer Überzeugung erfolgen muss. Dann können sich gesellschaftlich geteilte Normen entwickeln, die vor allem für diejenigen relevant sind, die sich damit identifizieren können. Natürlich kann davon ein Druck ausgehen, wie bei allen existierenden Normen. Der Punkt ist, dass die Umsetzung dieser Normen nicht mit Gewalt durchgesetzt werden kann und darf, weil eine innere Überzeugung Prämisse sein muss. Das Prinzip eines säkularen Rechtsstaates ist ohne Zweifel mit dem Islam zu vereinbaren und koranisch verankert, gilt Gerechtigkeit doch als oberstes Prinzip jeglichen Handelns.

Auch wenn selbsternannte Tugendwächter in so genannten islamisch geprägten Ländern provozieren, so ist die These, »die« Scharia müsse den Nicht-Muslimen aufgezwungen werden, theologisch gesehen halt-los. Mirza Tahir Ahmad sagte hierzu treffend: »Der eigentliche Kern des Säkularismus ist, dass absolute Gerechtigkeit ausgeübt werden muss ohne Unterscheidung von Glauben, Religion, Herkunft oder ethnischer Zugehörigkeit. Dies ist im Wesentlichen die wahre Definition des Säkularismus. Der Koran lehrt uns, dass in staatlichen Angelegenheiten, also wie die Geschäfte ausgeführt und der Staat gelenkt werden sollte, dieses Prinzip befolgt werden muss. Der Heilige Qur-ân sagt: ›Allah gebietet euch, Gerechtigkeit auszuüben (16:91).‹«[144] Säkularisierung, die Trennung von Staat und Religion, ist dieser Lesart zufolge mit der koranischen Lehre kompatibel. Und nicht zuletzt der vielzitierte Koranvers: »Es gibt keinen Zwang im Glauben« (2:257), verdeutlicht einmal mehr, dass es keinem Menschen obliegt, einem anderen aufgrund seiner selbst gewählten Gesinnung gewaltsam bekehren zu wollen. Was in Teilen der sogenannten islamischen Welt geschieht, geht daher im Kern gegen die koranische Lehre.

Die Angst, die die Menschen vor dem Islam haben, hat viel zu tun mit der Instrumentalisierung des Islam in Teilen der sogenannten islamischen Welt, die nichts als eine pervertierte, böse Fratze des Islam zeichnet. Es ist dann tatsächlich nur noch eine Fassade der revolutionären, spirituellen Botschaft des Islam übrig. Der Theologe Mouhanad Khorchide konstatiert zu Recht: »Muslimische Gelehrte diskutieren endlos über oberflächliche und zum Teil peinliche Belange, vergessen aber grundsätzliche Prinzipien des Islam. Es ist nicht übertrieben zu sagen, dass bis auf ein paar Äußerlichkeiten von dem Islam Muhammads heute kaum etwas geblieben ist. Muhammad leistete einen großen Beitrag, um eine archaische-patriarchalische Gesellschaft zu befreien. Für ihn standen Prinzipen der Gerechtigkeit und Freiheit an oberster Stelle ... Heute erleben wir eine Umkehrung der Prioritäten: Die Äußerlichkeiten stehen heute an oberster Stelle, die eigentliche Botschaft ist vergessen.«[145] Das gilt zentral auch dafür, wie das von mir geschilderte »Prinzip Kopftuch« umgesetzt wird: Geistlos und obsessiv auf Äußerlichkeiten beharrend, führt es zur Heuchelei.

Zentrale Werte wie Säkularismus, Rationalität, Emanzipation, Individualismus, Pluralismus und Gleichheit sind Bestandteil der islamischen Lehre und Philosophie, auch das ist in der sogenannten islamischen Welt vielerorts vergessen.

Wenn allerdings eine egozentrisch verstandene Freiheit zur Liebesunfähigkeit im großen Stil führt und kollektives Liebeselend generiert, darf die Frage gestellt werden, ob schrankenlose sexuelle Autonomie möglicherweise die emotionale Freiheit des Individuums gefährdet. Auch Illouz beschreibt, wie die sexuelle Freiheit der wirtschaftlichen Freiheit darin gleicht, »dass sie implizit Ungleichheit erzeugt und sogar legitimiert« und die sexuelle Macht des Mannes zementiert.[146] Entscheidet sich eine Gesellschaft aber dafür, dass sie Rahmenbedingungen schaffen möchte, in der Geschlechtergerechtigkeit sowie exklusive Liebe ein Ziel ist, dann greift die Idee, ein gesellschaftliches Klima zu schaffen, das sexuell reizfrei gestaltet wird.

Es muss also auch zur Einsicht darüber verholfen werden, dass eine, meiner Meinung nach, falsch verstandene Freiheit, ja Schrankenlosigkeit, in Liebesdingen destruktiv ist: »Wenn, wie viele Menschen glauben, der Freiheitskult im wirtschaftlichen Bereich verheerende Konsequenzen haben kann und auch hat – indem er beispielsweise Unsicherheit und gewaltige Einkommensunterschiede verursacht –, dann sollten wir auch nach seinen Folgen in persönlichen, emotionalen und sexuellen Bereichen wenigstens fragen. Die kritische Untersuchung der Freiheit in einer Sphäre sollte ebenso kritisch auch in anderen Sphären durchgeführt werden ... die Freiheit so, wie sie im ökonomischen Bereich Ungleichheit verursacht und unsichtbar macht, hat auch im sexuellen Bereich den Effekt, die gesellschaftlichen Bedingungen zu verschleiern, die die emotionale Herrschaft von Männern über Frauen ermöglichen«, schreibt Illouz.[147] Das, wofür ich plädiere, ist quasi eine Art soziale Marktwirtschaft, eine Regulierung des Marktes für den Bereich der Liebe. Um die Metapher fortzuführen: Der derzeitig grassierende »Fundamentalkapitalismus« des Westens in Sachen Liebe ist destruktiv, wie auch der »ideologische Sozialismus« in Teilen der sogenannten islamischen Welt, wo Kontrolle und Zwang eine Änderung herbeiführen sollen.

Der Koran fordert: »O ihr Menschen, Wir haben euch von Mann und Frau erschaffen und euch zu Völkern und Stämmen gemacht, dass ihr einander kennen möchtet. Wahrlich, der Angesehenste von euch ist vor Allah der, der unter euch der Gerechteste ist. Siehe, Allah ist allwissend, allkundig.« (49:14)

Die Verschiedenheit der Menschen und ihre Teilung in zwei Geschlechter sind demnach göttlicher Weisheit geschuldet. Jenseits von Geschlechtszugehörigkeit oder Nationalität und Herkunft geht es um moralische Integrität, um das Prinzip der Gerechtigkeit – auch Geschlechtergerechtigkeit – sowie um ein friedliches und respektvolles Miteinander auf Augenhöhe. Dies wird in Deutschland erst gelingen können, wenn man den Islam nicht mehr länger als Bedrohung empfindet, sondern wenn Muslime in der Lage sind vorzuleben und zu vermitteln, was der Islam zu geben fähig ist.

Was der Islam gibt, ist Liebe, er zeigt den Weg zur Erkenntnis und Liebe Gottes und damit zur unendlichen Freiheit. »Die meisten Menschen haben Angst, dass sie ihre Freiheit verlieren, wenn sie lieben, und können nicht glauben, dass die Liebe gleichzeitig die größte Entwicklung der Freiheit bedeutet«, sagte der Psychoanalytiker und Philosoph Erich Fromm einmal. Was dem modernen Menschen zunehmend fehlt, ist die Erkenntnis, dass er unfrei wird durch Egoismus, durch Reize, die die Sinne einnehmen, durch die Gier nach mehr und mehr. »Freiheit heißt, von Allah gefangen sein«, dichtete Hazrat Mirza Ghulam Ahmad, der angekündigte Reformer und Mahdi des Islam. Und der Mystiker Rumi erklärt: »Denn wo die Liebe erwacht, stirbt das Ich, der dunkle Despot.« Der Islam will nicht Genuss wegnehmen, sondern zeigt einen Weg zum höchsten, intensivsten Genuss, zu dem die menschliche Seele in der Lage ist: Der Erkenntnis Gottes, dem der Ich-Tod vorausgeht und der mit dem Dienst an der Menschheit einhergeht.

Das heißt nicht, dass der Mensch das Gute in dieser Welt nicht genießen dürfe, das ist ein großes Missverständnis! Aber die Wahrnehmung des materiellen, diesseitigen Genusses wird eine ganz andere sein. Der Koran beschreibt, wie der Prophet Salomon beim Anblick von Schönheit in der Welt sagt: »Ich habe die guten Dinge dieser Welt sehr lieb um der Erinnerung meines Herren willen.« (38:31–33) Der Islam vertröstet den Menschen nicht auf bessere Zustände in einem imaginären Jenseits, wie Marx meinte, im Gegenteil, der Muslim betet in jedem seiner Ritualgebete mehrfach: »O Allah beschere uns Gutes in dieser Welt und in der nächsten.« Aber sein Genießen der diesseitigen Dinge wird zu einem unvergänglichen Gebet, er transzendiert den Genuss, indem er dabei Allah lobpreist und seiner Allmacht gewahr wird – und damit potenziert er den Genuss ins Unermessliche. Er macht sich nicht abhängig, indem er von einem Genuss zum nächsten jagt, sondern entscheidet selbstbestimmt und reflektiert darüber, was nachhaltig Genuss bereitet – er meidet den kurzfristigen Genuss, wenn dieser langfristig Genuss zerstört. Er ist kein Spielball auf der Suche nach kurzen Genusskicks, sondern betet die Quelle des Genusses, Allah allein, an. Und das ist der goldene Mittelweg, von dem Allah im Koran spricht (2:144). Letztlich, so heißt es im Koran, wird alles vergehen, aber »es bleibt das Angesicht deines Herren – der Herr der Majestät und Ehre.« (55:27f.) »Du, o beruhigte Seele, die du deinen Frieden in Gott gefunden hast, kehre zurück zu deinem Herrn, indem Er mit dir zufrieden und du mit Ihm.« (89:28–31)

Die entscheidende Frage bleibt: Warum hat die Mehrheit der Muslime diese Lehre vergessen? Warum zeichnet der Zustand der so genannten islamischen Welt ein gänzlich anderes Bild? Warum erstickt die spirituelle Dimension des Islam unter dem Mantel einer politisch motivierten Ideologie? Ich persönlich glaube, dass dies etwas damit zu tun hat, dass Religion von Zeit zu Zeit in ihrem Ursprung widerbelebt werden muss. In einer Überlieferung des Propheten Muhammad heißt es: »Bald wird eine Zeit kommen, wenn vom Islam nichts mehr übrig sein wird außer seinem bloßen Namen. Nichts wird vom Koran übrig sein als seine Worte. Die Moscheen werden voll sein von Betenden, aber sie werden der göttlichen Leitung beraubt sein. Die religiösen Gelehrten dieser Zeit werden die schlimmsten Kreaturen unter dem Himmel sein. Verderbnis wird ihnen ausgehen und zu ihnen zurückkehren.« (Mischkat, Kitabul Ilm)

Diese Diagnose trifft ohne Zweifel auf den heutigen Zustand der sogenannten islamischen Welt zu. Doch heißt es in den Überlieferungen des Propheten auch, dass dann ein Mahdi und Messias erscheinen wird, der die Reformation des Islam einleiten wird. Ebenso, wie nach dem gesetzgebenden Propheten Moses ein Messias, Jesus, erscheinen musste, um die Religion zu reformieren, würde im Islam nach dem gesetzgebenden Propheten Muhammad die metaphorische Wiederkunft des Messias erscheinen, um den Islam zu reformieren. Für die Ahmadiyya Muslim Jamaat ist dieser in der Person von Hazrat Mirza Ghulam Ahmad erschienen, der postuliert, dass Gott weiterhin spricht und lebendig ist. Ein Muslim ist jemand, der an alle Propheten glaubt und keinen Unterschied zwischen ihnen macht

(2:286), jemand, der unter anderem an Adam, Abraham, Moses und Jesus glaubt und jemand, der an Muhammad als das »Siegel der Propheten« (*Khatam-Nabiyyien*) glaubt. Hazrat Mirza Ghulam Ahmad lehnt die Mehrheit der Muslime derzeit jedoch noch ab, es wird seine Zeit brauchen, so wie es auch seine Zeit brauchte, bis der Prophet Jesus breitflächig akzeptiert wurde. Erst dann wird die flächendeckende Stagnation und geistlose Obsession mit Äußerlichkeiten sowie der Mangel an Spiritualität in der sogenannten islamischen Welt aus theologischer Sicht ein Ende nehmen.

Anmerkungen

1   Repräsentative Studie des Instituts für Demoskopie Allensbach, Umfrage 2010.
2   Illouz, Eva: Ist die Liebe tot? in DIE ZEIT, 20. Juni 2013.
3   Alle Zitate von Eva Illouz stammen, falls nicht anders angegeben, aus: Warum Liebe weh tut. Berlin, 2012.
4   Ahmad, Mirza Ghulam: Philosophie der Lehren des Islam. Frankfurt am Main, 2012.
5   Bernard, P.; Gervais, S. J.; Allen, J.; Campomizzi, S. & Klein, O.: Integrating sexual objectification with object versus person recognition: The sexualized body-inversion hypothesis. Psychological Science, 2012, 23(5), S. 469–471. Und: Cikara M.; Eberhardt J.L.; Fiske S.T.: From agents to objects: sexist attitudes and neural responses to sexualized targets. Journal of cognitive neuroscience. 2011. 23(3): S. 540–51. Sowie: Gervais, S. J.; Vescio, T. K.; Förster, J.; Maass, A. & Suitner, C.: Seeing women as objects: The sexual body part recognition bias. European Journal of Social Psychology, 2012, 42, S. 743–753.
6   DIE ZEIT, 16. September 2010.
7   Ahmad, Mirza Tahir: Murder in the Name of Allah. Cambridge, 1989, S. 74ff. Original in Urdu: Mazhab ke Nam per Khoon, 1962.
8   DIE ZEIT, 16. Juli 2013.
9   Haug, Sonja; Müssig, Stephanie; Stichs, Anja: Muslimisches Leben in Deutschland. Nürnberg: Bundesamt für Migration und Flüchtlinge, Forschungsbericht Nr. 6, 2012, S.198ff.
10 Irene Schneider: Der Islam und die Frauen. München, 2011.
11 DER SPIEGEL, 5. Juli 2006, http://www.spiegel.de/politik/deutschland/kopftuch-streit-frauen-werden-zu-unruhestifterinnen-stigmatisiert-a-424999.html.
12 Rede von Johannes Rau beim Festakt zum 275. Geburtstag von Gotthold Ephraim Lessing in der Herzog-August-Bibliothek zu Wolfenbüttel, 22. Januar 2003.
13 SÜDDEUTSCHE ZEITUNG: Violetta Simon: Interview mit Melanie Groß: Geschlechterdebatte um Barbiehaus: »Pink bedeutet erst mal nichts«, 17. Mai 2013.
14 Cornelia Fine: Die Geschlechterlüge. Die Macht der Vorurteile über Frau und Mann. Stuttgart, 2012, S. 370.
15 Kelek, Necla: Legt das Kopftuch ab! In: DIE WELT, 13. Mai 2013.
16 Baum, Antonia: Das schlechte Gefühl beim Sein. In: FRANKFURTER ALLGEMEINE SONNTAGSZEITUNG, 8. Dezember 2013.
17 Kelle, Birgit: »Dann mach doch die Bluse zu!«, THE EUROPEAN, 29. Januar 2013.
18 Forschungsprojekt des Bundesinnenministeriums und des Kriminologischen Forschungsinstituts Niedersachsens, 2010.

19 8. Juni 2010.
20 Radisch, Iris: Frauen im Islam: Das Kopftuch ist keine Mode, in: DIE ZEIT, 21. September 2010.
21 FRANKFURTER ALLGEMEINE ZEITUNG, 15. April 2006.
22 Sahih Muslim, Kitab-ul-iman, Kapitel tahrim-il-kibri wa bayanih.
23 Jeffrey, S.: Keeping women down and out: The strip club boom and the reinforcement of male dominance. In: Journal of Women in Culture and Society, 2009, 34 (1), S. 151-173, darin: S. 155.
24 http://www.deutsch-tuerkische-nachrichten.de/2013/07/481282/seyran-ates-christenkreuz-und-kopftuch-sind-nicht-dasselbe.
25 DIE ZEIT, 22. August 2013, S. 9.
26 8. Juni 2013.
27 ZDF, Forum am Freitag, 16. Juli 2010.
28 Vgl. Ahmad, Mirza Ghulam: Philosophie der Lehren des Islams. Frankfurt am Main, 2008, S. 19ff.
29 Vgl, Koran, 10:100: »Und hätte dein Herr Seinen Willen erzwungen, wahrlich, alle, die auf der Erde sind, würden geglaubt haben insgesamt. Willst du also die Menschen dazu zwingen, dass sie Gläubige werden?«
30 Wie im Judentum und Christentum auch gibt es im Islam das Messias-Konzept. Während die Juden darauf warten, dass der Messias kommt, glauben die Christen und Muslime, dass Jesus der Messias war und erwarten seine Wiederkunft. Innerhalb der Muslime gibt es die Gemeinde der Ahmadiyya Muslim Jamaat (KdöR), die der Ansicht ist, dass auch die (ihrer Meinung nach metaphorisch gemeinte) Wiederkunft Jesu bereits in der Person von Hazrat Mirza Ghulam Ahmad erschienen ist.
31 Ahmad, Mirza Ghulam: Befreiung von Sünde. Frankfurt am Main, 2012., S. 48.
32 Ahmad, Mirza Ghulam: Philosophie der Lehren des Islams. Frankfurt am Main, 2008.
33 Vgl. Koran, 33:36; 48:6; 57:19 und 57:13: »Und (gedenke) des Tages, da du die gläubigen Männer und die gläubigen Frauen sehen wirst, indes (die Strahlen) ihres Lichts vor ihnen und zu ihrer Rechten hervorbrechen: Frohe Botschaft euch heute! – Gärten, durch die Ströme fließen, darin ihr weilen werdet. Das ist die höchste Glückseligkeit.«
34 DIE ZEIT, 26. März 2010.
35 Vgl. Khorchide, Mouhanad: Islam ist Barmherzigkeit. Freiburg, 2012, S. 97.
36 Ahmad, Mirza Ghulam: Philosophie der Lehren des Islams. Frankfurt am Main, 2008, S. 111.
37 Hübsch, Hadayatullah: Paradies und Hölle. Jenseitsvorstellungen im Islam. Düsseldorf, 2003.
38 Vgl. Ahmad, Mirza Ghulam: Philosophie der Lehren des Islams. Frankfurt am Main, 2008, S. 46.
39 Vgl. Musnad Ibn Hanbal.
40 Vgl. Ahmad, Hazrat Mirza Ghulam: The Essence of Islam. Volume III. Tilford, 2005. S. 327ff.

41 Greiner, Lena; Lüpke-Narberhaus, Frauke: Männer, Frauen, Sexismus. Sind die Anmacher noch aktiv? In: SPIEGEL ONLINE, 19. Dezember 2013.

42 Jürg Willi: Psychologie der Liebe. Stuttgart, 2002.

43 Aus dem Urdu übersetzt nach: Ahmad, Hazrat Mirza Ghulam: Malfoozat, Bd. 9, S. 5–7, London.

44 Erich Fromm, Die Kunst des Liebens. Berlin, 2012.

45 Ebd.

46 Mühl, Melanie: Die Patchwork-Lüge. München, 2011.

47 Henningsen, D. D.: Flirting with meaning: an examination of miscommunication in flirting interactions. In: Sex Roles, April 2004, Vol. 50, S. 481–489.

48 Lydon, J.; Menzies-Toman, D. & Burton, K.: If-Then Contingencies and the Differential Effects of the Availability of an Attractive Alternative on Relationship Maintenance for Men and Women. Journal of Personality and Social Psychology, 2008, 95, S. 50–65.

49 FRANKFURTER RUNDSCHAU, 7. März 2013: http://www.fr-online.de/leute/bon-jovi--tot-zu-sein--war-ziemlich-cool-,9548600,22024220.html.

50 Dixson, B. J.; Grimshaw, G. M.; Linklater; W.L. und Dixson, A.F.: Eye-Tracking of Men's Preferences for Waist-to-Hip Ratio and Breast Size of Women. In: Archives of Sexual Behavior, February 2011, Volume 40, Issue 1, S. 43–50. Sowie: Hewig, J.; Trippe, R.H.; Hecht, H.; Straube, T. und Miltner, W. H. R.: Gender Differences for Specific Body Regions When Looking at Men and Women. In: Journal of Nonverbal Behavior, 2008, 32, S. 67–78.

51 Ahmad, Philosophie der Lehren des Islam, S. 48.

52 Illouz, ebd., S. 117.

53 Ebd., S. 120.

54 Heide Oestreich: Der Kopftuchstreit – Das Abendland und ein Quadratmeter Islam. Frankfurt am Main, 2004, S. 142.

55 Buss, M.B.; Shackelford, T.K.; Kirkpatrick, L.A. und Larsen, R.J.: A Half Century of Mate Preferences. The Cultural Evolution of Values, in: Journal of Marriage and the Family, 2001, Jg. 63, Nr. 2, S. 491–503.

56 Repräsentative Umfragen des Instituts für Demoskopie in Allensbach, Noelle-Neumann/ Neumann, 1956, S.115.

57 Illouz, ebd., S.86.

58 Ebd., S. 83.

59 Ebd., S. 16.

60 Vgl. Faison, E.V.J.: The Neglected Variety Drive. A Useful Concept for Consumer Behavior, in: Journal of Customer Research, 1977, Jg. 4, Nr. 3, S. 172–175.

61 Haug, S.; Müssig, S. & Stichs, A.: Muslimisches Leben in Deutschland. Forschungsbericht im Auftrag der Deutschen Islamkonferenz. Bundesamt für Migration und Flüchtlinge. Nürnberg, 2009.

62 Kelek, Necla: Legt das Kopftuch ab! In: DIE WELT, 13. Mai 2013.

63 DER SPIEGEL, 29. September 2003, Nr. 40.

64 Vgl. ebd.

65 DIE ZEIT, 7. November 2013.

66 von Braun, Christina; Mathes, Bettina: Verschleierte Wirklichkeit. Die Frau, der Islam und der Westen. Berlin, 2007, S. 423.

67 Ebd., S. 194.

68 Ebd., S. 431.

69 Zastrow, Volker: Prostitution Deadwood. In: DIE ZEIT, 17. November 2013.

70 Illouz, ebd., S. 198.

71 Ebd., S. 109.

72 Bischof-Köhler, Doris: Von Natur aus anders. Die Psychologie der Geschlechtsunterschiede. 4. überarbeitete Auflage, Stuttgart, 2011, S. 105.

73 Dreber, A.; Gerdes, C.; Gränsmark, P.: Beauty queens and battling knights : risk taking and attractiveness in chess. In: Journal of economic behavior & organization, 2013, 90, S. 1–18. Gervais, S. J.; Vescio, T. K.; Förster, J.; Maass, A. & Suitner, C.: Seeing women as objects: The sexual body part recognition bias. European Journal of Social Psychology, 2012, 42, S. 743–753. Knutson, B.; Wimmer, G.E.; Kuhnen C.M.; Winkielman P.: Nucleus accumbens activation mediates the influence of reward cues on financial risk taking. In: NeuroReport, 2008, 19, S. 509–513. Bernard, P. Gervais, S.; Allen, J.; Campomizzi, S. & Klein, O.: Integrating sexual objectification with object versus person recognition: The sexualized body-inversion hypothesis. Psychological Science, 2012, 23(5), S. 469–471.

74 Grabe, M. E.: Sexual Cues Emanating From the Anchorette Chair: Implications for Perceived Professionalism, Fitness for Beat, and Memory for News. Communication Research, 2011, 38, 4, S. 471–496.

75 Van der Meij L.; Buunk A.P.; Salvador A.: Contact with attractive women affects the release of cortisol in men. Horm Behav, 2010, 58, S. 501.

76 Bleske-Rechek, A.; Somers, E.; Micke, C.; Erickson, L.; Matteson, L.; Schumacher, B.; Stocco, C. & Ritchie, L.: Benefit or burden? Attraction in cross-sex friendship. In: Journal of Social and Personal Relationships, 2012, 29, 5, S. 570–596.

77 Übersetzt aus dem Urdusprachigen nach: Ahmad, Hazrat Mirza Ghulam: Malfoozat, Band 7, S. 65ff.

78 Ahmad, Mirza Tahir: Islam – Antworten auf die Fragen unserer Zeit. Frankfurt am Main, 2012, S. 130.

79 Vgl. Khoury, A. T.; Heine, P. und Oebbecke, J. : Handbuch Recht und Kultur des Islams in der deutschen Gesellschaft. Gütersloh, 2000, S. 136f.

80 20. Juli 2013.

81 Bartels, A.; Zeki S.: The neural basis of romantic love. Neuroreport, 2000,11, S. 3829–3834.

82 Hadith: Bukhari 5138, Ibn Majah, Abu Huraira.

83 DIE WELT, 8. Februar 2006.

84 Glenn Norval D.; Uecker Jeremy E.; Love, Robert W.B. Jr.: Later first marriage and martial cuccess. Social Science Research, 2010, 39, S. 787.

85 Bartens, W.: Was Paare zusammen hält. München, 2013, S. 56.

86 Illouz, ebd., S. 248.

87 Kline, Galena; Stanley, Scott M. und Markman, Howard J.: Pre-Engagement Cohabitation and Gender Asymmetry in Martial Commitment. In: Journal of Family Psychology, 2006, Jg. 29, Nr. 4 , S. 553–560. Kline, Galena u. a.: Timing is Everything. Pre-Engangement Cohabitation and Increased Risk for Poor Martial Outcomes. In: Journal of Family Psychology, 2004, Jg. 18, Nr. 2, S. 311–318. Axinn, William u. Thornton, Arland: The Relationship Between Cohabitation and Divorce. Selectivity or Causal Influence? In: Demography, 1992, Jg. 29, Nr. 3, S. 357–374; Schoen, Robert: First Unions and the Stability of First Marriages. In: Journal of Marriage and Family, 1992, Jg. 54, Nr. 2, S. 281–284.

88 Illouz, ebd., S. 181.

89 Interview mit Robert Epstein in: »Texte zur Kunst«, Dezember 2003, 52.

90 Illouz, ebd., S. 291.

91 Straßburger, Gaby: Heiratsverhalten und Partnerwahl im Einwanderungskontext. Würzburg, 2003.

92 Kristina Schröder: Ein Fluchtweg aus der Zwangsverheiratung, in: FRANKFURTER ALLGEMEINE ZEITUNG, 8. November 2011, S. 10.

93 Vgl. Ditton, Hartmut: Sozialräumliche Segregation und schulische Entwicklung. Leverkusen, 2007; Gomolla, Mechthild; Radtke, Frank-Olaf: Institutionelle Diskriminierung. Die Herstellung ethnischer Differenz in der Schule. Opladen, 2002.

94 Boos-Niazy, Gabriele: Burkini-Urteil. Anziehen und Ausziehen – von Fall zu Fall. In: MiGAZIN, 17. September 2013. http://www.migazin.de/2013/09/17/-schwimmunterricht-burkini-kopftuch-muslime-anziehen-ausziehen. Zugriff am 24. Dezember 2013.

95 Vgl. ebd.

96 Kermani, Navid: Aufklärung würde heißen, die eigene Weltanschauung zu relativieren. In: SÜDDEUTSCHE ZEITUNG, 2. August 2012.

97 Drieschner, Frank: Was denkt der Kopf unter dem Tuch? In: DIE ZEIT, 19. September 2006.

98 Jessen, F.; Wilamowitz-Moellendorff, U. von: Das Kopftuch –Entschleierung eines Symbols? Zukunftsforum Politik. Broschürenreihe herausgegeben von der Konrad-Adenauer-Stiftung e.V. Sankt Augustin/Berlin. 2006.

99 Ebd.

100 Sahih Muslim, Kitab-ul-iman, Kaitel tahrim-il-kibri wa bayanih.

101 Ahmad, Hazrat Mirza Ghulam: Malfoozat, Bd. IV, S. 437f., neue Auflage, zitiert nach: Ahmad, Mirza Masroor: Die Bedingungen des Bai`at, Frankfurt am Main, 2007. S. 153–173, darin: S. 167.

102 Freitagsansprache von Mirza Masroor Ahmad, 13. Dezember 2013: http://www.alislam.org/friday-sermon/index2.php?d=2013-12-13.

103 Jäger, Torsten (Hg.): Starke Frauen, schwerer Weg. Zur Benachteiligung muslimischer Frauen in der Gesellschaft. Interkultureller Rat Deutschland. Darmstadt, 2010, S. 10.

104 Vgl. Frings, Dorothee: Diskriminierung aufgrund der islamischen Religionszugehörigkeit im Kontext Arbeitsleben – Erkenntnisse, Fragen und
Handlungsempfehlungen. Berlin, 2010.

105 Shooman, Yasemin: Stereotype muslimischer Frauen in öffentlichen Diskursen. In: www.deutsche-islam-konfrenz.de/DIK/DE/Magazin/IslamGender/-
StereotypMuslima/stereotypmuslima-node.html, Zugriff am 1. August 2013.

106 Boos-Nünning, U.; Karakasoglu Y.: Viele Welten leben. Zur Lebenssituation
von Mädchen und jungen Frauen mit Migrationshintergrund. Eine Studie im
Auftrag des Bundesministeriums für Familie, Senioren, Frauen, Jugend. Berlin,
2005. Haug, S.; Müssig, S. & Stichs, A.: Muslimisches Leben in Deutschland.
Forschungsbericht im Auftrag der Deutschen Islamkonferenz. Bundesamt für
Migration und Flüchtlinge. Nürnberg, 2009.

107 Forst, Rainer: Kritik der Rechtfertigungsverhältnisse, Berlin, 2011.

108 Human Rights Wach Report: Diskriminierung im Namen der Neutralität.
Kopftuchverbote für Lehrkräfte und Beamtinnen in Deutschland. Februar,
2009.

109 Bahners, P.: Die Panikmacher: Die deutsche Angst vor dem Islam, München,
2011. S. 105f.

110 Vgl.: Halm, D. und Meyer, H. (Hg.): Islam und die deutsche Gesellschaft (Islam
und Politik 1), Wiesbaden, 2013.

111 Al Ghasali: Das Elixier der Glückseligkeit. Köln, 1984.

112 Maaz, H.-J.: Die narzisstische Gesellschaft. Ein Psychogramm. München, 2012.

113 Vgl. Taylor, Charles: Multikulturalismus und die Politik der Anerkennung.
Frankfurt am Main, 2009, S. 11–69., S. 31.

114 Abhandlung über den Ursprung und die Grundlagen der Ungleichheit unter
den Menschen; Stuttgart, 1998.

115 Vgl. Neuhouser, Frederick.: Rousseau und das menschliche Verlangen nach
Anerkennung. In: Schmidt am Busch, H.-C. und Zurn, C. F. (Hg.): Anerkennung, Berlin, 2009, S. 27–51.

116 Vgl. Pape, Elise: Das Kopftuch von Frauen der zweiten Einwanderergenerati-
on. Ein Vergleich zwischen Frankreich und Deutschland, Aachen, 2005. Und:
Oestreich, Heide: Der Kopftuch-Streit. Das Abendland und ein Quadratmeter
Islam, Frankfurt am Main, 2004.

117 Illouz, ebd., S. 277.

118 Neuhouser, F.: Rousseau und das menschliche Verlangen nach Anerkennung.
In: Schmidt am Busch, H.-C. und Zurn, C. F. (Hg.): Anerkennung. Berlin, 2009,
S. 27–51, darin S. 39.

119 Institut für Demoskopie in Allensbach, November 2011.

120 Schiffer, Sabine: Die Darstellung des Islams in der Presse. Sprache, Bilder, Sug-
gestionen. Eine Auswahl von Techniken und Beispielen. Bibliotheca Academi-
ca Orientalistik Bd. 10. Würzburg, 2005.

121 Naggar, Mona: »Ich bin frei, du bist unterdrückt«. Ein Vergleich feministischer
und islamistischer Frauenbilder. In: Medienprojekt Tübinger Religionswissen-
schaft (Hg.): Der Islam in den Medien. Gütersloh, 1994, S. 208–220, darin: S.
211.

122 Vgl. Schneider, Irene: Der Islam und die Frauen. München, 2011.

123 In: STERN, 28/2010.

124 Vgl. Der Koran neu gelesen: feministische Interpretationen. Friedrich-Ebert-Stiftung (Hg.) Politische Akademie / Interkultureller Dialog, Islam und Gesellschaft Nr. 6. Berlin, 2008. Sowie: Women in Islam – Feminist Orientations and Strategies for the 21st Century. Friedrich-Ebert-Stiftung (Hg.). Berlin, 2009. Und: Abu Zaid, Nasr Hamid mit Sezgin, Hilal: Der Koran und die Zukunft des Islam. Die Basis einer Weltreligion. Freiburg, 2011, darin S.149–165. Sowie: Schneider, Irene: Der Islam und die Frauen. München, 2011.

125 Vgl. auch: »Du weißt, dass ich die Verletzung der Rechte der beiden Schwachen, der Waisen und der Frauen, für schwere Sünde erkläre.« (Hadith: An-Nasai)

126 Vgl. Kant, Immanuel: Beobachtungen über das Gefühl des Schönen und Erhabenen. In: Weischedel, Wilhelm (Hg.): Werke. Bd. 2. Darmstadt, 1960, S. 843ff.

127 Schopenhauer, Arthur: Parerga und Paralipomena II, 27.

128 Vgl. Ahmad, Mirza Tahir: Zum Verhältnis von Scharia und Staat. Frankfurt am Main, 2011, S. 39f.

129 Vgl. »Die meisten Hadithe, die frei erfunden und massenhaft in die Welt zerstreut wurden, gehen zweifellos in die Zeit der Umayyaden zurück«, in: Muhammad Abduh, tarihul'l Üstaz, Band 2, S. 347–349, 516, 559.

130 Vgl. Ahmad ibn Hanbal (gest. 855), in: Musnad, Band 5, S. 297.

131 Vgl. Khorchide, Mouhanad: Islam ist Barmherzigkeit. Grundzüge einer modernen Religion. Freiburg, 2012, S. 177.

132 FRANKFURTER RUNDSCHAU, 27. August 2013.

133 Foroutan, Naika: Polemik. Wird man doch noch sagen können. In. DER SPIEGEL, Nr. 40/ 2012.

134 Sander, Lalon: Sexismus gibt es überall. In: MIGAZIN, 3. August 2012. http://www.migazin.de/2012/08/03/deutschland-pakistan-sexismus-gibt-es-uberall/, Zugriff am 7. August 2013.

135 Vgl. Rommelspacher, Birgit: Dominante Diskurse. Zur Popularität von »Kultur« in der aktuellen Islam-Debatte. In: Attia, Iman (Hg.): Orient- und IslamBilder. Interdisziplinäre Beiträge zu Orientalismus und antimuslimischem Rassismus. Münster, 2007, S. 245–266, darin: S. 260.

136 Schröttle, Monika: Gewalt gegen Migrant/innen und Nicht-Migrant/innen in Deutschland: Mythos und Realität kultureller Unterschiede. In: Landeskommission Berlin gegen Gewalt (Hg.): Berliner Forum Gewaltprävention Häusliche Gewalt gegen Migrantinnen (Nr. 25). Berlin, 2006, S. 11–29.

137 Rommelspacher, Birgit: Dominante Diskurse. Zur Popularität von ›Kultur‹ in der aktuellen Islam-Debatte. In: Attia, Iman (Hg.): Orient-und IslamBilder. Interdisziplinäre Beiträge zu Orientalismus und antimuslimischem Rassismus. Münster, 2007. S. 245–267, darin S. 249.

138 von Braun, Christina; Mathes, Bettina: Verschleierte Wirklichkeit. Die Frau, der Islam und der Westen. Berlin, 2007, S. 424.

139 Bahners, P.: Die Panikmacher: Die deutsche Angst vor dem Islam, München, 2011. S. 129.

140 Bertelsmann-Religionsmonitor 2013.
141 Decker, O.; Wießmann, M.; Kies, J. und Brähler, E.: Die Mitte in der Krise: rechtsextreme Einstellungen in Deutschland 2010. Hrsg.: Nora Langenbacher. Friedrich-Ebert-Stiftung, Forum Berlin, Projekt »Auseinandersetzung mit dem Rechtsextremismus«. Berlin, 2010.
142 Petersen, Thomas: Die Furcht vor dem Morgenland im Abendland. Institut für Demoskopie Allensbach. In: FRANKFURTER ALLGEMEINE ZEITUNG, 21. November 2012, S. 10.
143 Vgl. Ahmad, Mirza Tahir: Zum Verhältnis von Scharia und Staat. Frankfurt am Main, 2011.
144 Vgl. Ahmad, Zum Verhältnis von Scharia und Staat im Islam.
145 Khorchide, Mouhanad: Islam ist Barmherzigkeit. Grundlage einer modernen Religion. Freiburg, 2012.
146 Illouz, ebd., S. 120 und S. 16.
147 Illouz, ebd., S. 429.